闽南师范大学学术著作出版专项经费资助项目

苏区银行事业的历史考察及经验研究

魏俊 著

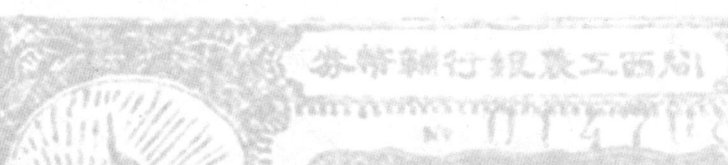

2024年·厦门

图书在版编目（CIP）数据

苏区银行事业的历史考察及经验研究 / 魏俊著 . -- 厦门：鹭江出版社，2024.4
ISBN 978-7-5459-2255-4

Ⅰ.①苏… Ⅱ.①魏… Ⅲ.①中央苏区—银行业—研究 Ⅳ.① F832.96

中国国家版本馆 CIP 数据核字（2024）第 055675 号

出 版 人	雷 戎
责任编辑	黄孟林
助理编辑	朱昉星
美术编辑	朱 懿
装帧设计	厦门外图凌零图书策划有限公司

SUQU YINHANG SHIYE DE LISHI KAOCHA JI JINGYAN YANJIU

苏区银行事业的历史考察及经验研究

魏俊 著

出版发行：	鹭江出版社	
地　　址：	厦门市湖明路 22 号	邮政编码：361004
印　　刷：	福建新华联合印务集团有限公司	
地　　址：	福州市晋安区福兴大道 42 号	电话号码：0591-88208488
开　　本：	700mm×1000mm　1/16	
印　　张：	16	
字　　数：	250 千字	
版　　次：	2024 年 4 月第 1 版　2024 年 4 月第 1 次印刷	
书　　号：	ISBN 978-7-5459-2255-4	
定　　价：	40.00 元	

如发现印装质量问题，请寄承印厂调换。

目 录

绪论 **001**
    第一节 苏区银行事业的研究意义   001
    第二节 苏区银行研究的学术史回顾及评述   004

第一章 苏区银行金融事业的理论渊源和时代背景 **019**
    第一节 理论渊源   020
    第二节 时代背景   033

第二章 苏区银行金融事业发展的指导方针 **040**
    第一节 关于苏区银行初建的指导方针   041
    第二节 关于银行货币工作的指导方针   047
    第三节 关于银行业务的指导方针   054

第三章 苏区银行事业举措的历史考察 **061**
    第一节 苏区银行的创建   061
    第二节 苏区银行建构基础——资金来源   078
    第三节 银行的好帮手：信用合作社   095

第四章　苏区银行金融事业的经验研究 **112**

　　第一节　苏区银行现金管理的经验　　　　　　　　112
　　第二节　苏区银行在货币斗争方面的基本经验　　119
　　第三节　苏区银行制度构建的基本经验　　　　　129

结语 **139**

　　第一节　苏区银行业对财政的巨大贡献　　　　　　139
　　第二节　中国共产党的领导是苏区银行业成功建构的关键因素　147

附录 **151**

　　苏区银行业大事年表　　　　　　　　　　　　　151
　　苏区银行业相关实物图录　　　　　　　　　　　203

参考文献 **239**

后记 **250**

绪　论

苏区金融业是中国共产党在金融方面筚路蓝缕、奠基立业的伊始。习近平总书记高度重视苏区精神，他在 2015 年 3 月参加十二届全国人大三次会议江西代表团审议时强调"苏区精神是我们党的宝贵精神财富，要永远铭记、世代传承"。本书聚焦苏区金融业，以整体的、纵深的视野对其进行考察，从总体上把握其经验，这也是对苏区精神的一种很好的诠释。

第一节　苏区银行事业的研究意义

中国共产党在土地革命战争时期的金融建设指导理论来源于马克思主义经济学理论，这是基于党创建之后的社会经济方面的发展变化和党建立根据地之后的经济建设这两方面的客观需求。

在党创建之后，中国在经济方面的变化之一就是引入了新理论。这个新理论就是由早期的中国共产党人引进的马克思主义经济学理论。因为早期的中国共产党党员的热烈学习和传播，马克思主义经济学理论引起了广泛的关注，在中国的影响面越来越广泛，并深入人心，触发人们对贫穷落后的社会经济状况的深刻思考，引发人们去观察中国资产阶级政党治理混乱的深层次原因。

除了贫困混乱的经济状况促生人们对马克思主义经济学理论指导的需求，中国社会还存在着传播马克思主义经济学的广泛的阶级基础。无产阶级随着中国共产党的成立登上了历史舞台，在先进理论的指导下，迅速成长、进步。在党的宣传教育下，工人阶级知晓了资产阶级的剥削工人的本质，明确了革命之于改变旧社会经济状况的现实必要性，于是，工人阶级学习和建造新社会、新经济、新生活的理想愈加坚定。

国民党政权并没有有效地解决银行业落后和混乱的问题，其制定的政策舍弃人民群众的利益，以统治阶级的利益为主。因此，迫切需要以人民群众的利益为政策考量重心的金融理论来指导和解决这些现实的问题，这构成了马克思主义金融理论能够在中国发展的现实基础。

马克思主义经济学理论与中国共产党领导的革命结合起来，是因为中国共产党建立根据地后发展经济的客观需求。国民党的势力集中在城市，县级以下地区由乡绅治理，这亦是国民党不能解决社会危机问题的根本原因——国民党登上历史舞台后，虽然推翻了王朝统治，但是并没有完全去封建，在社会治理上依然放任乡村封建势力和半封建势力盘剥百姓。虽然国共两党在第一次合作期间真诚奉献于农民运动工作，且取得了明显的成效，但是在国民党反动派狭隘的政党政治格局之下，共产党人和国民党左派人士遭受了大屠杀。为了政党的生存与建设，中国共产党选择去偏僻山区创建根据地，在远离国民党反动势力的地方、在各方乡村力量交界地带，带领着困苦无依的百姓一起建设生活。

但是，这种对于军事对抗有利的行为，却因为经济环境的落后，严重影响着根据地的进一步的发展。根据地要生存和发展下去，必须要有稳定的经济来源；根据地政权的建设，必须要有物质上的支撑。偏僻山区在社会经济上处在一种滞后落后的状态，生产水平低下，工业几乎不存在，百姓赖以为生的手工业数量亦是非常少，交通极为不方便甚至阻塞。极度贫困的农民的生活常常处于难以为继的危机中："镰刀挂上壁，肚子饿得贴背脊"①，"地里滚来地里爬，起早带晚种庄稼，两眼望着庄稼熟，庄稼上场还得饿死老婆和娃娃"②。在这种状况下，群众根本无法提供粮食物资来支援革命。国民党统治下军阀割据，大大小小的军阀为了争夺势力范围，对战频繁。多番军事械斗，

---

① 孔永松，邱松庆.闽西革命根据地的经济建设[M].福州：福建人民出版社，1981：2.
② 中共瑞金县委党史编纂委员会编.瑞金人民革命斗争史（初稿）[G].南昌：江西人民出版社，1959：12—14.

对农民的生命安全造成威胁；而且大大小小的军阀为了维持军事割据、扩充势力等，加征各种税收，极大地加重农民负担。比如冯玉祥"从民国十八年（1929）预征到二十一年（1932）的钱粮。印花税、营业税、民团捐等一类捐税非常的繁重，差不多物物有税，事事有捐"[1]。国民党治理之下，苛政如斯，侥幸未被军阀武装争斗所伤的农民们，也有不少人因为住所被破坏而变成了流民。这些流民在经历了社会创伤之后，没有新的生存机会，只有乞讨、沦落为匪、参与武装械斗等，造成了社会的极度不安定和动荡。客观的社会经济环境是贫困和动荡的，要想使群众跟着中国共产党进行根据地的经济建设，必须创造出局部安定的社会条件，必须实施有效的社会治理举措，让群众看得见，从而树立对党的领导的信心。

中国共产党将马克思主义经济学理论与中国革命根据地的具体情况相结合，带领群众进行经济建设的探索与实践，并且将中国化之后的马克思主义金融学说应用于苏区的经济建设。毛泽民、邓子恢、曹菊如、莫钧涛、钱希均、阮山、黄亚光和郑义斋等党的金融战线上的杰出人物，开始在中国大地上为改善社会经济生活而艰苦奋斗，在凋敝荒芜的山野村落想方设法创造生机，跋山涉水寻找经济发展的机会。土地革命战争时期，随着党的武装力量的发展，苏区内的百姓获得了相对安定的生活，党带领着群众进行一系列的经济实践，设立银行，发行货币，构建了货币体系、银行制度和金融系统。党领导苏区人民群众构建为群众谋利益的银行事业，其间经历了一系列的波折与考验，从银本位到纸币本位制度，从通货膨胀危机到与假币的斗争，从现金匮乏断流危机到前线战事对财政的急剧需求等新生经济金融体系和制度会遇到的各种难题。最终，党带领着苏区人民群众成功地度过这些危机，根据地的社会经济状况得到明显的改善，群众的生活水平明显得到提高。苏区的金融建设及其基本经验，值得研究。尤其是在当今金融呈现出世界性萎靡的状况下，各种银行和货币危机此起彼伏，研究苏区银行业发展的基本经验和货币治理相关经验，有着重要的现实意义。

---

[1] 树勋.冯玉祥统治下的豫省东南部[J].红旗，1929（14）.

第二节　苏区银行研究的学术史回顾及评述

自20世纪80年代以来,学界关于苏区银行事业的研究成果不断涌现,尤其是近40年来,相关研究更加活跃,成果迭现,在广度和深度上都有很大的进步。学界计有土地革命战争时期的史料整理和专著60多部,高质量核心期刊论文600多篇,涉及与银行业相关的金融、财政和专业人物的研究成果更多,已经形成了多层次的研究视角和庞大的理论体系。

一、关于苏区学习和传播马克思主义货币理论的相关研究综述

中国共产党进入土地革命战争时期后认识到红色政权的建立离不开经济的发展,而经济生活离不开货币,因此迫切需要科学的货币理论来指导中国共产党新建革命根据地之后的货币工作。中国共产党早期的理论家们辛勤耕耘,积极地学习马、恩、列的著作,取得了丰硕的理论成果。

刘曼最早翻译了马克思的《政治经济学批判》(1930年出版)。郭大力、王亚南合作翻译完成中国第一部完整的《资本论》三卷中译本(1938年出版)。陈启修、朱镜我、李达、季陶达等翻译出版了一批国外学者关于马克思主义货币学说的著作。李达的作品涉及了苏联经济中的商品与货币概念,并对之进行了标准的阐释,成为革命根据地普及马克思主义经济理论的重要作品。王学文、马哲民、陈启修、沈志远、李达、狄超白等人撰写、出版了一批涉及马克思主义货币学说的著作。这些人都是中共党史上货币金融工作的先行者和开拓者。刘觉民和李达的专著对马克思主义货币学说进行了更为系统和全面的阐释。李达的《货币学概论》标志着中国马克思主义货币学体系的建立[1],是里程碑式的著作[2]。

---

[1] 刘会闻.李达经济思想研究[D].武汉大学,2014.
[2] 尹进.李达《货币学概论》的写作前后及出版的伟大意义[J].经济评论,1991(05).

中国共产党人在全面译介马克思主义货币学说的基础上，进行理论联系实际的探索，将这一学说应用于农村根据地的经济建设①，在战争的缝隙中，冒着生命的危险，进行马克思主义货币理论指导下的货币实践工作。②经过共产党人的辛勤耕耘，新建的革命根据地虽经历百般波折，但是其金融工作依然取得了丰硕的实践成果③，有效地巩固了中国共产党在新民主主义革命时期局部区域的执政④。

二、关于苏区银行业的著作的综述

20世纪80年代后，学界关于中国共产党领导下银行事业史料的出版，渐成体系，涌现出货币史、银行史、金融史等一系列资料和丛书性的史料汇编。

下面从出版社的角度进行分类综述。

档案出版社，在1991年出版了两部史料汇编著作。这两部著作分别汇编了中国银行和交通银行在新中国成立前的史料，是两大银行总部与中国第二历史档案馆的合编之作。

新华出版社在2000年出版了俞兆鹏编写的《中国货币金融史论著索引（1900—1993）》。该索引分为论文索引和著作索引，收录了1900年至1993年间发表的有关先秦至1949年新中国成立前后中国货币金融史的论文和著作。因收录了许多高质量之作，该专著常常被后学者当作案头之作。

广西师范大学出版社在2003年出版了由中国第二历史档案馆编的《四联总处会议录》。该书记录了中央银行、中国银行、交通银行、农民银行自土地革命战争时期至解放战争时期的状况，内容涉及宏观层面的政策变动过程，可以为研究者们提供史料上的帮助。

---

① 尹振涛.土地革命战争时期的红色货币思想研究——基于马克思主义传播史的视角[J].金融评论，2017（01）.
② 乔晋声.中国共产党在革命时期的红色金融实践——以井冈山革命根据地和中央苏区为例[J].中国井冈山干部学院学报，2016（07）.
③ 陈礼茂，张静.土地革命时期中共在根据地的金融政策[J].现代经济信息，2016（11）.
④ 马德伦.红色政权与红色金融的发展[J].金融博览（财富），2018（03）.

中国金融出版社，作为金融专业的出版机构，承担了中国人民银行总行批准、由中国钱币学会组织编写的丛书《中国革命根据地货币史》的编辑出版发行工作。1992年6月出版了江西省钱币学会主编的《湘赣革命根据地货币史》，该书就湘赣革命根据地的银行开设和运作、货币发行政策和制度等问题进行了研究。紧接着7月份出版了杨希天等主持编写的《陕甘宁边区金融史》，这部书对于陕甘宁边区金融史进行了全面的论述，以翔实的史料呈现了1934年到1949年间边区银行业发展的状况。1993年出版了丁国良、张运才主编的《湘鄂赣革命根据地货币史》，该书用翔实的史料将中国共产党领导下湘鄂赣三省交界的革命根据地的经济建设一幕幕呈现在研究者面前，介绍了土地革命战争时期湘鄂赣革命根据地经济建设的方方面面。1994年出版了蒋九如主编的《福建革命根据地货币史》，该书对土地革命战争时期到解放战争时期福建革命根据地的银行与货币状况进行了研究，书中的史料详尽丰富，尽显研究者的史学功力。1995年出版了吴平编著的《华南革命根据地货币史》，该书介绍了海陆丰、琼崖和华南等革命根据地在土地革命战争时期的银行业发展状况，对流通券和债券的始末进行了详细的记载。

中国金融出版社，1996年出版了张书成、许炳南主编的《闽浙赣革命根据地货币史》，该书对方志敏式根据地在金融建设方面的成就进行了研究。1996年出版刘崇明和祝迪润主编的《湘鄂西革命根据地货币史》，该书对八百里洞庭和江汉平原上的这块革命根据地在土地革命战争时期所设立的银行及其发行的货币进行了详细的记载。1998年出版胡菊莲主编的《鄂豫皖革命根据地货币史》，此书全面地研究了与湘鄂西革命根据地互为犄角的鄂豫皖革命根据地土地革命战争时期在银行业上的成就，以及较为成功的防伪币打假币的斗争过程。

中国金融出版社，1998年出版罗华素、廖平之主编的《中央革命根据地货币史》，该书分上、中、下三篇，按照时间的顺序，将中央革命根据地的银行和货币的设立和运作，以及货币斗争做了详尽的记录，将毛泽民等领导人在金融事业方面的聪明才智和伟大创举通过历史史实呈现出来。在2003年，出版了袁远福、巴家云主编的《川陕革命根据地货币史》。此书将川陕省工农银行放在整个根据地的经济、社会与军事发展大背景之中，以银行这个重要机构的发展为脉络，串联起对川陕革命根据地在苏区时期的金融业的研究，记述了川陕银行的货币政策、种类、发行、流通等诸多相关问题。2005年出版了李实主编的《陕甘宁革命根据地货币史》，对陕甘宁革命根据地从土地革命战争时期到解放战争时期三个阶段的银行和货币的发展史进行了全面论述。在2017年出版了周士敏的《中国革命根据地货币总表》，在第二章以表格的形式简练地记述了14个革命根据地内的银行和银行发行的货币，具有权威性。

其他的出版社，推出的革命根据地经济史著作中有专门的章节论及土地革命战争时期的银行。武汉大学出版社于1995年出版戴启斌的《鄂豫皖革命根据地金融史略》，对鄂豫皖革命根据地进行的金融建设情况进行了系统的记录：从1927年的黄冈县农民协会信用合作社开始，一直到1949年的中州农民银行改组，整整二十几年的历史史实，被详细地载录到此书中。

人民出版社1957年出版的张郁兰的《中国银行业发展史》，将土地革命战争时期划为中国共产党领导的银行业的继续发展和集中时期，概述了土地革命战争时期银行事业方面的总况。人民出版社于1982年出版的许毅主编的《中央革命根据地财政经济史长编》，将土地革命战争时期的财经斗争作为研究对象，对中央革命根据地在土地革命战争时期旧的经济基础如何被摧毁、新的经济体系优势如何产生进行研究，并收录了大量史料，介绍了土地革命战争时期中央革命根据地国家银行产生和运作的基本环境和历程。

天津出版社在1985年出版了石毓符的《中国货币金融史略》，这本著作，在对先秦至新中国金融货币史的系统而扼要的介绍中，涉及土地革命战争时期的中央革命根据地国家银行，内容相对较少，不过史实准确，可以成为研究材料之间的互证。

湖南出版社在1991年出版姜宏业的《中国地方银行史》，该书中的第三篇对土地革命战争时期银行进行了介绍。《金融图集与史料·新民主主义革命时期》的第二章对土地革命战争时期银行的概况及发行的货币进行了介绍，文后附有大事记。

厦门大学出版社在1988年出版了江西财经学院编写的《闽浙赣革命根据地财政经济史料选编》，以及张侃和徐长春的著作《中央苏区财政经济史》。这两本专著详细记载了这两大革命根据地在土地革命战争时期的经济与财政建设的史实,对根据地银行业与银行发行货币时的大环境进行了详细的研究。《中央苏区财政经济史》对土地革命战争时期中央苏区的经济结构与解放战争时期解放区乃至新中国的经济结构的关联性进行了研究。

陕西人民出版社,在1999年出版了魏协武主编的《黄亚光文稿和日记摘编》。该书记录了黄亚光的金融思想和经历的诸多事件,可以作为相关史料的印证。

台北"国史馆"1985年印行的卓遵宏的《抗战前十年货币史资料(1927—1937)》,是台湾学者涉及革命根据地银行及货币的研究成果。

三、关于苏区银行业的学术论文的综述

综观20世纪80年代后关于苏区银行的研究,可谓是如火如荼,硕果累累。论文方面,上述专著的作者,大都有专门的行文就某个或者某些问题进行论述。下面从银行、货币、相关金融政策等方面进行评述。

1. 关于苏区银行的相关研究

首先,关于苏区银行机构的建立。姜宏业在论文中提道:为了支援战争、筹集资金、调剂金融、活跃市场、保存现金、打破封锁、发展生产和改善生活,多个革命根据地[①]一共建立了50多个苏维埃银行,发行了200余种苏维埃货币。[②]他在其专著中对此进行了详细的介绍。许毅就"东固银行、闽西工农银行、江西工农银行、闽浙赣省苏维埃银行、湘赣省工农银行"等机构的创建及其组织机构等问题进行了探讨[③]。刘国昆[④]记述了中华苏维埃国家银行。徐爱华[⑤]认为对于鄂豫皖苏区来说,苏维埃银行的建立,标志着该苏区开始独立进行币制和

[①] 耒阳、井冈山、海陆丰、赣南、闽西、湘鄂西、鄂豫皖、闽浙赣、湘鄂赣、湘赣、川陕、陕甘。
[②] 姜宏业.我国革命根据地早期银行事业概述[J].近代史研究,1982(04).
[③] 许毅.中央革命根据地财政经济史长编[M].北京:人民出版社,1982:296—316.
[④] 刘国昆.摇篮:中华苏维埃共和国国家银行[J].金融与经济,1998(09).
[⑤] 徐爱华.鄂豫皖苏区的银行与货币[J].江淮论坛,1984(03).

金融体系建设。黄少坚[①]和连琳[②]分别就湘赣革命根据地和中央革命根据地在土地革命战争时期的金融建设问题展开论述。李祥瑞[③]认为：全面抗战时期的陕甘宁边区银行是在土地革命战争时期的中华苏维埃人民共和国国家银行的基础上建立起来的。

其次，关于苏区银行的业务。无论是研究苏区的金融，还是研究整体的苏区经济，抑或只是研究苏区在土地革命战争时期发行的货币，都要立足于银行的业务。货币就是银行的业务内容之一。学界认为苏区银行的业务是多方面的，不仅包括货币工作、发放农业贷款，也包括商业和贸易的投资。在上文所介绍的专著里面，凡是涉及苏区银行的部分，基本上都会论述银行的货币发行工作和农贷工作，以及针对这两部分工作颁布的条令等等。这是因为贫苦的农民是苏区红色政权要扶助的对象，农贷就是以银行为中心，在中国共产党的领导和组织下，由老百姓和合作社等相互配合运作而形成的系统。中国共产党惠农传统由来已久，自建党之初就开始以农会等形式参与改善农民的生活水平。在惠农政策的导引下，苏区银行主要业务农贷的利率相当低，农贷多数时候处于亏本的经营状况。回收农贷时以农民的利益为主，采用灵活的清偿办法。虽然苏区政府的财力非常有限，后面文中会提及当时共产党的干部经常一天三顿稀饭，但是，依然对农贷采取了低利息甚至是零利息的方式，如确有突发困难的农户，甚至减免还贷的利息部分。农贷的规模相对来说比较小，但是仍然对农民以及手工业者给予了很大的帮助。农贷工作在实际的过程中，相当复杂，出现过平均分散借贷，有的贫农需要却未贷上，有的贷来款却没有用于生产，还有少数干部舞弊而致有贷无还等诸如此类的意外情况。这些和其他的革命过程中出现的问题，是一样的性质，都属于党和苏区群众第一次关于这方面的实践。党给予农贷十分的宽容和耐心，认为在经济建设的摸索阶段，出现这样的或者那样的问题，都是正常现象。对于农贷中出现的诸多问题，党的金融工作者端正工作态度，并

---

① 黄少坚.社会主义金融的先声——湘赣革命根据地金融建设刍论[J].柳州师专学报，1995（04）.
② 连琳.中央革命根据地的金融建设[J].呼伦贝尔学院学报，2002（02）.
③ 李祥瑞.抗日战争时期的陕甘宁边区银行[J].西北大学学报，1985（03）.

不认为属于麻烦事，相反认为出现问题的时候，恰恰是改进工作的好时机，一切以农民的利益为主。

然后，关于苏区银行的作用。徐爱华认为鄂豫皖苏区银行和经济公社对革命做出了巨大的贡献。鄂豫皖苏区通过"发行自己的货币，通过汇兑、投资和扶持信用、消费、生产合作社的发展，对于苏区物资交流，工农业生产以及文教事业都发挥了不可磨灭的历史作用"①。欧大军研究了东江革命根据地在苏区时期的财政金融，认为"银行信用的建立不仅促进了商品流通，而且盘活了农村金融，遏制了高利贷对农民的剥削"②。孔路原认为"川陕苏维埃金融机构的建立和金融货币政策的制定，稳定了根据地的金融，促进了根据地经济的发展，为支持革命战争提供了可靠的保障"③。

最后，关于苏区银行业的领导人物的研究。

学界关于苏区银行业领导者的研究，一致认可毛泽东和毛泽民做出的伟大的贡献。与二人相关的研究成果颇多，上述文中涉及的专著，以及涉及中央苏区经济的文章，都会提到毛泽东和毛泽民的金融思想及实践活动对苏区时期革命根据地的金融事业所起到的指导与奠基作用。

关于毛泽东金融思想，可以从人民出版社1982年出版的《毛泽东农村调查文集》，以及中共中央党校出版社1993年出版的《毛泽东经济年谱》提供的史料中得到详细的、全面的了解。杨其广④研究了毛泽东金融思想在早期的特点和内涵。孙焕臻⑤论述了在中央苏区的时候毛泽东金融思想形成的历史条件、内涵和特点。易棉阳将毛泽东的金融思想概括为三个方面：银行思想、利率思想和货币思想。⑥银行、利率和货币，这是基于现代金融理论的角度来进行的解读，彰显了毛泽东同志在金融方面的专业性。同时易棉阳在这篇文章中指出，毛泽东同

---

① 徐爱华.鄂豫皖苏区的银行与货币[J].江淮论坛，1984（03）.
② 欧大军.东江革命根据地的财政金融业[J].华南师范大学学报，2001（06）.
③ 孔路原.试论川陕苏维埃的金融货币[J].中共成都市委党校学报，2001（03）.
④ 杨其广.毛泽东金融思想的"雏形"[J].中国金融家，2016（12）.
⑤ 孙焕臻.中央革命根据地时期毛泽东财政金融思想探析[J].九江师专学报，1996（01）.
⑥ 易棉阳.论毛泽东的金融思想[J].湖南城市学院学报，2012（03）.

志这种具有高质量、专业性建构的金融思想，在高度上是马克思主义金融理论与中国革命实际相结合的结晶。周银彬等[①]研究了毛泽东对马列主义金融理论的发展。冯都[②]指出中央苏区因为没有贯彻毛泽东正确的金融思想而出现了严重的经济危机，分析了银行没有遵循毛泽东正确的政策而导致的纸币大量增发带来的严重的经济危机。欧大军[③]论述了毛泽东金融思想对广东省的改革开放的启示和指导。陈闯勋等认为要"遵循毛泽东同志重视农业的思想，努力做好农村金融工作"[④]。柳菁[⑤]记叙了当代地方银行的行政领导对毛泽东金融思想的学习，指出学习的重要性。徐明指出让"毛泽东思想指引我国金融事业胜利前进"[⑥]。樊纪宪[⑦]认为一定要"让毛泽东金融思想更加发扬光大"。毛泽东对金融工作卓著的领导，形成了正确的金融思想，为后来的全面抗战和解放战争时期红色金融的发展指明了方向，决定了后来金融发展的趋势，奠定了坚实的金融基础。

苏区金融业另一位奠基人当属毛泽民这位"为党当家理财的红色金融家"[⑧]"红色大管家"[⑨]"中华苏维埃国家银行的第一任行长"[⑩]。付秀宏和刘春光详细介绍了毛泽民的金融生涯[⑪]，阎丽对毛泽民指导下的安源路矿工人合作社的发展进行了考察[⑫]，朱与墨详细介绍了毛泽民在财政经济工作上的轨迹与成就，从安源到延安的银行与货币工作，

---

① 周银彬，黄志凌.关于建设具有中国特色的社会主义金融体系的探索——谈毛泽东思想对马列主义金融理论的发展[J].河南金融研究，1983（12）.
② 冯都.中央苏区后期通货膨胀是怎样出现的[J].福建党史月刊，1995（10）.
③ 欧大军.毛泽东的财政金融思想与广东的改革开放[J].毛泽东思想论坛，1994（04）.
④ 陈闯勋，彭特，唐明桂.遵循毛泽东同志重视农业的思想努力做好农村金融工作[J].金融经济，1994（01）.
⑤ 柳菁.认真学习毛泽东思想，促进金融事业发展——莆田市金融系统行政领导学习《毛选》座谈纪要[J].福建金融，1991（11）.
⑥ 徐明.毛泽东思想指引我国金融事业胜利前进[J].四川金融研究，1983（10）.
⑦ 樊纪宪.让毛泽东的金融思想更加发扬光大——纪念毛泽东同志诞辰90周年[J].金融研究，1983（12）.
⑧ 王梦悦.为党当家理财的红色金融家[J].党史纵横，2018（09）.
⑨ 帅才.坚贞不屈的"红色大管家"毛泽民[J].人民日报，2019（03）.
⑩ 高青.为了民族复兴英雄烈士谱·毛泽民 中华苏维埃国家银行第一任行长[J].新湘评论，2019（01）.
⑪ 付秀宏，刘春光.毛泽民的金融生涯[J].金融经济，2019（04）.
⑫ 阎丽.毛泽民与安源路矿工人消费合作社[J].共产党员，2019（02）.

以及毛泽民运用统战思想在新疆建设银行的经历①。

苏区各个银行的行长和副行长共有47位。这些银行业的领导人，为党的金融事业作出了贡献。比如，朱理治②为金融事业奋斗了大半生；阮山③作为闽西工农银行的第一任行长，带领闽西工农银行迅速发展，给予闽西苏区的经济生活和革命巨大的支持；郑义斋④在鄂豫皖苏区任银行行长的时候，呕心沥血，为红四方面军的后勤给养和军需供给做出了巨大的贡献。这些银行行长带领红色银行所起到的作用，在后文中将会进一步总结论述。

2. 关于苏区银行发行货币的相关研究

首先，关于货币发行工作的相关研究。陈安丽⑤将中央革命根据地在苏区时期的货币发行工作分为"分散发行""统一发行""退出流通"三个阶段，以1931年年底和1933年8月底作为研究的时间节点。巴家云⑥对川陕革命根据地苏区时期的银行发行的货币，进行了发行时间和发行数量的考证，得出结论是纸币和布币的发行是在1933年3月、5月间，至于银元和铜元应该是在1933年年底。在发行的货币数量上，纸币的印刷量最多达七八十万元，银币达二十万元，铜币约十五万。项定才⑦除了对川陕革命根据地苏区时期的货币发行时间进行考证外，还对银币的比价问题进行考证和研究。唐文除了关注川陕苏区的货币发行，还对其反伪币斗争进行了关注。唐文指出：川陕省苏维埃政府为了巩固新生的革命政权，发展苏区经济，发行了一整套由川陕省工农银行制造的货币，这对巩固苏区、发展苏区产生了重要的作用。⑧刘敏考察了川陕革命根据地苏区时期的银币铸造资料的来源，"一是没收地主土豪的财物，二是缴获军阀的战利品，三是苏区人民

---

① 朱与墨.毛泽民财经统战工作实践与贡献[J].湖南省社会主义学院学报,2018(06).
② 史蔓丽.朱理治：一生革命路，半世金融情[J].中国金融家,2006(03).
③ 李元健.阮山，苏区的金融先驱[J].福建党史月刊,2003(02).
④ 王东升.红色理财师——郑义斋[J].中国金融家,2006(08).
⑤ 陈安丽.浅谈中央革命根据地货币[J].金融与经济,2000(12).
⑥ 巴家云.川陕苏区货币两个问题的研究[J].四川文物,1995(06).
⑦ 项定才.对川陕苏区货币几个问题的研考[J].西南金融,1996(03).
⑧ 唐文.川陕苏区的货币发行与反伪币斗争[J].四川党史,1997(06).

的支援"①。刘敏将银币的流通范围,进行了内外部分的界定,即在苏区(内部)和白区(外部)的流通。其他革命根据地苏区时期的银行业同样有学者进行关注。如湘鄂西革命根据地,王跃飞②对其苏区时期的银行所发行的银、铜、纸三币的运行情况进行了研究,认为这些货币有浓厚的革命属性,是为了发展苏区的经济而存在的。杨枫③对湘鄂西革命根据地苏区时期的银行沿革、印刷纸币与发行纸币的种类、纸币的流通与管理等进行了论述。

然后,关于纸币增发问题的研究。在苏区时期,大多数革命根据地银行的准备金不足,加之国民党反动力量以各种手段运进革命根据地的假币的恶劣影响,市场上出现了货币贬值的状况,物价因此控制不住地上涨,根据地内部出现通货膨胀问题。对于中央革命根据地在苏区时期的通货膨胀问题,冯都④进行了研究。他认为,中央革命根据地银行在创建之初,严格按照马克思主义的货币理论来印制发行纸币,按照 1∶0.588 的比例准备好充足的银元作为准备金,因而币值稳定、纸币信用极高,根据地群众非常拥戴根据地发行的货币,积极地使用。但是到了1934年,"左"倾教条主义错误的领导造成了军事上的被动挨打,军事开支急剧增大;而且中共临时中央取消了红军筹款的任务,更是减少了财政上的一大来源。为了应付庞大的军费开支,纸币的印制发行超过了国家银行的资本总额的 8 倍,这属于纸币增发行为。在军事上连连失利的同时,根据地内的经济生活也同样受到了严重的遏制和打击。随着根据地范围的缩减,根据地的经济越来越困难,流通领域内消费行为越来越少,增发的大量纸币根本就没有消费的机会,因此无法进入市场流通,而且在国民党反动派的严密封锁下,纸币也流通不出去,都挤在革命根据地。因为国民党反动派轮番"清剿"的缘故,物资供应非常紧张,所以物价就上涨。根据地也出现了类似解放战争时期国统区的通货膨胀。战争的恶劣形势、经济萎缩,使得根据地内人心惶惶。

---

① 刘敏.川陕苏区银币铸行的有关问题探讨[J].四川文物,1998(02).
② 王跃飞.湘鄂西革命根据地货币的革命属性[J].理论界,2006(02).
③ 杨枫,谢启才.论湘鄂西革命根据地纸币[J].中国钱币,1995(04).
④ 冯都.中央苏区后期通货膨胀是怎样出现的[J].福建党史月刊,1995(10).

冯都认为，除了增发货币这一原因外，还有其他的原因导致了根据地的通货膨胀。比如，银行听从行政命令，不能独立存在，使银行自身的运转规则被人为打断，因而丧失了银行本身在正常轨道上运行时的自我调控能力。又比如，取消红军筹款后，财经上的收入基本上来自群众，而群众的经济能力在残酷的战争环境中非常有限，这造成了根据地银行缺乏流进的资金。除了"左"倾教条主义错误的军事政策之外，其严重的政治上的错误行为，也导致了根据地经济走向萎靡、通货膨胀。王明在政治上打击了一批正在从事经济管理工作的干部，使根据地的工商业和贸易活动受到了影响：苏维埃政府无法像根据地经济建设刚开始的时候那样有组织地引导手工业者和商贩们在严峻的经济形势下渡过难关，难以带领根据地的群众有效改善因国民党反动派围堵而凋敝的生活。

3. 关于苏区的金融政策及其贡献的研究

苏区的金融政策，是学界在对革命根据地的银行业进行研究时的一个重要的课题。中国共产党领导下的革命根据地，因革命形势的不同，而采取不同的金融政策，这体现了革命形势和政治形势对金融的影响。马洪范指出：革命根据地实行独立自主的金融发展政策、审慎的货币发行政策和严格的金融管理政策。[①] 梁杰[②]的观点是：苏维埃国家银行具有国家银行的性质，因此它的成立对当时其他苏区的银行工作起着指导的作用；苏维埃国家银行的一些成功经验，诸如有关货币发行的政策和技巧，货币斗争以及金融监管的方式和方法等，对现今的金融工作同样适用。徐爱华对鄂豫皖苏区的金融政策进行了研究，认为有三个方面的经验值得学习：第一，废除伪国民政府的各类货币；第二，在苏维埃商店、合作社或市场交易中，一律使用苏维埃银行发行的货币；第三，任何团体和个人不得私用苏维埃的资本，以保证银行有一定数额的基金。[③]

在土地革命战争时期，马克思主义经济理论中国化的成功，可以从根据地建立后银行体系与货币体系成功运转起来、从根据地的金融

---

① 马洪范.中国近现代史上的金融政策[J].中国金融，2006（04）.
② 梁杰.苏维埃国家银行的建立及其历史作用[J].中国钱币，2005（04）.
③ 徐爱华.鄂豫皖苏区的银行与货币[J].江淮论坛，1984（03）.

事业由初建到规模式发展、从根据地经济的蓬勃发展等方面看出来。相比国民党治理下的民生凋敝、物价高涨，根据地则是币制有信、物价稳定、贸易欣然。学界有一些文章把中央苏区的经济体制与新中国成立初期的经济体制、社会主义改造后的经济体制进行联系[①]和对比[②]，发现货币工作在体系、结构、运作方式、商业贸易等方面采取的具体形式和价值取向等诸多方面，新中国都与苏区有着相同之处[③]。有些文章总结了苏区经济体系对于新中国经济建设的启示[④]，亦有涉及苏区经济与新中国经济体系的对比[⑤]。陈永发认为：中共农村革命根据地的发展，是一批出身于农村却又在城市求学的对马克思主义有着浓厚兴趣的学生，与地方精英联合开展的一场政治运动。[⑥]

海外学界并无直接研究革命根据地货币史的作品，但是在研究中国社会经济史的时候，会涉及中国共产党领导的金融工作和相关人物，尤其是让全世界敬仰的领袖人物毛泽东。如费正清的《剑桥中华人民共和国史》[⑦]、迈斯纳的《毛泽东的中国及后毛泽东的中国》[⑧]，都涉及了毛泽东及其关于经济工作上的一些指示。

综上，从不同的视角进行研究，得到的学术研究成果亦不相同，呈现出多维的研究态势，令人对苏区时期精彩的经济工作更加好奇。迄今为止，关注苏区时期经济工作的研究成果数量多、质量优。涉及银行和货币方面的研究成果亦是量多质优。虽然属于史料的整理和研究，但是如果不去对这些史料进行研究的话，又能做些什么呢？专业和采用的研究方法即使不一样，但还是要以这些史料为基础，创新是何其难！"前人的研究成果也是千淘万选、披沙拣金才得来的，其中

---

① 郝海瑛.论毛泽东与革命根据地内新民主主义经济的产生[J].邢台学院学报,2007(01).
② 罗楠怡.以经济管理为视角论民主革命时期的财经思想[J].管理观察,2014(10).
③ 王汉辰.新民主主义经济与社会主义市场经济的关联性[J].中外企业家,2016(06).
④ 何玉长.对苏区新民主主义经济体系的历史与现实思考[J].南昌大学学报（人文社会科学版）,1991(04).
⑤ 张侃,徐长春.中央苏区财政经济史[M].厦门：厦门大学出版社,1999.
⑥ 陈永发.中国共产党七十年[M].台北：台北联经,1998.
⑦ [美] R.麦克法夸尔,费正清.剑桥中华人民共和国史[M].俞金戈,等译.北京：中国社会科学出版社,1990.
⑧ [美] 莫里斯·迈斯纳.毛泽东的中国及后毛泽东的中国[M].杜蒲,李玉玲译.成都：四川人民出版社,1992.

的甘苦只有学问中人才能体会得到。就某一具体研究对象而言，小至一时一事之考订，大至理论评判之建构，莫不凝聚了学者们的心血与思想，要想有所突破是很困难的。"①

唯一突破的可能，是从马克思主义金融理论中国化的视角来考察中国共产党领导下金融事业的学术成果，目前搜索所见范围内，这方面的著作和文章相对少见，尤其是涉及数据史料方面，可以成为突破点。目前所关注的文献，有相当一部分看上去正确，但是数据上不严谨，要么年份差一年，要么月份差几个月，虽然从大的时间跨度上看都是属于土地革命战争时期，但是并不准确。有个别学位论文，通篇出现六个表格列举苏区银行的成立和结束时间，只有一个表格里的前面四行是正确的，其余的年份和月份都错了。所以，本书考证的这些银行设立的准确时间、发行货币的准确信息、金融政策发布的时间、银行业务发生的时间等等，是具有一定的学术意义、值得去研究的学术问题。虽然涉及革命根据地苏区时期银行业的学术成果有很多，但是历史学研究的根基之一——准确性，却不是每篇成果都能做到的。尽管宏观上的分析都符合时代发展的趋势和革命形势的走向，但是支撑这些论述的具体的时间、人物和地点若是发生了误差，对于严谨的历史学研究来说，实属可惜。

本书将苏区时期根据地银行业的基础数据正确性的确认，作为研究的重点；把马克思主义金融理论中国化的轨迹，及在理论指导下的苏区银行工作的实践性成果作为研究对象；研究目标是察古思今，从总体上把握苏区金融体系构建的经验教训，同时不忘初心，从党成功领导与建构金融体系从而掌控经济宏观全局的历史经验中汲取助益当代的价值。期待通过本书的研究，从总体上把握中国共产党在土地革命战争时期创建金融体系的经验，挖掘历史文献多层次多角度的使用价值；在制度层面上，围绕现金的管理和从业人员的党性培育等方面，将苏区的时代之问题和现阶段的金融风险问题联系起来进行分析，鉴古知今；在实践层面上，围绕着贸易战和货币战，阐述党在执

---

① 胡卫清.普遍主义的挑战——近代中国基督教教育研究（1877—1927）[M].上海：上海人民出版社，2000.

政伊始阶段如何领导金融之役，并且简要延伸到现阶段，展现党在局部执政时期关于金融方面的专业性和科学性。

关于本书中的金融、银行与货币。金融即为货币资金的融通，为拥有货币资金的人和缺少货币资金的人进行搭桥调剂，进行资金的流通和周转。金融，是一种具有独特性的经济活动，是价值形态独立化的现象，也是进行宏观经济调控的手段。"货币意味着这一联系越来越密切，把各个生产者的全部经济生活不可分割地联结成一个整体。资本意味着这一联系的进一步发展"①。"金融资本特别机动灵活，在国内和国际上都特别错综复杂地交织在一起……特别容易集中而且特别高度地集中"②。银行作为最主要的金融机构，是货币的载体，是金融史研究的重心。不管是金融史还是货币史，银行都是其主要的研究内容。"银行是现代经济生活的中心，是整个资本主义国民经济体系的神经中枢"③。苏区金融事业的关键词是银行和货币。二者如影随形，论及银行，必然涉及货币；货币出现，必然有银行体系的运作。银行工作对于苏区革命政权来说，同样至关重要。

本文所采用的研究方法有：

计量史学分析方法。对革命根据地银行实践活动即业务的展开以及根据地贸易量等的史料和相关材料进行分析时，使用计量史学研究方法。

文献研究方法。关于苏区银行工作实践材料，依据高校和地方党史部门整理的史料库里的文献，对于关键性的史料进行田野调查求证并寻求第一手文献资料。多维度地、立体地呈现土地革命战争时期革命家们在银行方面的专业性，以实践活动的史料来有力地论证马克思主义金融理论中国化的成功，展现党强大的创新能力。

历史分析方法。对马克思主义金融理论及其中国化的银行指导思想进行历史分析，考察其产生的时代背景、理论渊源、社会经济条件，描述其发展的历史过程，有助于了解并且理解这段银行史中的指

---

① 中共中央马克思恩格斯列宁斯大林著作编译局（后文简称中央编译局）编．列宁选集（第二卷）[M]．北京：人民出版社，1995：312．
② 中央编译局编译．列宁全集（第二十七卷）[M]．北京：人民出版社，1990：142．
③ 中央编译局编．列宁选集（第二卷）[M]．北京：人民出版社，1995年：238．

导理论和实践主体是如何服务于革命根据地经济工作的需要、如何为革命史贡献经济史的作用、如何在筚路蓝缕的艰难时期以中国共产党领导金融工作的专业能力呈现出红色金融的磅礴缔造之力。

第一章　苏区银行金融事业的理论渊源和时代背景

《共产党宣言》中指出无产阶级推翻资产阶级的斗争，保证能够取得革命胜利的一个重要因素就是要掌握大的银行及其发行的货币，而且无产阶级取得政权后，必须通过国家银行的作用把信贷掌握在政权的手中。马克思在1871年的《法兰西内战》总结巴黎公社斗争的相关经验，恩格斯在1891年为此书写的序言中惋惜地认为："最令人难解的，自然是公社把法兰西银行视为神圣，而在其大门以外毕恭毕敬地伫立不前。这也是一个严重的政治错误，银行掌握在公社手里，这会比扣留一万个人质更有价值。"

对于一个工人一个农民来说，能够见到一万块钱的机会比见到一万个人的机会少多了，所以，对于钱的畏惧就如同对钱的渴望一样强烈，自然对于"装钱的机器"——银行也是觉得神圣和神秘，"毕恭毕敬地伫立不前"值得同情。对于工人阶级和农民阶级来说，要想取得革命的胜利，就要有足够的胆量和认识去挑战统治势力和传统势力，尤其是革命的领导人，肩负着对核心问题的引领的责任，必须要对金钱无所畏惧，对银行这种造币机器要有把握和拥有的气概。这里所说的把握和拥有，对于资产阶级来说，是财产私有；对于中国共产党来说，是拿来之后贯注于技术和指导，使其更好地为工农服务。

一个有前途的革命政权，在取得胜利之后要想生存下来，要有和取得胜利一样的充分的认知和革命干劲。列宁曾在《布尔什维克能保持国家政权吗》一文中指出：没有了大银行的话，社会主义是不能实现的。中国共产党在建立革命政权后立即建立银行发行货币的思想，源于马恩列理论的启示。

第一节 理论渊源

马克思所生活的时代还没有金融这一概念，在他的作品当中也没有出现金融这个词。学界认为马克思在《资本论》中阐述的货币、货币资本、货币的流通、信用制度等这些术语，属于现代意义上的金融理论中的概念，为了让研究成果为现代人所熟悉，所以提炼出马克思主义金融理论，其本质和马克思主义经济理论相同。从学理上来说，通用马克思主义金融理论，存在着学术上的合理性。马克思和恩格斯在著作和书信中所提到的和所使用的概念，体现的是一种物质的社会关系，是一定时期经济关系的表现，实质上是人与人之间的社会关系，表现了货币的所有者与劳动者之间的剥削关系，是现代意义的金融活动和金融机构在社会上的关系。虽然没有提及金融二字，但是马克思主义经济理论中涉及货币、银行和资本等术语皆属于现代意义上的金融范畴，构成了完整的金融理论体系。这个理论体系具有严密的逻辑性，对于中国革命根据地的货币及其载体银行的建设来说，具有高度的指导作用。

一、马克思主义金融理论中关于银行的主要理论

马克思主义金融理论主要体现在《资本论》的各个篇章中。在第一卷的《商品》《交换过程》和《货币或商品流通》三章以及第三卷的第五篇《利润分为利息和企业主收入（生息资本）》中，专门论述了货币的生成过程、信用和银行，以及货币的流通等问题。马克思主义金融理论是通过货币及货币资本产生的剩余价值，围绕着利润、利息、虚拟资本以及生息资本、货币资本等的关系，来揭示资本主义社会关系怎样实现对工人的剥削。

对于银行运作和信用的问题，马克思曾经指出"资本流通是一般商品流通的有机组成部分，资本是在一般商品流通之中来完成自己独特的循环的。货币资金的运动和货币的运动是密切联系在一起。货币执行职能的作用，不管是作为收入的货币形式还是作为资本的货币形式，都不会改变货币作为流通手段的性质；不管货币完成哪个职能，

货币的性质都是不变。"① 货币充当支付手段,商品持有者取得预付的收款凭证后出售商品,而不是拿到款项之后再出售。这种做法体现了货币的信用功能。②

银行是随着信用和货币流通而发展出来的产物,是商品的货币关系高度发展而产生的结果。商品和货币的存在,构成了银行产生的需求性基础。因为商品和货币必须要有载体,这就是专门负责货币工作的机构——银行。"银行制度,就其形式的组织和集中来说……是资本主义生产方式的最精巧和最发达的产物。"③ 伴随着自由竞争贸易的发展规模不断地壮大,银行制度应需而生,形成体系,用来规范银行业的行为,用来更好地服务于银行业,让自由贸易竞争中的各个参与主体产生更多的利润。马克思认为资本主义经济的发展一定会带来现代银行的产生,"这是因为资本主义的经济快速地发展,是因为它可以将存在于社会的不同地方的货币资本聚合,将其在社会的各行各业进行分配,通过银行账簿上货币收付业务的记载,充当资本家的账房"④。银行在本质上是市场经济发展到一定阶段的产物,就像市场经济一样,银行本身没有社会属性,是任何一种政权或者经济体都可以使用的工具,"信用制度和银行制度把社会上一切可用的甚至可能的,尚未积极发挥作用的资本交给产业资本家和商业资本家支配,以致这个资本的贷放者和使用者,都不是这个资本的所有者或生产者,因此,信用制度和银行制度扬弃了资本的私人性质……使它具有一种公共的、社会的属性"⑤。银行的信用制度,从宏观层面上来说,是以稳定的社会秩序为信用背书。

马克思主义金融理论认为银行对于一个社会来说,最大的作用就是促进经济的更大程度的发展,是用来将暂时闲余的资金周转流通起来,发挥最大的效用。银行存在的意义,在于提供一个带有信用背

---

① 中央编译局译.资本论(第三卷)[M].北京:人民出版社,2004:681—686.
② 中央编译局译.马克思恩格斯全集(第二十五卷)[M].北京:人民出版社,1974:451.
③ 中央编译局译.资本论(第三卷)[M].北京:人民出版社,2004:686.
④ 中央编译局译.资本论(第三卷)[M].北京:人民出版社,2004:576.
⑤ 中央编译局译.资本论(第三卷)[M].北京:人民出版社,2004:686.

书的平台，可以将流通领域中处于暂时闲余状态的资金聚合在一起，重新进行规划使用，让这部分暂时闲余的资金产生资本自身应该具有的利润。银行的存在，解决了资本的价值是与生俱有、还是要流动起来才有的问题。具体说来，银行对于一个政权的作用，表现为以下四点：

首先，银行最基本的作用是充当信用中介。"随着银行制度的发展……一切阶级的货币积蓄和暂不用的货币，都会存入银行，小的金额是不能单独作为货币资本发挥作用的，但它们结合成为巨额就形成一个货币力量。这种收集小金额的活动是银行制度的特殊的作用。"[①] 货币积累到一定数量才能形成资本，才能够通过融通发挥作用，小额的资本，是不能行使货币资本的职能，只有使用一个中介将这些小额的资本聚集在一起，形成一个相对大数额的资本，才能发挥货币力量，这是团结就有力量在货币上的生动体现。能够将这些小额的货币聚集成为资本的中介，就是银行。银行能够行使这种功能，是因为银行作为货币资本的总管理人，作为所有贷出者的代表，将信用资本集中起来，放给使用者。

其次，银行使货币资金的使用效益大幅度提高。"流通时间越等于零或者近于零，资本的职能就越大，资本的生产效率就越高，它的自行增殖就越大。"[②] 因为银行的存在，企业或者其他的生产部门在短时间内若是需要资金周转就可以借助于银行这个中介而实现；同时，社会上的闲余资金因为数额大小及闲余时间的限制，无法有效地进行流动，那么借助于银行这个中介，能够集结起来，积少成多聚沙成塔，从而发挥作用。银行业，使得经济领域内的资本利用率大幅度提高，使得闲散的或者暂时留在流通领域中的资本都可以被利用起来，使得经济运转的速度加快，使得整个社会经济发展的速度加快。

然后，银行可以作为全国性的簿记机关。簿记，《辞海》中的释义是："会计工作中关于填写凭证、登记账簿等记录、计算和汇总，以提供核算资料的程序和方法。"簿记，按照经济主体所从事的经济

---

① 中央编译局译.资本论（第三卷）[M].北京：人民出版社，2004：676.
② 中央编译局译.资本论（第三卷）[M].北京：人民出版社，2004：596.

活动的分类不同,而从大类上区别为商业簿记①和工业簿记②。马克思认为簿记可以从宏观的高度行使经济管理的作用,是对经济过程的控制与观念总结。资金,是经济活动能够顺利进行的血液,"如果没有一个国家统一的资金运营中心,国家无法掌握国家资金的营养状况,将影响国家经济的正常进行"③。马克思是把簿记作为一种手段来使用,用来对社会的经济过程进行宏观调控与管理,社会化大生产的程度越高,就越需要宏观层面的簿记管理与调节。"过程越是按社会的规模进行,越是失去纯粹个人的性质,作为对过程的控制和观念总结的簿记就越是必要;因此,簿记对资本主义生产,比对手工业和农民的分散生产更为必要,对公有生产,比对资本主义生产更为必要。"④在《资本论》中,马克思论述了如何利用簿记形式实现对社会经济过程的控制与调节,"一是以价值为基础,把对经济过程的控制建立在社会劳动时间分配的控制上……对通过劳动时间分配的控制来实现对社会经济过程的控制……在资本主义生产方式消灭以后,但社会生产依然存在的情况下,价值决定会在下述意义上起支配作用:劳动时间的调节和社会劳动在各类不同生产之间的分配,最后,与此有关的簿记将比以往任何时候都更重要"⑤。

马克思论述的如何利用簿记形式实现对社会经济过程的控制与调节,第二种路径就是利用银行这个社会机关,即把银行作为社会的簿记机关,来实现对社会经济的控制和调节。在马克思这里,银行是社会化大生产的产物,除了基本的作为社会信用机关的职能外,还可以挖掘它的社会职能,即作为公共簿记机关。银行是运用簿记形式对社会经济进行控制与调节的有效形式。马克思指出:"银行制度,就其形式的组织和集中来说……是资本主义生产方式的最精巧的和最发达的产物……当然,银行制度造成了社会范围的公共簿记和生产资料的

---

① 商业簿记是用于输入成品进行销售的公司的财务管理的记账方式,是最基本的簿记。
② 工业簿记是用于记录购入材料、制作商品、贩卖成品的公司的财务状况的记账方式,主要用于计算商品制作所必需的原价费用,包括材料费、制作人员的薪金、制造器械的损耗费用等。
③ 温美平.中国共产党金融思想研究[D].华东师范大学,2011.
④ 中央编译局译.资本论(第二卷)[M].北京:人民出版社,2004:152.
⑤ 中央编译局译.资本论(第三卷)[M].北京:人民出版社,2004:963.

公共分配形式，但只是形式而已。"① 社会簿记属于宏观会计的传统称呼，马克思认为银行是"社会范围的公共簿记"，资金通过银行而聚集、而贷出，运转起来，一个社会的经济生活就如同一个人有了血液一样，能够正常地运行和发展。"但是簿记的费用随着生产的积集而减少，簿记越是转化为社会的簿记。这种费用也就越少。"② 列宁也指出银行是社会统一的核算机关和调节机关，可以利用它来调节全国按社会主义生产方式组织起来的经济生活。③ 南斯拉夫是运用马克思关于社会簿记比较成功的国家，于1959年建立了全国性的社会簿记局，并颁发了社会簿记局条例。

最后，银行另一个明显的作用就是利息率的确定。在中国共产党创建这些根据地之前，当地的老百姓十有八九受到高利贷的盘剥。高利贷成为旧社会逼死农民的重要原因。高利贷的高利，是指利率的不确定且利滚利地、无上限地、无理由地增高。高利贷存在的年代久远，尽管历届王朝政府从道德上抨击并严令禁止它，但是依然常常出现高利贷侵扰百姓的现象。王安石曾经推行青苗法，以政府放贷的行为，来抵制农民因青黄不接的困境而选择高利贷。但是这项政治理想却失败了，最主要的原因是政府放贷成本高，手续繁杂，对官员的监管不力，使能够巧妙应对办理手续的官员可以骗贷然后高利息贷出。归因还是高利贷丰厚的利润空间滋生了黑恶势力，甚至官商勾结、官官相护。所以中国共产党在根据地的经济建设首要解决的就是高利贷问题。低息或者零息，作为政治上的理想性措施，提出容易，施行难。中国共产党要想在根据地去除高利贷，如上分析，必须要做好政府层面的工作，诸如解决从事放贷的工作人员的工资和监管问题，以及确定政府财政上的需求边界。在后文的论述中可以看到中国共产党以清廉和为人民服务，为民作主、不谋民利，从根源上解决了中外从古延续至今的高利贷问题。

马克思主义金融理论认为，利息的最低界限是无法规定的，"因为利息只是利润的一部分，按照我们的假定，这个部分要由产业资本

---

① 中央编译局译. 资本论（第三卷）[M]. 北京：人民出版社，2004：335—336.
② 中央编译局译. 资本论（第三卷）[M]. 北京：人民出版社，2004：336.
③ 中央编译局编译. 列宁全集（第四十二卷）[M]. 北京：人民出版社，1987：197.

家支付给货币资本,所以,利润本身就成为利息的最高界限……利息的最低界限则完全无法规定"①。利息率由利润率决定,表现为一个相对固定的比值。在资本市场上,货币资本就是借贷资本,表现的是借贷资本家的共同利益,因此,"就需求的形式来说,和借贷资本相对立的是整个阶级的力量;就供给来说,这个资本本身整个地表现为借贷资本"②。职能资本家是否盈利并不是关键问题,银行家代表着社会资本家阶层,控制着整个社会的资本,因为银行的强制力量,利息是必须按照一定的比例进行支付,这个数额确定之后不能改变。

以上是马克思主义金融理论中关于银行的一些基本思想。当这些思想和中国共产党领导的革命根据地的经济实践相结合的时候,就是马克思主义金融理论的中国化。

二、列宁关于银行的主要理论

列宁曾把银行比作是国民经济的神经中枢。关于列宁金融思想体系的形成历程,有着诸多变化的跨越式发展的大背景,是随着俄国革命形势的发展而调整的。俄国当时的革命形势,正值资本主义的市场经济由自由竞争向垄断转变的重大变化时期,正值俄国的革命由资产阶级的民主革命向社会主义革命的转变时期,正值俄国的建设由军事向新经济的转变时期。纵观列宁金融思想变化与发展的过程,可以发现其呈现出一个螺旋式上升的趋势。

虽然在十月革命前,列宁是认可货币资本作用的,有考虑通过国家银行来发展货币,发挥金融对于经济发展的作用。但是十月革命后,列宁变为认同马克思金融理论中"取消货币资本"③的观点。马克思认为未来的社会里,劳动产品不再具有商品的性质,到了共产主义社会,"货币资本会完全消失,因而,货币资本所引起的交易上的伪装也会消

---

① 中央编译局译.资本论(第三卷)[M].北京:人民出版社,2004:686.
② 中央编译局译.资本论(第三卷)[M].北京:人民出版社,2004:573.
③ 马克思认为未来的社会里,劳动产品不再具有商品的性质,到了共产主义社会,"货币资本会完全消失,因而,货币资本所引起的交易上的伪装也会消失"。

失"①。列宁认为社会主义要消灭商品和货币,"社会主义要消灭货币的权力、资本的权力,消灭一切生产资料私有制、消灭商品经济"②,"只要仍然有交换,那谈什么社会主义是可笑的"③。列宁认为要实现社会主义过渡时期的任务,应该是产品交换,而不是商品交换。

进入到战时共产主义时期,苏维埃政权将本来占的比例就很少的货币关系进行压缩,鼓励进行直接的物物交换,排挤货币关系。1920年11月30日,列宁写信认为要取消货币税委员会,主张消灭货币,商品生产就是资本主义,在这个过渡时候,必须消灭货币。但是事实上这个政策带给俄国经济建设明显的严重的失误。在当时的俄国,小农经济占优势地位,依然是一个在经济上相当落后的国家,这个时候,是离不开商品生产和货币交换的。此时消灭货币,消灭金融关系,后果已经被历史证明是相当严重。

列宁是一个品格高尚的唯物主义者,当经济工作中的指导性政策产生了严重的后果时,他开始反思取消货币的经济政策究竟是否可行。1920年年底内战结束后,鉴于社会经济生活并没有恢复秩序,反而因为取消货币而更加不方便,列宁开始考虑恢复货币在经济建设中的作用。在1921年春,列宁在与布哈林的便条沟通中提出货币问题,认为合作社是买卖机关,是社会主义经济形式的体现,在生产资料公有制下,货币是具有科学性和现实性的,社会主义对货币金融是不可避免的,而且有必要使用货币杠杆。他改变对金融看法的标志是新经济政策的实施。在1921年5月的第十次代表大会上,列宁指出要使用金融这个杠杆来发展经济,允许民间进行商品生产和流通,恢复自由贸易。实践中,恢复了货币金融应该有的关系。国营企业的经营方式也有改善,以盈利为标准,"国营企业实行所谓经济核算制,同新经济政策有着必然的和密切的联系,在最近的将来,这种形式即使不是唯一的,也必定会是主要的。在容许和发展自由贸易的情况下,这实际上等于国营企业在相当程度上实行商业原则"④。俄国共产党在第

---

① 中央编译局译.资本论(第二卷)[M].北京:人民出版社,2004:350.
② 中央编译局编译.列宁全集(第四十二卷)[M].北京:人民出版社,1987:75.
③ 中央编译局编译.列宁全集(第十五卷)[M].北京:人民出版社,1988:112.
④ 中央编译局编.列宁选集(第四卷)[M].北京:人民出版社,1995:583.

十一次国代会上号召"必须从市场的存在出发并考虑市场的规律,掌握市场,通过有系统的、深思熟虑的、建立在对市场过程的精确估计之上的经济措施,来调节市场和货币流通"[①]。实践中,将货币交换的范围进一步扩大,完全取消货币交换的地区限制,工资实现了货币化,税收政策调整为货币化,设立国家银行。到了1922年年底,商业企业主达到了47万之多。

列宁认为金融与社会主义并不矛盾,稳定的金融关系,是为人民服务的,能够促进人民生活水平的提高,"真正重要的是稳定卢布的问题。如果我们能够使卢布稳定在一个比较长的时期,以后永远稳定下来,那时我们就能把我们的经济放在一个坚固的基础上并在坚固的基础上进一步发展"[②]。当国家的金融关系依据货币和经济规律应有的规则和秩序进行建设,社会经济可以得到有效的恢复和发展,国民生活随之能够得到发展和改善。当群众对日渐稳定和好转的生活状况感到满意之时,新生的国家政权就得到了民心的拥护和爱戴,从而实现了巩固新生政权、稳定政治统治的意愿。

1923年列宁在病榻上完善了对金融相关问题的认识,从经济建设的现实出发,吸收失败的教训,口授《论合作社》,实现了对金融作用认识的质的转变。这种实事求是,体现了列宁作为伟大的唯物主义者的风格。从"社会主义就是消灭货币"到"货币交换是社会主义的基础和实质",再到"稳定的货币制度作为社会主义经济建设的基础",列宁的金融思想的发展变化,是一个实事求是的思考过程,反映了列宁"对社会主义社会存在金融的地位和作用具有本质的认识的发展脉络,体现了一个马克思主义者实事求是、与时俱进的胸怀"[③]。当社会经济条件发生变化的时候,关于金融建设方面的政策,同样需要及时地调整,并根据实践中的情况及时地纠偏或者完善。唯有顺应经济发展形势对政策的需求而制定货币政策,才能够将社会经济生活拉到正确的轨道上来。

[①]《苏联共产党代表大会、代表会议和中央全会决议汇编》第2分册[G].北京:人民出版社,1964:137.
[②] 中央编译局编.列宁选集(第四卷)[M].北京:人民出版社,1995:291.
[③] 温美平.中国共产党金融思想研究[D].华东师范大学,2011.

邓小平曾说过：列宁之所以是一个真正的伟大的马克思主义者，就在于他不是从书本里，而是从实际、逻辑、哲学思想、共产主义理想上找到革命道路，在一个落后的国家干成了十月社会主义革命。① 在对列宁的银行方面思想的学习上，要注意不要机械化地、教条地、断章取义地使用某一时期理论。

三、马克思主义金融理论在中国的传播

"四一二"反革命政变后，白色恐怖之下，被杀害的中国共产党人达到了2.6万人；至1929年，工会的会员从革命高潮时的300万人减少到3万人。被屠杀的活动家有陈延年、赵世炎、罗亦农、向警予、陈乔年、夏明翰、郭亮等等。② 中国共产党面临的形势极为艰难，各种工作一时间难以继续。之前所擅长的农会运动、学生运动、工人罢工等革命实践活动，因为国民党反动派的严密监管而无法开展。一批革命者因为受到反动派的追杀，不能再继续公开进行革命工作。在血腥的屠杀之下，中国共产党转而寻求隐秘的革命斗争的方式。在当时，能够公开进行斗争的只有思想文化领域，所以早期共产党人转战学术领域，大力宣传马克思主义和俄国革命。马克思主义金融学说作为其重要的组成部分，也随之传播开来。

20世纪的一二十年代，中国尚缺乏马、恩、列著作的中文译本。李大钊、陈独秀等中国早期的马克思主义者们，所阅读的大多是宣传马克思主义的日文册子。马克思主义传入中国后，中国早期的马克思主义者们抓住各种机会宣传和实践书中的理论。在中国，最早揭露资本家剥削工人的秘密和启发工人阶级反抗觉悟的剩余价值理论家当属李大钊。他的《我的马克思主义观》，分两期发表在1919年9月、11月的《新青年》上。李大钊在此文中对马克思主义有独到的见解，关于马克思政治经济学的介绍，他采用的是"余工余值说"，即剩余价值理论，"马氏的'经济论'有两要点：一'余工余值说'，二

---

① 邓小平文选（第3卷）[M].北京：人民出版社，1993：292.
② 宋镜明.李达[M].石家庄：河北人民出版社，1997：153.

'资本集中说'……余工余值都随着资本主义自然消灭"①。"余工余值说"和"资本集中说",对许多热血青年对于民何以为生的经济的重要性及本质的认识产生了醍醐灌顶的效果,引起了热切的关注和讨论,一时间马克思主义经济理论成为青年们进步与否的象征话题,有力地推动了马克思主义在中国的传播。看到工资和剩余价值受到越来越多的关注和理解,1920年,李大钊指出"我们正处于社会主义的经济学来改造世界的一个新的纪元"②。

陈独秀在1921年发表的《社会主义批评》和1922年发表的《马克思学说》中阐述了剩余价值理论,及资本主义必然灭亡的趋势,"二千几百页的《资本论》里面所反复说明的,可以说目的就是在说明剩余价值这件事"③。李汉俊在1920年9月的译著《马格斯资本论入门》,内容主要是论述剩余价值如何产生,关于货币的论述,只有一句话:"价格是怎样讲呢?就是拿来交换商品的那货币之称呼。"④货币理论并没有被早期的理论家们提及,其他人如施存统、杨匏安、任弼时等在翻译时也是重在剩余价值学说,而没有提及货币学说。直到1926年才出现介绍马克思主义货币学说的译本,是李季翻译的《通俗资本论》。但是在翻译的时候,他并没有按照原著中的顺序,而是在译完资本积累之后才开始论及货币问题,显然,这不符合马克思主义经济学理论体系建构的逻辑顺序。

进入土地革命战争时期后,中国共产党在思想领域里的战斗如火如荼,对马克思主义的学习与宣传进入了高潮。中国共产党认识到革命政权要想在深山老林中生存下去,必须获得物资以供给军队,必须活跃经济,改善根据地追随本党的群众的基本生活。而要建设根据地的生活,如前文所述,在贫苦闭塞的山区,必须有更加科学的理论来指导,才能形成富有成效的经济实践,才能实现以经济改变现状的初

---

① 中国李大钊研究会编注.李大钊全集(第3卷).北京:人民出版社,2013:24.
② 高淑玲.马克思、恩格斯著作翻译在推进马克思主义中国化进程中的作用研究——以《共产党宣言》的翻译出版为例[D].西北大学,2012.
③ 中共中央马克思恩格斯列宁斯大林著作编译局马恩室编.马克思恩格斯著作在中国的传播[M].北京:人民出版社,1983:370—371.
④ [德]马尔西.马格斯资本论入门[M].李汉俊,译.上海:社会主义研究社,1921:16.

衷。根据地的经济生活要建设，经济要想发展，离不开货币和银行。可是对于新生的根据地来说，如何在没有经济基础的贫瘠落后的区域建立银行发行货币，并没有经验，也不容许试错，只能够取得成功，解决现实问题。在这种迫切的诉求之下，党的理论工作者应时而学，全面译介马克思主义货币学说，为根据地的经济建设指明了马克思主义的方向。

党的理论工作者们出现了一批成果。刘曼最早翻译了马克思的《政治经济学批判》。陈启修、潘冬舟、侯外庐、王思华等译者都对《资本论》进行了翻译，产生了许多译本。1938年，中国第一部完整的《资本论》三卷中译本（郭大力、王亚南译）问世。陈启修、朱镜我、季陶达等对日本学者河上肇和苏联学者米哈列夫斯基关于解读马克思主义货币学说的著作也进行了翻译。党的理论工作者在经过一段时间的学习后，撰写了一批著作，如王学文在1930年出版《近世欧洲思想史》，马哲民在1931年出版《社会经济概论》，沈志远在1933年出版《计划经济学大纲》、并在1934年出版《新经济学大纲》，狄超白在1935年出版《通俗经济学讲话》，李达在1935年出版《经济学大纲》等等。

以上这些成果中，教科书级别的著作，当属李达编写的《经济学大纲》，这是苏区的领导人必读的书籍。李达的另一本书《货币学概论》在20世纪30年代基本上完成了写作，因为战争的缘故，耽搁至1936年才得以初次出版。这是中国共产党人自己撰写的第一部关于马克思主义货币学的著作。李达通过以上两本书，系统地介绍了马克思的货币理论、银行学、利润学等，阐释了货币的起源、本质、机能，以及如何资本化。

在《货币学概论》中，李达按照马克思的思路展开分析，继承了马克思关于货币本质的理论精髓，形成了许多精彩的阐释，比同时期的其他学者仅从货币表象去述说所谓的货币的种种要深刻和全面得多。李达认为："商品生产关系的发展，表现于货币机能的发展之中。货币机能的发展，表现商品生产的矛盾的运动形态"[1]，货币机能

---

[1] 李达文集（第3卷）[M].北京：人民出版社，1984：602.

与商品生产发展之间是互相促进。货币具有阶级性,"货币的作用,能使一方没落,使他方富裕,这是货币的阶级性……在货币经济中,变为特殊阶级征服其他阶级的重要武器"①。社会的阶级关系不同,货币所起到的作用也是不同的。早期社会、封建时代和现代社会中的货币所起的作用并不一样,表现出强烈的阶级性。马克思没有这样的观点,这是李达的精彩的阐释,这些阐释深深地影响着中国共产党人,从后来的根据地金融政策上,可以看到李达的理论的影响。

关于货币的载体——银行,李达认为"银行券是银行所发行的信用货币","银行券与发行银行的信用,由兑换现金的准备金来维持","但是银行对于所发行的银行券,并不需要百分之百的准备金"②。李达的这个观点,直接影响了全面抗战和解放战争时期的红色政策,是指导红色金融战胜包括国民党反动金融在内的所有把触手伸向红色金融的反动货币的理论,直接影响着中国共产党的许多银行行长和金融工作者。北海银行就是最直接的例子,而北海银行为中国革命做出了伟大的贡献,功绩彪炳史册。

关于银行券,李达对其流通法则进行的区分,影响深远。李达认为:在正常状态下,"受现实货币的金子的流通法则所支配。银行券的流通量,随着通货的流通必要量的增减而增减。这流通必要量,在通货的流通速度一定时,由商品价格及支付总额所决定"③。在非正常情况下,"银行券的发行数目如果超出了银行券的流通必要量以上时,那些多发的银行券,就从流通界游离出来,转变为休息资本,使放款资本增加起来,以致引起放款利率的低落"④。非正常情况,包括政府财政上的赤字、金融的恐慌、军需的补给、后勤的补充等等。在非正常情况下,银行券的发行就不是依据银行的信用原则来发行。纸币的运行规则一旦被破坏,那么经过潜伏期和假繁荣期之后,通货膨胀就出现了,将会出现灾难性的经济危机。在战争期间,这种非正常情况爆发通货膨胀的时候,不仅会将一个革命政权的财力掏空,而且

---

① 李达文集(第3卷)[M].北京:人民出版社,1984:612.
② 李达文集(第3卷)[M].北京:人民出版社,1984:614.
③ 李达文集(第3卷)[M].北京:人民出版社,1984:615.
④ 李达文集(第3卷)[M].北京:人民出版社,1984:617.

会失去民心。

李达对于马克思主义货币理论实现了全面的、系统的传播，并进行了自己的升华，更加符合中国共产党革命经济建设的实际情况，直接影响着中国共产党在货币系统建构时的理念，"就达到的水平和系统性而言，（党内外）无一人能出李达之右"[1]。在党的二大前后，李达被毛泽东两度邀请到湖南自修大学任教，讲授唯物史观、剩余价值学说等，编写教学资料《马克思主义名词解释》，这期间李达与毛泽东朝夕相处，共研关于马克思主义和中国革命的问题，结下了深厚的友谊。李达的思想，影响着他因教师的身份而接触到的听课学员。1926年，毛泽东邀请李达到武昌农民运动讲习所讲授马克思主义。1927年后，李达辗转于上海、北平、广州、湖南等地的大学进行讲学，受他思想影响的人数相当多。李达的思想，影响着与其密切交往的毛泽东等人。1935年，李达的《社会学大纲》由北平大学刊印用作讲义，毛泽东写信称赞李达为"真正的人"，并向同志们推荐《社会学大纲》，"李达同志给我寄了一本《社会学大纲》，我已经看了10遍。我写信让他再寄十本来，你们也可以看看"[2]。1936年李达著成《经济学大纲》，由北平大学刊印用作讲义，毛泽东说，李达"寄我一本《经济学大纲》，我现在已读了三遍半，也准备读它十遍"[3]。李达的作品和译著对毛泽东的影响是有文本依据的。毛泽东阅读李达的著作、译作时，留下了大量的批注，并且在《读书日记》中将对《社会学大纲》的阅读进度详细地记录下来。在1948年春，毛泽东三次电示华南局要求将李达护送到解放区，在通过地下党送给李达的信中，毛泽东写道："吾兄系本公司的发起人之一，现公司生意兴隆，望速前来参与经营。"[4] 为了联络的安全，使用的是经商的信件语言。中国共产党金融事业的发起人和奠基人认为李达是"发起人之一"，这是对李达及其理论的贡献的肯定。

---

[1] 侯外庐.韧的追求[M].北京：三联书店，1985：35.
[2] 郭化若.在毛主席身边工作的片段[N].解放军报，1978-12-28（01）.
[3] 汪信砚，周可.李达与毛泽东哲学思想的形成和发展[J].毛泽东研究，2011（12）.
[4] 陈力新，李梅彬.毛泽东同志和李达同志的友谊[N].光明日报，1978-12-23（理论版）.

中国共产党在理论体系的学习与建构上，尽显共同进步的优秀品质。早期的党的理论工作者们互相学习与支持，共同对马克思主义经济理论进行辛勤的传播。比如，沈志远应李达之邀，以经济系主任的身份在北平大学讲学。他在1934年出版的《新经济学大纲》，包括马克思的《资本论》的主要内容，也包括列宁的《帝国主义论》，出版后一直作为大学教材，舆论界称之为"荒野里的一株冷艳的花"。狄超白在狱中写成的《通俗经济学讲话》，1935年出版后受到读者的热烈喜爱，一版再版。经过这些早期理论家们的辛勤耕耘，马克思主义金融理论传入了中国，并且传播开来。这使得中国第一次有了科学的金融指导思想。马克思金融理论，从高度上引导和指导着中国共产党基于根据地的现实状况实事求是地开辟出中国红色货币理论、银行制度和金融体系。

第二节　时代背景

关于苏区银行业的时代背景，首先从大革命时期的国民党治下的金融混乱现象谈起。

一、金融乱象

在大革命时期，因为国民党颁布的货币政策的不恰当，发生了伤民事件，称为"复兴隆危机"。

江西军阀邓如琢在筹办军费的时候，强行命令江西银行发行钞票一千三百万元，并且在这些钞票上印上"复兴隆"三个字。对于这部分增发的巨额纸币，江西银行并没有充足的准备金。因此，造成了货币的信用危机，群众不愿意将现金存入江西银行，这样江西银行面临着破产的危机。为了解决这个难题，江西银行推出高利率吸收群众的存款，而且为了吸引存款设置弹性利率，高的时候月利率达到三分。江西银行因为这个噱头，将大量的钱庄的资本和不明就里的群众的存款吸收进来，但是当1926年年底江西被北伐军攻克的时候，"复兴隆"钞票被宣布作废，原先承诺的高利率的钞票变成了废纸，群众的存款不复存在。这次金融事件，造成了江西省及周边地区的民众对政府发行纸币的不信任，给后来的革命经济造成了相当大的困难。

民间为了保证货币的正常交易，自主发行了花票，"自1931年至1936年，江西万载、九江、修水、崇仁、新建等35个县共有22类属于非商业性的公共团体发行过纸币，如县财政局、保卫团等"①。发行花票的主体除了稍有规模的机构外，也有普通的小商号，"九江市面自民国以来，花票充斥，凡系商店，无论其资本大小，就连摆摊小贩都可以发行花票"②。江西货币市场上花票严重泛滥，政府无计可施，不可遏制。

不仅江西地界如此，其他省份的货币市场同样是混乱不堪。这是因为每个省都有大大小小的各自为政的军阀，他们深知建立银行的好处，于是抓住手中的权力，利用武器和花言巧语，建立银行，骗取人民的存款。"在当时的闽西大部分地区，市面上流通的有光洋、癸亥毫、袁头毫、封建官局毫、中南银行纸币等等，而且货币流通极为混乱，银价极不统一，如永定的湖雷、合溪，光洋折十三毛，癸亥毫折七厘半，官局毫折一毛"③，"沙市市票太多，约有五十几种，因经济困难与恐慌，于是完全不用"④，富农奸商完全不顾百姓的死活，只想着借助混乱的货币市场大捞一笔，利用这种紊乱和各种货币之间的差价，操控货币市场。

百姓苦不堪言，而中国传统的金融活动形式高利贷依然盛行。即使是偏僻的山乡，也存在着"一个买办的和商业高利贷的剥削网"，毛泽东指出：一切过去及现在的国民党区域，农村中是吓人的地租（百分之六十至百分之八十），吓人的高利贷（百分之三十至百分之百）。⑤高利贷的盘剥方式有许多种，常见的有谷钱互折、买青、现扣利等。从字面上能够理解还贷的形式，但是这中间的利息是不固定

---

① 戴建兵.略谈民国时期江西纸币发行机构[J].钱币研究，1990（02）.
② 戴建兵.中国钱票[M].北京：中华书局，2001：276.
③ 周围.中国共产党的金融政策对苏区经济变迁影响论析[D].东北师范大学，2013.
④ 中央档案馆等编.湘鄂西苏区革命历史文件汇集[M].武汉：湖北人民出版社，1987：324.
⑤ 毛泽东选集[M].北京：人民出版社，1991：629.

的。以钱折谷，借一担要还两担；青苗卖出时只有实际产量的三分之一；现扣利更是惊人，刚借到手的钱，就被扣掉利息，虽然借约上是10元，但是拿到手的时候甚至只有7元。"在鄂北，高利贷利息普遍在三分以上，每年五、八、腊三大关节时，及春荒、冬荒等时，更有五、六、七分，……此外还有大加一五，布袋账，……一两月中间，就有子大于母的（利息比本钱大）"①。

与此同时，帝国主义势力也在设立银行，英美等主要的帝国主义国家在"1914年至1926年间设立了四十四行一百二十五个分支机构"②，发行各自国家的纸币，"英国的汇丰银行发有一元、五元、十元、五十元、百元的银元票五种，日本的横滨正金银行及朝鲜银行均发行日本金票，台湾银行（日本侵占我国台湾时期，日本在台湾设立"株式会社台湾银行"——编者注）发行有龙洋票和台伏票"③。这些货币，借助于身后的帝国主义的力量，以帝国主义的经济实力作为背书，吸引力很强，许多贪官污吏便将搜刮来的钱存入这些银行，中国市场上的硬通货就这样被掏空。

二、大革命时期的农村金融业

中国共产党创建的时候，虽然辛亥革命过去十年了，清朝政权已经不可能再重建，但是这个时候中国社会的性质并没有发生本质上的变化，依然是封建落后性质的土地所有制"不但依旧保持着，而且同买办资本和高利贷资本的剥削结合在一起，在中国的社会经济生活中，占着显然的优势"④。落后的生产关系，对于社会的发展起了阻碍的反作用。

随着中央政权的衰弱，地方势力崛起，这个时候已经是大大小小的军阀各自为政，常年混战，不分敌我，不顾百姓死活。农民们除了

---

① 中央档案馆.中共中央文件选集[G].北京：中共中央党校出版社，1990：358—381.
② 吴承明.帝国主义在旧中国的投资[M].北京：人民出版社，1955：39.
③ 魏建猷.中国近代货币史[M].合肥：黄山书社，1986：105.
④ 毛泽东选集（第二卷）[M].北京：人民出版社，1991：14.

毫无政治地位可言，经济上更是因为反动势力的盘剥而没有生存的空间，各种规模的农民起义层出不穷。但是，因为这些革命，都是农民主导，没有代表着先进生产力和生产关系的工人阶级的领导，所以结果都是一样的，就是失败。失败以后，农民们彻底没有了生存空间，被杀或者成为流民。社会秩序崩溃紊乱。

毛泽东指出"地主权力既倒，农会便成了唯一的权力机关……一切事情，农会的人不到场，便不能解决"[1]。农民协会是农民的政权机关，是农民在经济斗争中建立起来的金融事业的领导机关，这是苏区金融事业的萌芽。广东的海陆丰地区是农民运动最先兴起的两地。这是由于在清朝的时候因为粤海关的一口通商的关系，广东相比较其他地区而言，在经济上富裕，农民在视野上更加开阔。近代史上的太平天国运动和辛亥革命与广东广西有着深厚的渊源。此外，浙江省的萧山、湖南的衡山、广西的东兰，农民运动积极开展，应时而现。

国民党在1924年1月召开全国代表大会，主要由中国共产党人起草的大会宣言中指出中国农民受到高利贷的盘剥而负债终身、发展经济而不成，是因为遇到缺乏资本的困难，唯有"国家为之筹设调剂机关，如农民银行等"才是解决办法[2]。中国共产党在1924年1月与国民党结成合作关系，形成了统一的革命战线，这种团结，创造了一个相对矛盾不太激烈的社会经济大环境，有利于中国国内的革命的发展，农民运动因此有了较为有利的条件而发展起来。随着北伐军在1926年的胜利，农民运动蓬勃发展，从广东向北向西发展到湖南和江西，省级农民代表大会召开。这标志着农民运动进入了一个新阶段。

中国共产党领导下的农民运动，主张创建属于自己的金融事业。早在1922年年底，《中国共产党对目前实际问题之计划》中就建议"组织农民借贷机关"和"实行低息借贷"[3]。这个建议，得到了党内的认可。1923年在广东的海陆丰地区规定"可设金融机关（以最低

---

[1] 毛泽东选集（第二卷）[M].北京：人民出版社，1990：14.
[2] 中共党史参考资料（二）[M].北京：人民出版社，1979：7.
[3] 姜宏业编著.金融图集与史料[M].长沙：湖南出版社，1991：86.

利及长期）以利农民"①。在 1925 召开的第一次广东省农民代表大会上，以经济问题决议案的方式对金融问题做出了明确的说明，要"创办农民银行（或叫作信用合作社）……反对高利贷与高利押"，带领"农民作经济斗争"②。1926 年的农代会上强调了信用合作社对于农民的重要性，"信用合作社确能谋贫农间金融之流通而减轻其借贷之利息，以抵制地方土豪、地主等高利贷"③。在湖南省，1926 年的最后一个月召开第一次农代会，关于金融，制定了《金融问题决议案》和《农民银行决议案》。前者指出"中国币制紊乱已极，农民及一切贫苦农民受影响极为深广"，这种混乱带给农民的是沉重的悲苦，要"禁止城乡商店或个人发行市票……取消元丝银……铜元的成色须确定不变，制造数量须适合社会需要……禁止轻质的广东毫子及四川轻质铜元入境"，将银钱价格进行统一；后者"请求政府设立农民银行，以最低利息借款给农民……以省公有之地……如营产、官产、荒湖田等，拨作农民银行基金，不得以他种名目，动用此种为农民谋利益的农民银行款项……以年利 2% 贷给农民……信用合作社各县成立总社，再选择县中适当与重要地址，设立分社，使农民便于借贷，便于储蓄（最后每区农协设一个分社）"④。这两项决议，对设立农民银行、银行基金，以及利率等问题进行了明确的指示，政策更加具体化。

土地革命战争之前的大革命时期的金融政策，是国共两党的合作带来的良好的经济影响，这也是中国共产党采取和国民党联合团结的正确方针带来的益处。农代会通过的各个决议案，具有合法的地位，赋予了农民反对高利贷欺压行为的合法性，赋予了农民银行创建的合理性，这是一种积极的政治和经济条件。农代会是共产党倡导的产物，在农代会指导下的金融事业取得的成效，归功于中国共产党人给

---

① 李春涛.海丰农民运动及其指导者彭湃[M]//《彭湃研究史料》编辑组编.彭湃研究史料.广州：广东人民出版社，1981：109.
② 中共党史参考资料（二）[M].北京：人民出版社，1979：282.
③ 中共党史参考资料（二）[M].北京：人民出版社，1979：283.
④ 湖南省第一次农民代表大会《金融问题决议案》、《农民银行决议案》（内部资料），1926-12.

予的领导。这方面代表人物有彭湃和毛泽东。

彭湃是广东省农民运动的主要领导人。1922年7月，彭湃针对中国革命问题，走进农村进行调查和宣传工作，在当年10月25日成立了赤山约农会。1923年1月，成立了海丰县总农会，当选为会长。这是中国现代史上的第一个县级农会。彭湃领导有方，将马克思主义的观点与海丰及广东省的农村的实际状况相结合，正视农民们在封建势力和帝国主义的双重压迫下的反抗要求，制定了《海丰总农会临时简章》和《广东农会章程》，明确提出保护农民利益的经济斗争的纲领政策，并将之细化，让农民们看得到具体的行动方案，树立了参加农会、积极运动的信心。农会组织迅速地成长起来。彭湃制定的纲领中，关于金融方面的指导思想就是"便利金融"，以方便农民从金融中获利为要。这是因为"农民常因财政支绌，无法施肥；或年关之际，而用衣服家具农具质在当铺，其利息甚高……既有农会，可设金融机关（以最低利及长期）以利农民"[①]。在彭湃的《海丰农民运动》文中，他阐述了设立农民借贷机关的必要性，"地主不肯借钱与农民。农民阶级已与地主阶级不断的斗争，地主阶级不肯将钱借与农民，每当青黄不接，或下种无钱的时候，去与地主借钱，地主皆闭门谢客。这因为，一是恨农民，二是借后恐怕无效。农民在这个时候，只有忍痛等待后日多量的减租运动之一个希望。农会并宣传俟减租得到效果，就可以办农民借贷机关以安慰他们"[②]。彭湃在起草的《广东农会章程》中将"办理农业银行"提出来，这是首次提出的要为农民阶级建立自己的金融机关。这充分表明了彭湃是农民借贷机关的创始人，足见其高瞻远瞩、系怀民生。

毛泽东善于分析农民阶级的状况，"所谓另一部分贫农，则既无充足的农具，又无资金，肥料不足，土地歉收，送租之外，所得无几，更需要出卖一部分劳动力。荒时暴日，向亲友乞哀告怜，借得几斗几升，敷衍三日五日，债务丛集，如牛负重。他们是农民中极艰苦

[①] 李春涛.海丰农民运动及其指导者彭湃[M]//《彭湃研究史料》编辑组编.彭湃研究史料.广州：广东人民出版社，1981：109.
[②] 彭湃.海丰农民运动（1923年—1925年）[M]//《彭湃研究史料》编辑组编.彭湃研究史料.广州：广东人民出版社，1981：215.

者，极易接受革命的宣传"①，对农民在中国革命中的力量给予了充分的肯定，对农民阶级的经济利益十分关切。1925年开始，毛泽东将农民运动作为工作的重心，先后在广州和武昌都主持过农民运动讲习所，并担任第六届广州农讲所的所长。他出席过广东和两湖的农代会并讲话。毛泽东、邓演达和陈克文三人在1927年发表《对农民宣言》，根据农民的阶级状况，指出农民阶级面临的经济问题的考验，"贫民不仅无土地，而且无资本。革命发展的结果，乡村富有阶级极端闭借，许多地方几乎断绝借贷关系，致使贫农社会惶惶不可终日，非有一具体政策，不能解决此资本缺乏问题……各省要将农民银行问题列为专条，以年利5%贷款与农民……在革命势力所及之地……努力设立农民银行等条件极低的贷款机关，以解决农民的资本缺乏问题"②。宣言针对农民没有资本度过灾荒的问题，提出要在中国共产党的领导内创造条件设立农民银行，以极低的年利贷款给农民用于生产，解决资本短缺的问题。1927年毛泽东在醴陵县的文庙坪进行对农民的宣传讲话，指出"要成立地方银行，没收地主的金银财宝，存入地方银行"③。这次讲话，不仅指明了设立地方银行对于经济发展的必要性，而且将银行的资金来源方向指出来了，没收地主阶级的金银财宝，将之存入银行作为备用金。

中国共产党建立根据地后，就立即将革命者募得的资金用于设立银行发行货币，借以支持农民，发展农民的力量，发展生产。农民的生活有所保障，民意民心自然归向中国共产党。由此可见彭湃与毛泽东对于中国新民主主义革命的金融事业建构的指导和重要性。

---

① 毛泽东选集（一卷本）[M].北京：人民出版社，1968：7.
② 邓演达，毛泽东，陈克文.对农民宣言[J].湖北省农民协会第一次代表大会日刊，1927-3-19（16）.
③ 姜宏业编著.金融图集与史料[M].长沙：湖南出版社，1991：88.

第二章 苏区银行金融事业发展的指导方针

大革命时期金融方面的混乱与经济上的凋敝，使为民奋斗的中国共产党人百般探索盘活经济之法，以解救农工于困苦之中。在共产国际的帮助下，中国共产党人对农运中的土地问题的重要性有了深刻的认识，对解决土地问题的理论策略进行了初步的探索，但是要想进行土地革命，必须解决武装和政权上的问题，这是土地革命顺利进行与取得成功的必要条件。在农会发展起来的时候，国民党反动派的血腥屠杀，使得中国共产党建立自己的武装和政权成为非常艰难的时代难题。但是无论反动政权对于革命的限制如何残酷，中国共产党仍然要带领着群众进行土地革命，建立武装部队，保护土地革命的果实，保护群众的利益。

1927年八七会议确立了开展土地革命和武装斗争的总方针。毛泽东在10月份带领秋收起义的部队来到井冈山，在此创建了中国共产党领导的第一个农村革命根据地，以星星之火燃起燎原之势，带领着中国革命走上了与国民党和共产国际完全不同的道路，以农村为中心、武装反抗国民党反动派。大革命失败后，中国共产党举行了大大小小上百次武装起义，在中国10多个省份建立革命根据地。为了刺激金融市场、活跃商品交易，这些根据地都设立了银行或者信用社等机构，发行货币，有组织地进行金融建设，重点是摧毁旧的金融秩序，废除高利贷和剥削制度，建立新型的中国共产党领导的金融秩序，给老百姓生存的机会，让老百姓过上吃饱穿暖有活干有钱赚的美好生活。凭借着土地革命带来的经济上的改变，中国共产党赢得了占据人口绝对大比例的农民阶级的拥护和爱戴，形成了稳固的庞大的政治稳定统治的根基。

土地革命战争时期的苏区银行事业，在早期中国共产党金融精英们的领导下，依据马、恩、列等理论家的金融思想，结合苏区经济建设过程中具体情况，经过一系列的实践活动，最终形成了关于新银行构建、取缔高利贷、发行并通行货币、吸引存款等诸多方面的指导思想。土地革命战争时期苏区银行业在中国化的马克思主义金融理论的指导、引领下，取得了巨大的成功，有力地支援了土地革命战争和群众的生产建设，积累了宝贵的金融建设经验。综合来看，在土地革命战争时期，中国共产党在银行业方面白手起家、艰苦奋斗，应根据地数千万穷困的群众的要求，从无到有、从少到多，自乡村到城市、由小规模到大银行，终于建成了一套完整的金融体系和完备的金融制度，朝着国家银行的方向统一发展和建构中央苏区以及各苏区的银行。这些组织体系及架构设计，为全面抗战和解放战争时期根据地的金融建设，以及中国人民银行的建立，提供了宝贵的指导思想、经验和参考。土地革命战争时期的苏区金融事业，如同革命正面战场，星星之火燃起经济的燎原活力，拉开了百年红色金融的帷幕。

第一节　关于苏区银行初建的指导方针

关于苏区银行业的指导方针，散见于中国共产党在土地革命战争时期发布的决议、法规、布告和命令之中，有一部分集中在一些领导人的报告或者文章中。中国共产党人在学习了马、恩、列的相关理论之后，一边将这些理论消化为自己的理论，一边进行根据地银行建设，在实践中总结经验，并进行矫正和完善，这与国民党官僚机构的那一套亲美学洋做派——以照抄而来的制度和照搬而来的规章，来套用中国的半殖民地半封建社会的金融乱局，完全不同。在动荡而又残酷的战争环境下，银行及其发行的货币，是军队和一个政权的生命线，立即行动占领先机才是战略上的正确行为。中国共产党早期的金融建设者们虚心学习，吸收了马克思主义金融理论中的正确的成分，将之与中国革命和中国农村的现实状况结合起来，在探索实践活动中，发挥共产党人艰苦奋斗的优秀品质，坚守共产党人一切都是为了服务人民的信仰，以鲜血和生命捍卫老百姓有衣穿、有饭吃、有活干、有钱赚的红色经济生活。

一、摧毁旧银行，建立新银行

中国共产党重视银行和货币的发行，源于马克思主义金融理论的影响。马克思主义金融理论明确地指出"无产阶级在建立政治统治之后，必须取消一切私人银行和银行家。巴黎公社的一个重要教训就是没有把银行掌握在公社手中"①。发展商品经济需要利用货币关系，货币存在的载体即货币经营和管理的机构就是银行。"银行家成了货币资本的总管理人"②，银行家负责货币资本的操作，成了总的管理人，有着重要的作用。货币具有阶级性，"货币的作用，能使一方没落，使他方富裕，这是货币的阶级性……在货币经济中，变为特殊阶级征服其他阶级的重要武器"③。而且"银行对于所发行的银行券，并不需要百分之百的准备金"④。正是根据这种理论，中国共产党人认识到在当时关于中国革命的基本国情下，可以充分地运用货币的阶级性，发挥货币积极性对于经济生活的促进作用，在条件并不充分的情况下，在没有准备好充足的开设银行所需要的备用金的情形下，依然可以依据现有的条件进行银行的设立以及货币的发行等工作，依然可以行使银行和货币对于经济生活的工具作用。因为只有把银行建设起来，才能践行马克思和恩格斯关于无产阶级必须掌握银行和银行家的指导，才能够避免巴黎公社的失败，才能够充分把握与工人阶级相对应的剥削阶级及其资本的工具性作用，才能发挥银行和货币本身所具有的职能作用。

鉴于以上具有科学性的马克思主义金融理论，中国共产党人在革

---

① 尹振涛.土地革命战争时期的红色货币思想研究——基于马克思主义传播史的视角[J].金融评论，2017（01）.
② 中央编译局编译.马克思恩格斯全集（第四十六卷）[M].北京：人民出版社，2003：453.
③ 李达文集（第3卷）[M].北京：人民出版社，1984：612.
④ 李达文集（第3卷）[M].北京：人民出版社，1984：614.

命根据地的金融工作中，紧扣中国革命的基本国情，确立起了摧毁旧银行和建立工农银行的指导思想。建立根据地后，立即着手筹备银行的开设，最大化地筹集备用金作为银行和纸币信用的背书，但并不是等备用金准备好了再启动银行的设立和货币的发行，把备用金的筹集作为必须但不是唯一的开展工作的条件。备用金大多来自没收的劣绅地主或者军阀的资产，备用金与纸币之间的比率根据筹得的备用金的多少而定，以百分百为备用金与纸币之间比率的最好状况。在中国共产党领导的根据地，银行是摧毁旧的剥削关系的工具，是发行新货币的载体，负责经营和管理货币。此时根据地的银行负责人肩负着保护资本以及运作资本的工作职责。从银行的服务对象上，可以界定土地革命战争时期党所建立的银行具有的阶级属性就是无产阶级性质——中国共产党开设银行，"国家为之筹设调剂机关，如农民银行等，供其匮乏""由各乡村自治机关用地方公款办理乡村农民无息借贷局"[①]，银行的业务是面向无产者，是为无产者提供金融上的服务。

中国共产党在摧毁旧银行的政策上根据摧毁对象的不同而有所区别。

旧银行，如前文所述，既有国民党统治区大大小小的势力的银行，也有帝国主义在中国开办的银行。1928年7月中国共产党在六大通过"十大政纲"，规定对于外国在中国开设的银行一律实行没收的政策，"没收外国资本的企业和银行"[②]。这是中国共产党反对帝国主义侵略的一贯立场。对于民族资产阶级创建的银行，因为民族资产阶级具有爱国立场，且是团结的对象，所以采取的政策是允许其银行存在，但是要接受中国共产党的限制和监督。

对于封建性质的金融机构，比如放高利贷的当铺，实施的是坚决取缔的政策，这是针对"农民之缺乏资本至于高利贷以负债终身"的解决之道。中国共产党深知高利贷带给老百姓的盘剥之苦痛，彭湃曾经指出："农民阶级已与地主阶级不断的斗争，地主阶级不肯将钱

---

① 中国人民银行编著.中国共产党领导下的金融发展简史[M].北京：中国金融出版社，2012：9.
② 中共中央文献研究室，中央档案馆编.建党以来重要文献选编（1921—1949）（第五册）[G].北京：中央文献出版社，2011：378.

借与农民，每当青黄不接，或下种无钱的时候，去与地主借钱，地主皆闭门谢客。这是因为（一）恨农民，（二）是借后恐怕无效。农民在这个时候，只是忍痛等待后日多量的减租运动之一个希望。农会并宣传俟减租得到效果，就可以办农民借贷机关以安慰他们。"①1930年，陂头会议对债务进行区分，"豪绅地主及商人欠公家或工农贫民或小资产阶级之债务，不论新旧都要还清"，"工农穷人欠商家交易而非商业高利贷者仍旧要还，但非本身之账不还，年限太久之账不还"。1932年1月，中华苏维埃共和国临时中央政府发布《借贷暂行条例》，明确规定："取消和废止一切高利贷形式的借贷，过去高利贷的契约完全宣布无效，并焚毁之。"②

中国共产党取消旧银行之后，建立的新银行在体现为无产者服务这一方面，采用的措施是施行低利贷款，以极低的而且稳定的、不会再次提高利息的贷款类型，表明党建红色银行的特色，不通过银行谋取无产者的任何利益，经常对遇到意外状况的贫困户减息或者不收取利息。1932年1月，中华苏维埃共和国临时中央政府发布《借贷暂行条例》，取消和废止一切高利贷，并且规定，"今后借贷的利率，短期的不得超过月息一分二厘，长期的周年不得超过月息一分"。这是中国共产党摧毁旧银行的最为坚实的武器，是新银行能够迅速进入市场的关键所在。通过废止困扰群众多年的高利贷赢得了民心，通过低息贷款给予群众生活上的信心，从此群众在中国共产党的保护下过上了稳定有序、劳有所得的生活。

党建银行时，摧毁旧银行的工作还在于驱逐和祛除金融市场上充斥的杂钞劣币。市场上杂钞劣币泛滥是军阀割据和南京国民政府治理不力造成的金融乱象：不仅军阀割据地之间的票币版本不同，同一割据区内纸币版式也不尽相同；不仅各大商会可以发行票券，甚至强有力的帮会也可以发行票券。市场上充斥着各种金属币和纸币。当时，整个国家呈现出一种全民唯利是图、随意发行钞票、自由抢夺他人财产的无秩序状态。

---

① 彭湃.海丰农民运动.
② 王信.从苏区红色金融建设中汲取现代金融事业的精神力量[J].党史文苑,2015(11).

旧银行被摧毁和限制的同时，各个新建的根据地立即进行新银行的建设工作。"为着实行统一货币制度并帮助全体劳苦群众，苏维埃应开办工农银行，并在各苏维埃区域内设立分行"①。革命根据地建立银行的目的是帮助群众的生产生活，是为人民服务。因为在国民党反动势力的统治下，农民的生活困苦，偏僻山区停留在杵臼时代，依靠犁耙等从事着简单农耕生活；而且工业上几乎没有机器大工业，更没有带有资本主义性质的公司或者组织，更多的是作坊或者家庭手工。但是半殖民地社会地位带来的经济上的冲击，十分严峻，洋货充斥着市场，致使作坊和家庭手工业的产品诸如土布、土纸和条丝之类，都被洋布、洋纸和卷烟代替，民族工农业与市场上的资金流向没有多少关联，以至于民族工农业的市场参与和占有率极为低下，购买力也非常低，整个商业呈现出萧败气势。农民与工人的生活非常艰难，急需要有所作为的政党或者组织来做奉献，解决这些生存的基本问题。党在革命根据地进行银行建设，正符合农工们的急切的社会需求，开展工作具有客观上的便利。

随着土地革命战争时期根据地规模和数量的扩大，新银行的数量迅速增多。大大小小的苏区都有自己的银行。由于国民党军事力量造成的分割，各苏区并没有统一的银行事业的规划和规定，银行在成立的时间上和名称上都不一致。1928年2月海陆丰革命根据地成立海陆丰劳动银行，为了"使工农贫民在推翻资产阶级革命进程中有此借贷机关，得以从事生产，发展社会经济"②而设立。1929年9月闽西革命根据地在取消高利贷的同时，"由县政府设法开办农民银行，区政府设立借贷所，办理低利借贷，借予贫困农民"③，帮助他们从事农业生产。

这些举措，以农民的利益为中心，银行资金的大部分都投放到农

---

① 中共中央文献研究室，中央档案馆编.建党以来重要文献选编（1921—1949）（第八册）[G].北京：中央文献出版社，2011：718.
② 中国社会科学院经济研究所中国现代经济史组.革命根据地经济史料选编（上册）[G].南昌：江西人民出版社，1986：353.
③ 中国社会科学院经济研究所中国现代经济史组.革命根据地经济史料选编（上册）[G].南昌：江西人民出版社，1986：40.

民和一部分手工业者的生产上,充分践行了苏区银行的宗旨,体现了中国共产党的革命家们勇于创造的伟大的情怀。

二、取缔高利贷,塑造金融环境

因为中国长久的封建统治,县乡的地主势力非常强大,高利贷是地主阶级常用的剥削手段,是不会轻易放弃的。取缔高利贷的工作相当艰难。1927年年底,湘赣边界的县级党组织依照毛泽东的指示,针对地主豪绅年关逼债,发动群众进行"打土豪、分浮财、废债毁约"的斗争活动。1929年1月,红四军向老百姓发布布告,宣称"债不要还,租不要送"。6月红四军到达闽西之后,颁发布告,规定"工人农民该欠田东债务,一律废止,不要归还(但商人及工人农人相互间的债务不在此列)"①,明确告知老百姓要废除高利贷债。7月,在蛟洋召开了中共闽西"一大",毛泽东对革命形势进行了深入的分析,在会上提出了关于闽西根据地政权的巩固的方针政策,规定"工农穷人欠土豪地主之债不还……目前社会还需要金融之周转,利息不能取消,但须禁止高利贷……利息过低,富人不借,农民不利,各地得斟酌情形规定利息为一分至一分五厘或其他相当利率"②。闽西废除高利贷的政策,为土地革命运动顺利展开提供了保证。

在20世纪30年代,中华苏维埃共和国临时中央政府"先后发布了《借贷暂行条例》《关于土地斗争中的一些问题的决定》……毛泽东也专门撰写了《怎样分析农村阶级》等文章"③,宣传了"取消和废止一切高利贷形式的借贷"的思想,分析了高利贷对农民的剥削的原因,并给予农民们如何摆脱高利贷的具体指导。首先要具体地区分真正的高利贷者,以及何为债,何为账。然后对农民借贷的利息进行规定,短期借贷利息最高不能高于一分二厘,长期借贷的利息不能超过

---

① 江西省档案馆,中共江西省委党校党史教研室选编.中央革命根据地史料选编(中册)[G].南昌:江西人民出版社,1982:434.
② 江西省档案馆,中共江西省委党校党史教研室选编.中央革命根据地史料选编(中册)[G].南昌:江西人民出版社,1982:370—371.
③ 温美平.中国共产党金融思想研究[D].华东师范大学,2011.

月利一分。这样可以从实际情况出发，分清敌友，团结了正当经营的商人，为苏区银行的设立和经济的发展清除了障碍。

1931年11月，"《中华苏维埃共和国关于经济政策的决定》规定……城市与乡村贫民被典当的一切物品，完全无代价的归还原主，当铺应交苏维埃……对各土著及大私人银行与钱庄，苏维埃机关应派代表监督其行动"①。此规定针对不同的典当情况提出要区别对待，将贫民的物品无偿归还于原主，不管这个贫民是身处城市还是乡村。然后当铺要收归苏维埃政府所有。对于私人的金融机构，如钱庄和银行，苏维埃政府会派代表去监督工作，以防欺诈现象发生，同时保证正常交易的进行。

第二节 关于银行货币工作的指导方针

马克思和恩格斯认为，无产阶级革命后要对银行和货币独享垄断权。根据马克思、恩格斯的这一理论的指导，根据地建立后，党立即提出要将流通中的旧货币清查出去、要通行新的货币的方针。

一、清查旧货币，发行新币

旧的货币有两种形式，即纸币和硬币。对待这两种形式的货币，苏区政权采取的措施也是不同的。

硬币包括银币和铜币，这是用贵金属铸造成的，属于硬通货，有着一定的重量和面额。苏区政权对于硬币的处置措施是允许其在苏区内继续使用。比如，在1930年6月，闽西苏区的布告规定"金融为市面流通之物，无论时洋杂洋自应一体流通"，这样可以把"银色好的杂洋集中至赤色区域的市面来"②。回笼这些硬通货，对苏区的金融

---

① 中共中央文献研究室，中央档案馆编.建党以来重要文献选编（1921—1949）（第八册）[G].北京：中央文献出版社，2011：718.
② 中国人民银行金融研究所，财政部财政科学研究所编.中国革命根据地货币（下册）[M].北京：文物出版社，1982：11.

市场非常有利，同时，筹措到这些货币，可以到国民党统治区进行贸易、购买武器等等。

对于旧币中的纸币，苏区的政策是进行清查并加以区别对待。闽西苏区在初期认为要将旧纸币清除，"禁止劣币及白区纸币的使用，……国民党军阀、资本家的纸币应排除出苏区去"①。不过，在实际的革命过程中，发现旧币中的纸币同样可以拿到白区进行贸易，因此禁止旧币就停止了，允许旧币在苏区流通，但是价格上要打折扣，"但它的价一定要照大洋价减低四分"②。鄂豫皖苏区在最初就采用了折价流通的政策，皖北规定"对于反动的国民党政府中央票不用，但交通银行和中国银行的票子可以通用"，但是要"打八折"③，后来扩大到中央银行发行的纸币也可进行流通，"国民党'交通'、'中央'等纸钞在苏区一概九六折扣"④。鄂豫皖苏区的这项政策，得到了中共中央的肯定，"暂时可不必废除旧的货币，它与苏维埃银行或工农银行所发行的货币可有同样的价值"⑤。

其他苏区的做法不尽相同，加上限制条件后允许旧币通行，比如，海陆丰苏区对旧币进行了一定的限制后允许流通，"暂借南丰织造厂附设劳动银行，并将该厂定制银票贰万元，加盖该行印章发出行使"⑥。江西苏区的做法也是有条件的通行，"将吉安临时辅助货币一角价值的加盖我'江西工农银行暂借发行券'与盖五角形赤区通用的图印，后面并加盖'江西省苏维埃政府财政部'方印以昭信用"⑦。中华苏维埃共和国在1931年11月正式成立以后就将通行旧币的政策确

---

① 邓子恢.龙岩人民革命斗争回忆录[M].福州：福建人民出版社，1961：34.
② 蒋九如主编.福建革命根据地货币史[M].北京：中国金融出版社，1994：172.
③ 安徽省财政厅，安徽省档案馆编.安徽革命根据地财经史料选（一）[M].合肥：安徽人民出版社，1983：29、68.
④ 中国人民银行金融研究所，财政部财政科学研究所编.中国革命根据地货币（下册）[M].北京：文物出版社，1982：18.
⑤ 中共中央文献研究室，中央档案馆编.建党以来重要文献选编（1921—1949）（第八册）[G].北京：中央文献出版社，2011：400.
⑥ 中国人民银行金融研究所，财政部财政科学研究所编.中国革命根据地货币（下册）[M].北京：文物出版社，1982：17.
⑦ 中国人民银行金融研究所，财政部财政科学研究所编.中国革命根据地货币（下册）[M].北京：文物出版社，1982：4.

定下来了,"苏维埃区域内旧的货币在目前得在苏维埃区域通行",但"苏维埃须对于这些货币加以清查以资监督",同时规定"苏维埃应发行苏维埃货币,并兑换旧的货币"①。同时,根据在具体的流通中发现的问题进行优化,比如,加盖了苏维埃印记的旧纸币无法在白区通行,这就使得之前加过章还没有来得及进入流通领域的旧纸币的功能受到限制,苏区将其优化为"对于旧的货币开始亦可采用,加盖图记通用。外来之货币须一律兑换已盖苏维埃图记之货币,或苏维埃自己发行之货币"②。加盖图记的旧纸币,可以在苏区内流通,使得新流入的白区货币得以回笼,这样白区货币就会高效率地为苏区政权所用。

二、货币独占发行,统一货币制度

苏区银行发行的货币要独占货币市场,这是根据马克思、恩格斯的思想"无产阶级革命后要对银行和货币……独享垄断权",这是符合前文所述的通行货币理论的逻辑延伸。新的货币通行之时,旧币也在流通,如果不是独占发行,势必会引起货币市场的失序,而货币市场的问题会波及经济生活,那么,整个苏区的生存和建设都将会受到影响。所以,中共中央对各个苏区指示必须"把发行纸币的权统一在苏维埃政府银行手里"③。从此,独占发行作为一项原则被确定下来。

各个苏区严格地执行货币独占发行。比如,在闽浙赣苏区对私人发行纸币的行为严令禁止,只有苏维埃政府的银行才有纸币的发行权,"严禁私人银行发行纸币,只有苏维埃银行才能发行纸币"④。鄂豫皖苏区是将苏区银行发行的货币确立为法定货币,是苏区税收和流

---

① 中共中央文献研究室,中央档案馆编.建党以来重要文献选编(1921—1949)(第八册)[G].北京:中央文献出版社,2011:718.
② 中国社会科学院经济研究所,中国现代经济史组.革命根据地经济史料选编(下册)[G].南昌:江西人民出版社,1986:370.
③ 中共中央文献研究室,中央档案馆编.建党以来重要文献选编(1921—1949)(第七册)[G].北京:中央文献出版社,2011:597.
④ 张书成,许炳南主编.闽浙赣革命根据地货币史[M].北京:中国金融出版社,1996:145.

通的唯一的货币，"发行根据地货币，确立根据地货币为法定货币地位……以根据地货币为各项税收、结算、交换流通的唯一法定货币"①。

1931年11月，《关于经济政策的决定》规定苏维埃国家银行"有发行货币之特权"②。中华苏维埃共和国临时中央政府颁布了国家银行的暂行章程，其中第二章第八条规定"本行由中央政府授予发行钞票之特权，得发行各种之纸币"③。这成为中国共产党长期坚持的一项原则。为了理论与实践面向统一，所以，在实际操作层面上，实行统一的货币制度。

这项制度在实施初期面临很大困难，因为土地革命之时，各苏区多处于分散孤立状态，被国民党反动势力分割包围，规模上大大小小不等，信息流通受阻，各自为政。中共中央采取两项措施来改变这种状况。

首先是相对统一。"一小块或若干小块红色政权的区域"④，很难快速地统一，但是可以在各自的区域内实现相对统一。中央苏区在国家银行设立以后，将赣南和闽西两个地区的货币制度统一起来。鄂豫皖苏区则将皖西北、豫东南，以及鄂豫边的苏维埃银行联结为一体，实现相对统一的货币政策。湘鄂西的苏维埃银行，将之前分属于鄂西、鄂北，以及湘鄂边的银行货币进行了统一。闽浙赣苏区在1932年12月设立了分行，于是将原属于赣东北省和闽北的贫民银行进行统一。湘赣和湘鄂赣苏区亦是如此。这种就近统一的灵活的方法，使得整个苏区政权的经济发展有一个相对稳定的载体，对于苏区政权的巩固与发展非常有益。

其次是在货币政策的实施上实行完全统一。各个苏区因为客观的原因，暂时在货币体系上难以实现统一，可以各自发行货币，但是在

---

① 胡菊莲.鄂豫皖革命根据地货币史[M].北京：中国金融出版社，1998：82.
② 中共中央文献研究室，中央档案馆编.建党以来重要文献选编（1921—1949）（第七册）[G].北京：中央文献出版社，2011：718.
③ 中国社会科学院经济研究所中国现代经济史组.革命根据地经济史料选编（上册）[G].南昌：江西人民出版社，1986：370.
④ 毛泽东选集（第1卷）[M].北京：人民出版社，1991：48.

货币政策上必须实现统一。苏维埃国家银行虽然在货币体系上只是在中央苏区，但是它的章程具有立法性质，各个苏区必须遵行。货币政策需要稳定性，即使革命形势诸多变化，但是各苏区银行从设立的那一刻起，货币政策要遵循苏维埃国家银行的章程中的要求来实施。

三、对纸币发行数量的控制

在马克思主义金融理论中，货币的两个基本职能——价值尺度和流通手段非常重要。对于苏区的经济建设实践来说，货币的流通规律最具有现实的指导意义，"就一定时间的流通过程来说是：商品价格总额/同名货币的流通次数＝执行流通手段职能的货币量。这个规律是普遍适用的"[1]。苏区所处的历史时代已经是纸币的天下。在这种情况下，具有指导意义的就是纸币流通规律，"纸币流通的特殊规律只能从纸币是金的代表这种关系中产生。这一规律简单说来就是：纸币的发行只限于它所象征地代表金（或银）的实际流通的数量"[2]。

马克思关于货币流通的这个论述，指导着苏区的金融工作。考虑到苏区的现实社会经济条件，以及革命战争对于财政支持的需要，中国共产党逐渐地形成关于纸币发行数量的控制以及保证纸币信用的思想。在苏区，银行业所发行的货币，有金属货币，也有纸币、布币等。金属货币作为保证金存在，常常表现为一定数量的黄金和白银等。苏维埃国家银行对于保证金的规定是："发行纸币，至少须有十分之三之现金，或贵重金属，或外国货币为现金准备，其余应以易于变售之货物或短期汇票，或他种证券为保证准备。"[3] 苏维埃国家银行要求发行纸币的时候至少要有三分之一的准备金，这样才能保证纸币的币值。控制纸币的数量，是为了保证币值的稳定，维护纸币在流通

---

[1] 中央编译局编译.马克思恩格斯全集（第四十四卷）[M].北京：人民出版社，2001：142.
[2] 中央编译局编译.马克思恩格斯全集（第四十四卷）[M].北京：人民出版社，2001：150.
[3] 中国社会科学院经济研究所中国现代经济史组.革命根据地经济史料选编（上册）[G].南昌：江西人民出版社，1986：370.

中的信用。

关键点在于纸币是不是可以与金属货币进行充分的兑换。如前文所说江西的金融危机，如果不能兑换，那么纸币就没有价值。所以，苏区银行在发行的纸币的票面上，印有"驳兑现洋""凭票即付银元""一律通用随时兑现"等，这样的承诺，是为了构建人们对这种货币的信任和信心。中央苏区的一元券上印有"凭票即付银币一元"①。中华苏维埃共和国中央临时政府要求在各地设立"国家银行钞票兑换处"，"对持钞票要求兑换者，须尽量兑付现洋，不得拒绝"②。能够兑换，所以苏区的纸币很快就能够赢得人民的信任。在鄂豫皖苏区，"银行当时能兑银元，群众拿苏维埃票子，随时可以到新集银行兑换成银元……群众甚为方便……因此都愿意要苏维埃的票子"③。

苏区的银行基本上是以三分之一作为货币发行准备金比率，来控制纸币的发行数量。一旦发现货币发行后，准备金比率小于三分之一，就要采取相应的政策，比如减少纸币发行、增加准备金、对纸币进行回收等，把纸币的数量控制在一个限度之内。湘鄂西苏区的决议案中规定若是没有准备金就不能发行纸币，必须"在有充分基金准备才发行纸币"④。在闽西苏区，是以银元作为保证金，"信用合作社要有五千元以上的现金，请求闽西政府批准者，才准发行纸币，但不得超过现金之半数"⑤，"在目前为提高信用起见，凡各级政府以及合作社一律负责兑现这种纸币"⑥，这就从源头政策上对纸币的信用进行了保证。湘赣苏区的准备金是以"群众集股二万元"银元并"收了三万

---

① 中国人民银行金融研究所，财政部财政科学研究所编.中国革命根据地货币（下册）[M].文物出版社，1982：3.
② 中国社会科学院经济研究所中国现代经济史组.革命根据地经济史料选编（上册）[G].南昌：江西人民出版社，1986：368.
③ 谭克绳等主编.鄂豫皖革命根据地财政经济史[M].武汉：华中师范大学出版社，1989：216.
④ 刘崇明，祝迪润主编.湘鄂西革命根据地货币史[M].北京：中国金融出版社，1996：185.
⑤ 中国社会科学院经济研究所中国现代经济史组.革命根据地经济史料选编（上册）[G].南昌：江西人民出版社，1986：355.
⑥ 中国人民银行金融研究所，财政部财政科学研究所编.中国革命根据地货币（下册）[M].文物出版社，1982：3.

多两银器",纸币的发行数量控制在一半的额度,"发行一万至二万纸币"。①川陕苏区的纸币流通情况得到大家的肯定,《斗争报》专门进行了报道:"苏维埃钞票,境内畅行无阻,且信用极高,群众多自愿以银元存入银行,以其兑现充足故也。"②苏区发行的纸币,因为信用度高的缘故,深得民心,这无疑对苏维埃政权的形象颇有助益。

在银行建立初期,闽西工农银行"存库不动的现金30%;投入闽西政府及各级政府10%,投入各种合作社25%;社会市面流通13%;投入苏维埃商店和土地生产15%"③。准备金严格按照国家银行的规定,但是其他的资金几乎都流向了商品和生产领域,各级政府的财政用款是最小的开支部分,百分之十。如果一直按照这个比例的话,那么货币的币值就会有所保证。

但苏区政权是在战时建立,所以财政支出的一大项便是军费。既要遵循银行业的基本规则,又要补充军需,这是各地苏维埃政府要解决的难题。"在长期国内战争的条件之下,增发纸币常常是弥补财政收支不敷的一个办法"④。前三次反"围剿"取得胜利,一个重要的经验是完全靠红军自己来筹给养。但是后两次反"围剿"时,受"左"倾错误的影响,"转变过去依靠红军筹款的路线,做到政府供给红军战费,使前方部队解除筹款任务,迅速进攻敌人……前后方红军给养已经是中央财政部负责支付了"⑤。这样一来,庞大的军费开支造成财政压力过大,唯有增发货币才能解一时急需,1933年"纸币发行达到约二百万元"⑥。

大量增发货币必然会引起币信危机,物价上涨和通货膨胀不可避免。苏维埃政府为了改变这种危机,1934年1月提出"苏维埃政府对

---

① 《湘赣革命根据地》党史资料征集协作小组编.湘赣革命根据地(上)[M].北京:中共党史资料出版社,1990:339.
② 石毓符.中国货币金融史略[M].天津人民出版社,1984:336.
③ 蒋九如主编.福建革命根据地货币史[M].北京:中国金融出版社,1994:58.
④ 中共中央文献研究室,中央档案馆编.建党以来重要文献选编(1921—1949)(第十一册)[G].北京:中央文献出版社,2011:172.
⑤ 中国社会科学院经济研究所中国现代经济史组.革命根据地经济史料选编(上册)[G].南昌:江西人民出版社,1986:105.
⑥ 曹菊如.中华苏维埃共和国国家银行工作的部分情况[G]//柯华主编.中央苏区财政金融史料选编.北京:中国发展出版社,2016:497.

于纸币的发行应该极端的审慎。纸币的发行如超过市场所需要的定额之外，必然会使纸币跌价，会使物价腾贵，使工农生活恶化起来，以致影响到工农的联合"①。

毛泽东认为，对于纸币的发行，第一要按照经济发展的需要，然后才是财政的需要，"国家银行发行纸票的原则，应该根据国民经济发展的需要，财政的需要只能放在次要的地方，这一方面的充分注意是绝对必需的"②。为了稳定币值，苏维埃政府提出了纸币回笼的思想，并且探索了纸币回笼的渠道，指出有4种渠道可以有效地回笼货币，"采取一切方法收回他们过去滥发的纸币……尽量在苏维埃经济的发展中增加各种税收的收入……必须更注意于对外对内贸易的发展……尽量输入现金与限制现金的输出……使苏维埃金融在经济建设的发展中极大的活泼起来"③。回笼货币的渠道，首先就是增加税收；同时要加强对外贸易，将纸币通过贸易的方式流通起来，现金这样的硬通货尽量只输进不输出，减少现金的流出；最关键的还是要想尽办法盘活苏区的经济，这是货币存在和发展的基础。

这些回笼货币的做法，经过实践检验，非常有效果，成为党在金融工作上的一项长期的指导思想。

第三节　关于银行业务的指导方针

关于银行业务，苏区的指导方针是做好吸收存款、贷款投放这两大块的工作。这两项银行的基本工作能否取得效果，不仅仅影响苏区银行的生存，而且影响经济的发展与战争的进行等，进而关系到苏区政权生存的问题。

---

① 中共中央文献研究室，中央档案馆编.建党以来重要文献选编（1921—1949）（第十一册）[G].北京：中央文献出版社，2011：172.
② 中共中央文献研究室，中央档案馆编.建党以来重要文献选编（1921—1949）（第十一册）[G].北京：中央文献出版社，2011：119.
③ 中共中央文献研究室，中央档案馆编.建党以来重要文献选编（1921—1949）（第十一册）[G].北京：中央文献出版社，2011：172.

第二章 苏区银行金融事业发展的指导方针

一、吸收存款

马克思主义金融理论在关于货币职能上，提出了"贮藏职能"，指出银行可以通过吸纳处于贮藏状态的货币，将其形成借贷资本，并分析了银行使用利息将所有的潜在的处于贮藏期的货币集中起来形成借贷资本的过程，"自从银行对存款支付利息以来，一切阶级的货币积蓄和暂时不用的货币，都会存入银行"①。

对于一个社会来说，闲散资本的数量是无法估量的，这部分资本加上暂时处于闲置的资本，是规模庞大的货币资本。马克思通过敏锐的观察和严密的分析，对借贷资本的生成进行剖析，揭示了资本主义社会银行家的重要作用，银行以及银行家因借贷资本而成为左右资本主义经济的重要阶层。银行对于借贷资本的作用，体现在"当这一货币在一个地方作为存款沉淀下来时，它在另一个地方就会立即再作为贷款发放出去"②。

在马克思主义银行与借贷资本理论的指导下，毛泽东提出要"吸收群众的存款，贷款给有利的生产事业"③。在毛泽东的这一思想的指导下，各个苏区在银行设立之后，就努力地吸收存款。比如，中央苏区的国家银行专门列出"收受各种存款"④的业务要求，银行行长毛泽民发表《发展与参加储蓄运动》一文宣传储蓄的重大意义，"可以鼓励广大工农群众在日常生活中从事节省，将所节省的零钱存入银行，使得聚少成多，化零为整。而银行普遍地集中与灵活地运用这些社会余资，投放到各种合作社，尤其是信用合作社，以及工农群众中各个人所经营的生产事业上，大大发展苏区生产，扩大对外贸易"⑤。

---

① 中央编译局编译.马克思恩格斯全集（第四十六卷）[M].北京：人民出版社，2003：453.
② 中央编译局编译.马克思恩格斯全集（第四十六卷）[M].北京：人民出版社，2003：575.
③ 中共中央文献研究室，中央档案馆编.建党以来重要文献选编（1921—1949）（第十一册）[G].北京：中央文献出版社，2011：137.
④ 中国社会科学院经济研究所中国现代经济史组.革命根据地经济史料选编（上册）[G].南昌：江西人民出版社，1986：369.
⑤ 新疆维吾尔自治区财政厅，中国人民银行金融研究所，新疆金融研究所编.革命理财家毛泽民[M].乌鲁木齐：新疆人民出版社，1994：117.

毛泽民提出指导思想，要苏区银行发动群众首先要节省，然后要将节省下来的余钱投放到各种合作社，积少成多，将会大有用处。"各级政府和各群众团体，一切费用都要十二分地节俭，不急用的费不要用，要用的就要节俭，不要浪费一文钱、滥用一张纸、多点一点油，积少成多，就可以节省一大笔经费。我们知道节减一文钱即是对革命有一分的帮助，谁要浪费一文钱实等于革命的罪人"①。

对于革命根据地的运转体系来说，财政工作的支出，是必须解决的问题。在这个必须解决的问题中，最主要的项目是军粮支出。1934年春，中国共产党领导下的苏区遇到了一个严峻的财政状况，这是因为第五次反"围剿"的支出。苏维埃政府经过群策群力，最终想出了解决办法。1934年3月13日苏维埃政府通过《红色中华》发出号召，对象是根据地的党政机关的工作人员，主题是"为四个月节省八十万元而斗争"。这是一个宏伟的目标，因为根据地的整体状况属于极端贫困的状态，生存是首要考虑的问题，结余是一种奢望。在这种不可能有结余的情况下，节省出八十万元是一个几乎达不到的目标。当时，苏维埃的中央政府给工作人员的待遇是没有薪饷，每天不到1角钱的菜金和大半斤粮食。这是保证温饱的最低水平。为了达成节省80万元的目标，在苏维埃的根据地瑞金，机关干部们成立了节约总会，相互约定每天两餐，节约一餐粮食，为革命事业节约每一个铜板。江西的刘启耀和胡海等带头不要伙食费，自己背米吃。这种做法的收效显著，"不仅完成了80万元（节省）计划，而且可以说（节省）将近超过一倍，即130万元以上"②。这充分展现了中国共产党人和革命群众坚定信念、艰苦奋斗、无私奉献的精神。对于银行来说，各机关的财政支出减少了，银行留下来的资本自然就增多了，更多费用就能留给前线军事上的支出。

储蓄运动，要多方面、尽可能将可能存在的暂时的闲余资本吸纳进来。湘赣苏区的工农银行拓宽存款对象的范围，规定不管身份如何，只要有余钱，都可以存进银行，"凡属各级政府及各革命团体与

---

① 项英.发展生产，节俭经济来帮助红军发展革命战争[N].红色中华，1932-2-17.
② 中央审计委员会.关于四个月节省运动总结[N].红色中华，1934-9-11.

革命群众，如有余裕金钱愿储蓄在本行者，均一律收储"①。苏区储蓄运动的另一做法就是动员广大的群众进行节约运动，将节约下来的钱存入银行。

苏区人民在党的号召下，吃的是红薯、青菜和硝盐，节约粮食，节约每分钱。因为群众节省下来的资金额有限，所以银行在储蓄方式上采取了灵活的方式，可以随时将节约下来的钱存入银行，"活期储蓄，即零存零取，规定在本行营业时间内，随时可以存入或取出，但存数至少要满5角；还有零存整取储蓄，须约定期限，至少6个月，至多3年，按一定数目分期存入银行，到期将本利一次性取回，但每期存入数目也至少要满5角。未满5角的，另引发一种5分储金票，委托各区乡合作社代售"②。这样由零聚整，由少聚多，银行将这些存款集中起来后再灵活地使用，投放到信用合作社或者其他的生产事业上来，使得流通中货币的运转皆以民事和民生项目为主，使得货币的运转呈现出高效率，充分在金融领域显示了群众力量的强大。

党政军机关节俭，但是军费开支随着红军人数的增多而呈倍数增长，庞大的军需仅依靠节俭是解决不了的；群众力量强大，但是人民群众之前毕竟长期受到地主阶级的剥削，一直生活在战乱之中，实难有结余。

想方设法拓宽资金来源，成了苏维埃国家银行的主要任务。

毛泽民领导的国家银行，千方百计地充实银行的家底——造币造纸、开矿淘金、运盐运木材，各种生产尽量去做起来。比如中华钨矿公司。钨，能够使用在武器制造上，是一种重要的战略物资，在战争年代，自然有着紧俏的销售市场。铁山垅，位于江西省于都县，全世界将近一半的钨矿都在这里，红军到来之前，由广东的矿商在这里开采，每百斤八块光洋。毛泽民得知这个消息后，不顾腊月寒风立即前去调研，报告呈送中央临时政府后两天就被批复，毛泽民于是筹办钨矿公司。1932年1月第一个公营的钨矿场正式营业，毛泽民坐镇矿山指挥开采。3月，成立了中华钨矿总公司。毛泽民组织在矿区设

---

① 《湘赣革命根据地》党史资料征集协作小组编.湘赣革命根据地（上）[M].北京：中共党史资料出版社，1990：152.
② 中华苏维埃共和国临时中央人民政府人民委员会第14号.1932-6-21.

立了6个消费合作社,社员凭借购买证购得比市场上便宜得多的生活必需品,如盐、米、油等。然后毛泽民组织运输队伍,将钨砂护运到外贸分局,转卖给陈济棠,再由陈卖给香港及海外市场。虽然国民党政权对中央苏区采取了步步为营的经济封锁,但是苏区金融精英在毛泽民的领导下,利用军阀之间的矛盾和贪利,利用便宜的农产价格对白区商人和老百姓的吸引,利用游击队的机智行动,打通了对外贸易线路,钨砂源源不断地运出苏区,运进来的是银元、西药、食盐和布匹,这些都是苏区人民和军队急需的物资。从1932年年初到1934年10月,苏区的钨矿产业迅速发展,生产的钨砂达4000多吨,出口总值达到400多万元,这对于苏区政府来说,是弥足珍贵的收入,极有力地支撑了财政运作,对革命战争起到了巨大的支援作用。

二、做好贷款投放工作

苏区政府在贷款投放工作上,明确了放贷的领域,以农业生产为主,兼顾工商业。苏维埃国家银行对于贷款的投放有明确的规定:"本规则专为各种合作社和贫苦工农群众,用途确系有利于发展社会经济之放款而定。……具体的借款项目为:凡工农群众借款用途为下列之一者,均得向本行要求借款。(1)购置农具或肥料;(2)耕种用费;(3)开辟荒田和整顿水利;(4)其他有关于发展社会经济之用途。"[①]贷款的用途规定得清楚明白,主要用于扶助群众的农业生产。

对于放款对象,只要是革命群众生产上的需要,都可以前来借贷,"凡革命的工人农民兵士小商人劳动贫民,如遇在发展各种生产事业的需要上得到当地苏维埃政府的保证,而在本银行财力可能时,亦得借贷应用"[②]。闽浙赣苏区提出"应该鼓励群众向银行入股与储

[①] 新疆维吾尔自治区财政厅,中国人民银行金融研究所,新疆金融研究所编.革命理财家毛泽民[M].乌鲁木齐:新疆人民出版社,1994:110—111.
[②]《湘赣革命根据地》党史资料征集协作小组编.湘赣革命根据地(上)[M].北京:中共党史资料出版社,1990:152.

第二章　苏区银行金融事业发展的指导方针

蓄"①，"银行的资本，最大部分是要用于帮助各种合作事业的建立发展；并贷款于工人、农民、小手工业者，帮助他们制办工具、购买耕牛、耕具和肥料"②。这些政策里面提及的"鼓励"是指在利率上，存款的利息相对高于贷款的利息三至五个点。存款的利息不同的苏区根据战时的具体的情况而定，放款的利息则有明文的规定，"苏区中借贷利率，高者短期每月不得超过一分二厘，长期周年不得超过一分"③，以确保真正地合理地将款项投放给有需要的群众，防止出现偏激的行为，树立群众对与中国共产党执政的政府打交道的信心。

从苏区银行吸收存款和贷款投放可以看出苏区银行既依靠群众而生存，又为群众谋利益。低利贷款，帮助群众解决生产中缺少原料、工具的问题，鼓励了小手工业者积极从事贸易，这对改善群众的生活条件是非常重要的。有的苏区还进行生产竞赛，军民一起大生产，给钱给人力。金融生活有序进行，经济生活也得到了快速的发展。

随着革命的发展，苏区扩大，留在苏区内的现金相对减少了，在这种情况下，为了将现金集中和控制起来，以保障红军的供给，苏维埃政府规定苏区银行发行的货币是一种兑换货币，能够随时兑换。但是当红军长征来到陕北后，为了防止因为白区的法币改革造成的银价飞涨，使得苏区的白银外流，所以1936年以后根据地银行发行的货币不再是可兑换货币，而是根据地的法定货币。

苏区时期是最为艰难困苦的革命阶段。这一时期，中国共产党建构了革命政权的方方面面，从政治到文化、从社会到经济。

苏区政府银行业的金融先驱们，既没有经过专业性的金融知识的学习，也没有相关的银行从业经验，但是他们用中国共产党人的实事求是和实干精神，将马克思主义金融思想直接运用到实践中，通过摸索和总结，以实战经验来充实和完善下一次的实践活动。

---

① 中国人民银行金融研究所,财政部财政科学研究所编.中国革命根据地货币(下册)[M].北京：文物出版社,1982：19.
② 中国人民银行金融研究所,财政部财政科学研究所编.中国革命根据地货币(下册)[M].北京：文物出版社,1982：19.
③ 中国社会科学院经济研究所中国现代经济史组：革命根据地经济史料选编(上册)[G].南昌：江西人民出版社,1986：367.

在这些思想的指导下，中国共产党人建立政权后，就开始设立银行，利用金融杠杆来撬动经济的发展。我们从这个伟大的开始学习到了宝贵的经验——不论根据地的规模有多大、不论是否具备设立银行的条件，只要目标正确，就开始行动，在行动中寻找解决的办法，遍地开花的银行证明了早期共产党人的行动派做法是卓有成效的。马克思主义金融学说中并没有中国革命或者革命根据地如何进行金融建设的内容，早期中国共产党人将马克思主义金融学说和苏区的具体情况相结合，通过具体的实践活动形成了自己的金融事业指导思想。

苏区形成的关于银行工作的一系列指导思想，是中国共产党人建构具有中国特色社会主义金融事业的逻辑起点。这是伟大的创新成果。中国新民主主义革命最终取得胜利，金融上的贡献有目共睹。中国共产党早期的金融工作者们以非凡的智慧和踏实的做法实现了最伟大的情怀——为人民服务，以银行业的辉煌成就为军事和财政提供了强大的支撑。

第三章　苏区银行事业举措的历史考察

从国家银行到分行、支行，苏区这三级银行的运行，都是按照银行业自身的规律进行，同时，承担起战时银行应有的社会责任，在支出项以军需为主。各级苏区遵照国家银行制定的政策与措施，银行建立后，立即发行货币。为了货币工作的顺利进行，在第一步即准备金方面，严格按照金融的规律进行。马克思指出金银储备对于一个国家和政权至关重要，"可以充当世界货币，作为国与国进行贸易时用于支付的准备金；稳定国内金融市场，发挥其蓄水池的作用，规避通货膨胀；维护银行的信用"[①]，银行设立之后，需要有一定量的货币存入才能够运行。一定量的货币，一来是支撑兑换的需要，这是保证币信的关键；二来用来投放贷款，支持苏区建设，这是银行存在的原因，是银行应该起到的作用。毛泽东在"第二次全国工农代表大会的总结报告中严肃地指出：国家发行纸币，基本上应该根据国民经济发展的需要，单纯财政的需要只能放在次要的地位。但是由于战争情况的变化，这个重要原则未能执行。银行的财政发行乃成为根据地人民对革命的另一种形式的重大贡献"[②]。

第一节　苏区银行的创建

中国共产党领导的革命从1927年8月进入土地革命战争时期，

---

① 中央编译局编译.马克思恩格斯全集（第二十五卷）[M].北京：人民出版社，2001：145、643.
② 星光，冯田夫.中央革命根据地财政的创建和发展[C].中国现代史论丛.1983（06）.

为了筹集战争中所需的军费，为了苏区群众的生存，即使条件落后，苏区政府依然设立了50多个银行，发行200多种货币，来盘活经济。1931年至1933年是苏区银行发展的全盛时期。

土地革命战争时期的第一家苏维埃政权的银行，是海陆丰劳动银行。第一张苏维埃货币是耒阳县苏维埃政府发行的劳动券。湘赣边界苏维埃政府在1928年5月成立后，为了筹集现金，铸造并发行了井冈山工字银元。

其他的苏区在建立后，紧接着就建立银行，如东固银行、闽西工农银行、江西工农银行、石首农业银行、鄂西农民银行、鄂豫皖特区苏维埃银行、赣东北省苏维埃银行、平江县工农银行和鄂东工农银行等。这些银行在1930年国民党"围剿"前都得到了一定的发展。随着第一次反"围剿"的胜利，各苏区银行也随着根据地的发展而升级更名，由县区银行发展到省银行，或者邻近的银行进行合并。1931年11月7日，瑞金会议召开，中华苏维埃共和国临时中央政府成立，随后颁布经济政策，筹备国家银行。国家银行于1932年2月1日正式营业，第一任行长是毛泽民，7月份开始发行货币。

中央苏区国家银行成立后，在闽西和赣南这两个地方设立了直属省分行。其他的银行纷纷改制成为分行，各自发行自己分行的货币，但是在政策上是统一的。苏区银行的准备金，一部分向群众募集，一部分由政府拨付，确保充足的准备金，以防止纸币挤兑、信用丧失。苏区银行主要的职责是筹集军费和支援生产。在战争年代，军费筹集的重要性不言而喻，银行的宗旨就是盘活经济、留有结余。苏区银行坚决取缔了高利贷，诚信地吸纳存款，合理地针对生产中所需的问题放款，此外，苏区银行肩负着代理金库、代理税收、发行公债、领导信用社工作等责任。苏区银行设立后立即发行货币。不同的苏区发行的货币的名称也是不一样的，银洋、信用券、银币、铜元、铜元券等，但是本质都一样，都有中国共产党领导的苏维埃政权的信用作为背书。1935年，白区进行法币改革，但是未能取得成功，导致金融市场反而进入坏的循环，银价飞涨。苏区为了防止在这种情况下的白银外流，改变之前可兑换货币的做法，发行纸币，该纸币以苏维埃法定货币的身份获得流通中的份额。

中华苏维埃共和国国家银行在长征路上编入机关和后勤的直属纵

队,毛泽民任政治委员,袁福清和曹根全先后任大队长,曹菊如任支部书记。国家银行有几十担现洋和几十担票子,配有一个连的警卫。一开始带着印钞机之类,后来轻装前行,在湘江的时候,把印钞机等大件给扔掉了。在长征路上,国家银行依然履行着自己的职责:首先是参加没收征发,打土豪劣绅筹得现金;然后是保管分配;第三是每到一个休整的地方就组织货币发行并回笼货币。比如,当1935年1月到达遵义的时候,为了给部队买日用品,以及募集资金给当地的老百姓解决吃盐难的问题,国家银行就发行并流通了国家银行的纸币。为了保证这些纸币的信用,采用的是可兑换的机制,受到当地老百姓和商人的欢迎。之后长征路上,在桐梓、冕宁发行过票子,每一次都以信用为先,保证可以兑换。

国家银行的干部虽然是专业人才,但是在长征路上和其他的红军战士一样,经受着各种客观和主观的磨难,过着极其艰苦的生活,14位干部中牺牲了6位。1935年11月到达瓦窑堡之后,国家银行同陕甘晋苏维埃银行一起办公,11月下旬两处银行奉命合并改为国家银行西北分行,林伯渠任行长,曹菊如任副行长,印制西北分行的纸币,并开始回收陕甘晋苏维埃银行之前发行的票子。这个时候因为财政十分困难,所以发行的纸币多用作财政透支,维持机关的经费开支。1935年12月,瓦窑堡会议在金融政策上也做了一些改变:在债务上,改过去的"一切债务都取消"为减息政策;在红色政权原有名字中加入人民二字;改过去不使用白区货币为可以有限制地使用白币;在信贷方面,改变之前只有一小部分向私人工商业投放贷款的做法,鼓励和支持私人工商业的发展。

国共两党第二次合作后,中华苏维埃人民共和国国家银行自动改称为陕甘宁边区银行,收回发行的纸币,改用国民党的法币。从此,中国共产党领导的革命政权的银行,在新的历史条件下,开始新的工作篇章。

一、苏区银行的创办

在1927年冬,闽西上杭县蛟洋区恢复农民协会后,为了发展经济、方便借贷给农民用于生产,从砍伐杉木卖得的8000余元中抽出

2000多元作为准备金开办了农民银行,这是第一家由农民集体创办的具有合作社性质的银行。之后,龙岩、长汀、连城、永定、宁化、清流等地区相继建立了信用社。但是这些银行并不是具有苏维埃政权性质的银行,只是农民创办的信用机构。苏维埃银行要求必须是为工农谋利益的银行。

第一家苏维埃银行,是海陆丰劳动银行,于1928年2月18日创办,地址在海丰县城南丰织造厂。银行负责人是陈子岐。海丰劳动银行根据海丰县苏维埃人民委员会发出的通令,在劳动银行纸币没有印出来之前,借南丰织造厂的两万元银票,加盖该行印章后发出。后发行了劳动银行银票,活跃了市场,受到了工农的交口称赞。据当时国民党政权方面的记录,"劳动银行成立,人民得以此项银票,在市面行使,初称便利,乐以现洋换取之"[①]。印刷则是由中峒印刷厂来完成,第一批印了10万元,面额从1角、2角、5角至1元、5元不等。但是因为革命局势的瞬息万变,劳动银行存续仅有十天,便因为苏维埃政府的撤离而结束。

东固银行是赣西南苏区的银行,由东固平民银行发展而来。东固平民银行成立时,红军二、四两团捐助了4000元现金作为银行准备金。东固银行的行址设在东固镇的东固街上,进门后左边是东固消费合作社,右边是银行。行长由消费合作社的副经理黄启绶兼任。负责换票子业务的银行工作人员名叫王直亲。东固银行发行的纸币叫铜币券,是一种可以随时兑换铜币的纸币。

闽西工农银行于1930年9月在闽西成立,推举阮山、曹菊如等7人组成银行委员会,预定本金为20万元,分为20万股,股金收现金不收纸币,旧的银器折价计算,金器照时价计算。1930年11月7日闽西工农银行正式开业,25日开始发行货币。闽西工农银行对贷款、放款有着清晰的规定。在借贷方面,实行低利借贷,规定长短期借贷利率并且严格执行,短期贷款利率控制在月息一分二厘以内,长期贷款利率控制在月息一分之内。在放款方面,规定月利率0.6%,以此低利息的放款来减轻工农群众的负担,对农业生产和手工业生产给予有力

---

① 姜宏业编著.金融图集与史料[M].长沙:湖南出版社,1991:117.

的扶持。

江西工农银行于1930年11月27日成立，"本政府财政部以100万现金创设大规模的江西工农银行"，设立后立即印制钞票。印刷所建立在吉安有庆巷的一栋小洋房里。在残酷的战争形势下，印钞的纸币材料奇缺。于是，江西工农银行在缴获的国民党面值壹角的"吉安临时辅助纸币券"的正面盖上"江西工农银行暂借发行券"印和五角形的苏区通用图印，称之为"江西工农银行暂借发行券"，投放到流通领域。江西工农银行几经迁移，随军营业，最后落脚瑞金。1932年苏维埃国家银行成立后，在江西工农银行的基础上成立了国家银行江西省分行。

湘鄂西苏区农民银行是自下而上建立的，既有中心银行又有地方性的银行。在洪湖地区各个县设立银行。"由联县政府建立农民银行，发行纸币，调剂赤区经济，办理农民储蓄、借贷事业等，但禁止各县滥用纸币，各县已发出的各种纸币设法收回，统用鄂西农民银行的纸币。"[①]1933年红军主力退出根据地后，银行工作也随之结束。

鄂豫皖苏维埃银行在1930年成立，行长是郑位三。鄂豫皖苏区设有经济公社，就是公营商店，经营人民生活所必需的盐、布、药品和纸张等物品，同时代理银行业务，兑换纸币。为了营业的方便，自行印刷了一种辅币券，用于找零。红军主力转移后，当地苏区银行又印发了一种串币的油布票，流通于游击区。

闽浙赣苏区的银行随着根据地的不断发展而不断地改名，最初是1930年在弋阳芳家墩设立的赣东北特区贫民银行，由邵忠任行长。1931年年底随着政府的改称更名为闽浙赣省苏维埃银行，行址开始是在弋阳，后迁至横峰枫树坞，行长是张其德。

闽北分行于1931年冬在崇安县的大安成立，但是它与省银行仅有业务指导关系，不受其行政领导。闽浙赣苏区印发的货币，与其他苏区相比，比较稳定。究其原因，首先是因为货币的发行坚持了正确的原则，纸币的发行额不能超过苏维埃政府的财力；其次是重视筹集资金，鼓励群众储蓄，鼓励群众向银行入股。然后是发展对外贸易，重

---

① 姜宏业编著.金融图集与史料[M].长沙：湖南出版社，1991：118.

视农业生产，控制现金出口，节省现金的使用和财政上的开支。1934年10月随着红十军北上抗日撤离了根据地，银行工作也随之结束。

湘鄂赣省工农银行，是由分散的区县银行发展而来，1931年11月，各个区县的银行统一为湘鄂赣省工农银行的分行。湘鄂赣省工农银行发行的纸币有银洋票和铜元钱。行址设在修水，后迁至小源。1934年7月迁至平江黄金洞，随着根据地变为了游击区而结束工作。1931年10月，湘赣省苏维埃政府成立，12月20日由第一次代表大会决定"为着实行统一货币制度，并帮助全体劳动群众，省苏维埃必须马上进行开办工农银行的计划"①。工农银行的宗旨是"实行阶级经济政策，发展农村经济，帮助工农贫民，兴办公共生产及各种合作社，统一货币制度，防止金融外溢，冲破敌人经济封锁，巩固并发展苏区群众经济，帮助苏维埃政府创办一切建设事业，以促进革命的巩固与发展"②。

川陕省工农银行，在苏区银行中属于财力雄厚、规模较大、发行货币种类较多的一个银行。主要原因是缴获了军阀刘子厚经营多年的造币厂的全部机器设备和金银原料，拥有了充足的银行资金和良好的铸币印钞条件。川陕省工农银行，于1933年12月4日在通江正式开业，郑义斋兼任行长，先后在巴中、南江、苍溪、万源等地设立分行，印制发行的纸币、布币、银币和铜币广泛流通于川陕大地。1935年3月第五次反"围剿"失败后，银行跟随着四方面军转移，途中在阆中、旺苍、茂县等地或开设分行，或铸币印钞，或兑换金银，办理一切银行业务。后进入藏区后就停止了银行业务活动。

西北地区的苏维埃银行。1934年11月7日在华池县成立了陕甘边苏维埃政府后，为了发展贸易，由苏维埃政府的财经委员会印制发行了"陕甘边区农民合作银行兑换券"，只有1角、2角和5角的辅币券，可以兑换银元。1935年改为陕甘省之后，印制发行了"陕甘省苏维埃银行兑换券"，不仅有辅币券，也有主币券，都可以兑换银元。1936年4月15日，在陕北神府印制了"神府特区抗日人民革命委员会银行流通纸券"，又称"炮仗票子"。这个时候因为国统区的法币改革，所

---

① 姜宏业编著.金融图集与史料[M].长沙：湖南出版社，1991：119.
② 姜宏业编著.金融图集与史料[M].长沙：湖南出版社，1991：119.

以不再实行兑换货币,改为流通纸券,亦称为苏票。

下面按照苏区地域进行银行分布的整理。

中华苏维埃共和国境内存在的银行

苏区名称	银行名称	存续期间	银行行址	银行行长	发行货币名称和种类
中央苏区	永定县太平区信用合作社	1930.10—1932	永定	陈海贤、林锦彬	纸币:2角/5角/1元
	闽西工农银行	1930—1932	龙岩	阮山	纸币:1角/2角/1元
	江西工农银行	1930.2—1934.10	博生	钟声湖	—
	中华苏维埃共和国国家银行	1932.2—1932.10	瑞金	毛泽民	银币券/铜币/银币:1分/5分/1角/2角/5角/1元
湘鄂西苏区	鄂西农民银行	1930.12—1931.11	石首	戴补天	信用券/信用条:1角/2角/5角/1元
	石首农业银行	1931.12—1932	石首	张家华	信用券:1元
	国家银行湘鄂西分行	1931.11—1933	石首、监利、洪湖	崔琪	银币券/铜币/银币:1分/1角/2角/5角/1元
	鹤峰县苏维埃银行	1931.3—1932	鹤峰	袁建章	信用券:500文/1角/2角/5角/1元
	鄂北农民银行	1931.7—1932.3	房县	王守训	信用券/银币:5角/1元
湘鄂赣苏区	平江县工农银行	1930.11—1931.11	平江	黄庆怀	光洋票/银币:1角/2角/5角/1元
	万载县工农兵银行	1931.1—1931.11	万载	钟学槐	银洋票:1角/2角/3角

(续表)

苏区名称	银行名称	存续期间	银行行址	银行行长	发行货币名称和种类
湘鄂赣苏区	浏阳工农兵银行	1931.1—1931.11	浏阳	黄仁、李道	银洋票：1角/2角/3角
	修水县立总合作社	1931.5—1931.11	修水	张文	100文/300文/500文
	宜春县工农兵银行	1931.7—1931.11	宜春	欧阳柏	银洋票：2角/3角
	湘鄂赣省工农银行	1931.11—1934.1	修水、万载、平江	李国华、刘文初、涂正坤、成功	银洋票/铜元钱：100文/200文/500文/1角/2角/3角/5角/1元
	通城县工农兵银行	1931.7—1932.5	通城	黄柯笑	铜币券
	武宁县工农兵银行	1931.11—1932.5	武宁	成瑞之	铜币券
	大冶县工农兵银行	1931—1932.5	大冶	陈玉门	铜币券（兑换条）
	铜鼓县工农兵银行	1931.1—1931.11	铜鼓	刘先常	银元票：1角/2角
	鄂东农民银行	1930.1—1930.2	阳新、金龙区	曹俊白	铜币券：1串文/2串文
	鄂东南工农兵银行	1931.1—1932.2	阳新、龙港镇	刘杰三、陈迪光	铜币券：200文/500文/2串文/5串文
海陆丰苏区	海陆丰劳动银行	1928.2	海丰	陈子岐	钞票：1角/2角/5角/1元/5元

(续表)

苏区名称	银行名称	存续期间	银行行址	银行行长	发行货币名称和种类
湘赣苏区	中华苏维埃共和国湘赣省分行	1933.1—1934.8	永新、泰和	胡湘	银币券／铜元票：10枚／5分／1角／2角／5角／1元
	中华苏维埃共和国湘赣省工农分行	1932.1—1933.2	永新	胡湘	银币券：1角／1元
闽浙赣苏区	赣东北特区贫民银行	1930.10—1931.12	弋阳、芳家墩、横峰	邵忠	银元：1角／2角／5角／1元
	赣东北省苏维埃银行	1931.12—1932.12	横峰、枫树坞	张其德	银元：1角／2角／5角／1元
	赣东北省苏维埃银行闽北分行	1931冬—1932.12	崇安、大安	徐福元等	银元：1角／2角／5角／1元
	闽浙赣省苏维埃银行	1932.12—1934.10	横峰、枫树坞	张其德	银元／铜元／银币：10枚／1角／1元
	闽浙赣省苏维埃银行闽北分行	1932.12—1935.1	崇安、大安	徐福元等	银元：1角／2角／5角／1元
	中华苏维埃共和国国家银行福建省分行	1932.4—1934.10	长汀	李六如	—
鄂豫皖苏区	鄂豫皖特区苏维埃银行	1930.10—1932	黄安、七里坪、新集	郑行瑞、郑位三	银元券：5角／1元

（续表）

苏区名称	银行名称	存续期间	银行行址	银行行长	发行货币名称和种类
鄂豫皖苏区	皖西北特区苏维埃银行/皖西北道区苏维埃银行	1931.5—1932	金家寨、麻埠	吴保才	银币券/铜币：50文/1角/2角/5角/1元/5元
	鄂豫皖省苏维埃银行	1932.1—1932.10	新集	郑义斋	银币券/银币：2角/5角/1元
	鄂豫皖苏维埃经济公社	1931年年初—1932年年初	麻城、新集	郑位三	布币：1串/2串/3串/5串/10串/1元
	赤城县苏维埃银行	1932.2—1934	商城	—	油布币
川陕苏区	川陕省苏维埃政府工农银行	1933.12—1935.10	通江	郑义斋	银币券/铜币/铜币券：200文/500文/1角/2角/5角/1元/5元
	中华苏维埃共和国川陕省工农银行	1933.12—1935.10	通江	郑义斋	银币/铜币券：3串文/1元
	中华苏维埃共和国国家银行川陕省工农银行	1933.12—1935.10	通江	郑义斋	银币券：1元
陕甘、陕北苏区	陕甘省苏维埃银行	1935.4—1935.11	华池、南梁	杨玉亭	银币/兑换券/铜元票：1角/5角/1元

（续表）

苏区名称	银行名称	存续期间	银行行址	银行行长	发行货币名称和种类
陕甘、陕北苏区	陕甘晋省苏维埃银行	1935.6—1935.11	安定、永坪、瓦窑堡	艾楚南、李青萍	银币/银币券：1角/2角/5角/1元
	中华苏维埃共和国国家银行西北分行	1935.11—1937.8	瓦窑堡、保安	林伯渠、曹菊如	苏维埃纸票：5分/1角/2角/5角/1元

从上表中可以看出苏区银行在分布上的特点，就是高度分散在苏区境内，将党确立的一建立根据地就设立银行发行货币的政策贯彻得非常到位。规模达到一定程度的苏区银行将近半百。苏区银行，基本上是由县区银行随着革命政权的发展而发展，建立省行。银行随着军队而营业，红军主力转移，银行工作也随之结束。

苏区银行实行的是银本位制度，规定苏维埃纸币为银元兑换券。发行的货币中大部分是纸币，基本上每种纸币票面上会印有表明兑换关系的字样，如"凭票兑换""凭票五张，兑洋壹圆""合成壹圆、驳兑现洋"等等。

1931年11月，"一苏大"规定，国家银行及分行发行的货币要保证兑换。之后的财务条例中规定各级机关的账簿、单据的记账单位，统一为折合银元计算，实行的政策是银元作为会计核算时的本位币。1932年国家银行成立后，以法律和制度规定了银元的本位币地位，"规定苏维埃国家银行发行的纸币以通过的银元为本位，1元纸币等于1元银元。允许光洋、大洋、杂洋各种银元在根据地内流通"[①]。

遍览苏区货币，可以发现货币正面的图案大致涉及才子佳人、山川河流、名胜古迹、花鸟虫鱼等等，也有政治人物头像。这种设计风格是空前的，既有生活气息，又有政治信息，具有独特的中国共产党

---

① 罗华素，廖平之.中央革命根据地货币史[M].北京：中国金融出版社，1998：135.

的银行设计特色。不同苏区发行的纸币之所以在图案的设计原理和风格上一致，是因为印刷机器和印刷技术的相同。

遍地开花的苏区银行，犹如革命的火种，点亮苏区的经济，使其发展起来。苏区政府授权银行发行货币，这些纸币基本上按照苏区货币的总要求和总政策来发行，币值相对来说比较稳定，受到群众的信任，有着较为良好的流通状况。随着苏区规模的扩大，银行的规模也随之扩大，发行的纸币也更加完善。

二、国家银行的创办

中华苏维埃共和国国家银行，是随着中华苏维埃共和国临时中央政府的成立而产生的。在毛泽东和朱德的英明领导下，到1931年的时候，革命形势大好，赣南和闽西的根据地连接起来逐渐形成了中央革命根据地。1931年11月7日至20日，在瑞金的叶坪召开了第一次全国苏维埃代表大会，成立了中华苏维埃共和国。

临时中央政府颁布了金融政策。坚决禁止高利贷，取消当铺。为了苏区内部的经济的发展，可以实行低利借贷。可以借贷给农民家庭手工业者、合作社、小商人，不借贷给地主、富农和资本家。开办工农银行。工农银行有发行货币的特权。吸取巴黎公社失败的教训，苏维埃政府派代表监督大银行，防止他们实行反革命活动。"规定由中华苏维埃共和国国家银行代理国库业务，负责掌管政府一切款项之出纳事宜"[①]。

毛泽民和曹菊如负责筹建中华苏维埃共和国国家银行。据曹菊如回忆，"1932年中央政府在叶坪，我和毛泽民同志在这里筹建国家银行。我们借用一家农民的房子，楼上楼下共有一个小厅和四个房间。楼下小厅作营业室，一个房间作库房。楼上三个房间，一间是毛泽民行长的办公室兼卧室，另外两间和房外走廊是男女工作人员的宿舍。……虽然我们过去都没有干过银行工作，但在他的领导下，我和从闽西工农银行带来的两个会打算盘、会写洋码子的青年人，按照书

---

① 星光，冯田夫.中央革命根据地财政的创建和发展[C].中国现代史论丛.1983(06).

本上学的一点东西，摸索着进行筹备，工作进行得顺利、迅速，约两个月的时间，各种账簿单据都印好了"①。

中华苏维埃共和国国家银行在1932年2月1日正式开业，行址先是在叶坪，后来迁至沙洲坝和下坡子。毛泽民是第一任行长。工作人员只有5人，"其中行长1人，记账员1人，出纳1人，帮助出纳搞兑换和管杂务的1人，再加上我，过了一些时候又调来3个十几岁的小孩子，他们都很聪明，工作学习积极，很快就学会了会计工作，后来都成为骨干，起了很大的作用。在准备建立金库的时候，又调来一些小孩子进行培训。……总行开张后的第一件工作，是接收财政部的全部库存现金，存入银行，库房和管库人员，也移交总行。接着通知党、政、军各机关和国营企业，必须在银行开户，有款存入银行，借款按透支手续办。我们在实践中不断建立各种制度，并且培训了干部"②。

国家银行在刚起步的时候人数少，毛泽民对此做出英明决策，培养思维灵活肯学习的年轻一代来做革命金融工作。国家银行不仅在政策上总领后来的金融工作，而且为革命工作培养了金融骨干力量。从这里可以窥见国家银行是在金融英才毛泽民的主导下确立了大格局。

临时中央政府赋予国家银行独立执行银行本身职务的权力。国家银行的准备金为国币100万元，由国库拨款。实际上开始营业时准备金只到账了五分之一。国家银行的主营业务有6项，从放贷、票据、汇兑到存款和代管，其他的分行的业务结构基本上是按照这个架构铺开。国家银行有发行各种纸币的权力，但是下设的分、支二级银行没有货币发行权。总行和分、支二级行在组织结构上是一致的，设置了六个科室，分工明确，各司其职。总行因为要发行货币，另设有发行科。在实际操作中，为了方便分、支二级行的业务的展开，国家银行在分、支二级行设有代理处、收买金银处和兑换处。

本行由中央政府授予发行钞票之特权，得发行各种之纸币。

发行纸币至少须有3/10之现金，或贵重金属，或外国货币为

---

① 曹菊如.曹菊如文稿[M].北京：中国金融社，1983：48.
② 曹菊如.曹菊如文稿[M].北京：中国金融社，1983：48.

现金准备，其余应以易于变售之物或短期汇票，或他种证券为保证准备。

组织机构：行长、总行设发行科，总、分、支三级银行均设置国库科、会计科、总务科、营业科、出纳科、保管科。支行以下另设兑换处、代理处和收买金银处。为了加强监督检查工作，财政人民委员部每年应派若干人组织审查委员会审查账目。总分支三级行均设放款及贴现委员会。

一、帮助发展生产，对于国有工商业或合作社事业，得为有抵押或无抵押之放款，但私人企业之借款须有抵押。

二、商业确实票据之买卖贴现或再贴现，但票据期限自贴现日起，至多不得逾6个月。

三、依照法律之许可，为生金银及外国货币证券或汇票之买卖。

四、办理各种汇兑及发行期票。

五、收受各种存款。

六、代人保管贵重物品，但其期限不得逾5年。

另：代理国库之一切出纳。代理政府发行公债，及还本付息事宜。[1]

在以上章程的指导下，苏区银行迅速地开展业务，发展起来。1932年4月，长汀成立了国家银行福建省分行，在白砂和南阳设立了兑换处和金银收买处。1933年2月10日，在博生（宁都）设立了江西省分行，在会昌、瑞金、兴国等地设立了兑换处和金银收买处。瑞金是直辖市，设立了分行。合计县政府和各军经理机关设立了代兑处数十处。其他的省级银行，逐步改称为国家银行省分行。各苏区的省分行，因为战争的原因，与中央苏区分割开来，所以在业务上各自独立营业，并没有什么直接联系。省分行自主发行货币。

国家银行的业务，可以分为两大块：发行货币和开展信贷业务。关于发行货币，国家银行发行的货币是在各苏区独立发行货币的基础上发展起来，始发时间是在1932年7月，"7月间开始印刷，至年终

---

[1] 姜宏业编著.金融图集与史料[M].长沙：湖南出版社，1991：126.

共印成 1 元票 375000 元，2 角票 103000 元，1 角票 129800 元，5 分票 48375 元，总计印制 656174 元"①。

国家银行货币的设计者是黄亚光。他是福建长汀人，早年求学于日本，不仅书法好，同时精于制图和绘画，是毛泽民选定的红军纸币设计人。这些货币体现了毛泽东要求的工农政权的特征——镰刀、锤子、地图和五角星等巧妙的组合，美观又有特色。

影制雕刻的铜版模具、设备，专用印钞的纸张、油墨等，特别是大量使用的"印钞纸"，在苏区都没有，毛泽民于是派出专人携带现金秘密前往上海采购，到香港购买印刷材料，也因非常困难而失败。后来毛泽民带人钻进深山老林与造纸工人一起研究试验，要用土办法自力更生制造印钞纸。在一个寒冬的深夜，毛泽民一不留神，毛衣被油灯烧着了，一股奇特的气味弥漫屋子，"是羊毛烧着的臭味！"毛泽民茅塞顿开。第二天他和造纸工人一起试验加羊毛在纸浆里的做法，把羊毛加进纸浆后，造出来的纸更加耐用。这样苏维埃国家银行纸币不仅在图样上有了不易模仿的特征，而且在用纸上也与其他印钞纸有了显著区别，轻轻撕开纸币一角，可以清楚看到羊毛纤维，用火燎一下马上可以闻到一股臭味。这些核心机密，当年只有很少一部分参与者知道。此后不仅将印钞纸造了出来，还解决了印钞纸防伪的难题。②

国家银行的货币采用了双重的防伪技术。第一就是上述材料中的羊毛。第二是在纸币下方的字母，"在下方都印了一行看似英文字母的文字，银行对外宣称是财政部部长邓子恢和银行行长毛泽民的英文签名，其实写法很不规范，既非英文字母，也非汉语拼音，而是当时这套纸币的一个防伪标志"③。钞票防伪的秘密有毛泽民、项英、邓发、黄亚光4个人知晓。

为了货币发行的成功，在发行之前，国家银行宣布了兑换办法，并严格执行，以确保发行工作能够一举获得成功。

在国家银行各地兑换处未普遍设立以前，各级政府各部队的经理

---

① 中华苏维埃共和国国家银行总行第一年度全年全体总决算书.
② 魏金华.红色苏区"国家银行"纸币轶事[N].梅州日报，2016-7-11.
③ 何曼骆.黄亚光：红色纸币设计之父[J].中国金融家，2015（09）.

机关要代理兑换国家银行发行之各种钞票，并须挂起"国家银行钞票代兑处"的招牌，指定专人负责。

对持票要求兑换者，须尽量兑付现洋，不得拒绝；同时要向持票人宣传，以提高他们对国家银行钞票之认识和信仰。

一切税收要完全缴纳国家银行钞票及苏维埃2角银币，其他杂币，概不收受。

各级政府各部队的经理机关，不但要代理兑换而且要帮助发行国家银行的钞票，其收入之钞票，要从各方面使用出去，使其在市面继续流通，但须向群众作广泛的宣传，不得强迫人使用。

1元钞票一张，兑付光洋1元，如光洋与杂洋价格不同的地方，杂洋应照补水。1角辅币券每10张兑付光洋1元。不满1元者不兑。①

国家银行要实现货币制度的统一。

江西工农银行在国家银行成立前就结束了业务，闽西工农银行则是在国家银行成立后进行了改组，成立了国家银行福建分行，业务并没有完全结束，而且闽西工农银行发行的纸币信用好，群众颇为信任。国家银行用现洋收回两行的纸币。因为战争造成的分隔，其他的苏区不能够与中央苏区连成一片，所以实现货币流通上的统一很难实现，只能够实行独立自主、自力更生的政策，其他的分行逐渐改为使用国家银行分行的纸币，逐步收回地方纸币。如，在湘鄂西苏区"由湘鄂西省农民银行来发行分行的纸币，同时回收鄂西农民银行的纸币"；鄂豫皖苏区的省行，"随红军转战到川陕后改为川陕省工农银行，发行省工行的纸币和布币"；湘赣苏区"初次由湘赣省工农银行发行纸币，后根据苏区中央局的指示，发还了湘赣省工农银行的私人股本股息之后，改为发行国家银行省分行的纸币"②。除了纸币和布币以外，铜币和银币也在发行流通，有面额1分和5分的铜币，2角和1元的银币。为了与白区进行贸易往来，购得苏区军民生活所需的物资，各苏区大量地铸造和发行专门在白区流通使用的1元银币，如袁世凯和孙中山头像的银币。这个举措，是苏区获得与白区货币之战的

---

① 中华苏维埃共和国临时中央人民政府人民委员会第14号.1932-6-21.
② 姜宏业编著.金融图集与史料[M].长沙：湖南出版社，1991：127.

第三章　苏区银行事业举措的历史考察

胜利的一个关键举措。

关于信贷业务。首先国家银行要募集资金，总行和分行的准备金，有的是全部来自苏区政府的拨款，有的是政府拨款加上红军筹款，或者向群众集股。国家银行大力宣传和发展储蓄业务，存款来源主要是财政机关和红军的存款、代理公债和税收、公营企业和合作社的营业收入等等，多方面、尽可能将可能存在的暂时的闲余资本吸纳进来。储蓄业务分为定期储蓄和活期储蓄，"定期储蓄，即整存整取，规定以整款一次存入，存款数目至少5元，期限至少3个月，最多1年，本利一次取偿；活期储蓄，即零存零取，规定在本行营业时间内，随时可以存入或取出，但存数至少要满5角；还有零存整取储蓄，须约定期限，至少6个月，至多3年，按一定数目分期存入银行，到期将本利一次性取回，但每期存入数目也至少要满5角。未满5角的，另引发一种5分储金票，委托各区乡合作社代售"①。信贷资金，主要用途是支持财政，另一部分用于支持手工业和合作社的发展，贷款主要投放于粮食调剂局和国营贸易这两大块。曹菊如回忆"由于政府的重视，苏区的手工业和合作事业，有较大的发展，银行也放款支持，对急需的造纸业等，银行进行了投资。特别是为了防止粮价大落大涨，使农民吃亏，对粮食调剂局发放了贷款。秋收时以合理价格买进；农民缺粮时，再以合理价格卖出，保护了农村经济的发展。对国营贸易发放了较多的贷款，购进了苏区需要的物资"②。

国家银行的业务量是一定的，所得收入主要是支持革命战争，所以放款数额与透支数额相比，会有一个较大的差额。在第一年度全年全体总资产负债表中，定期信用放款658元，定期抵押放款700元，而往来透支高达563800元，生金银收购12811元。这么大的差额，是因为战争需要军费。下面是国家银行第一年度的营业报告：

> 本行资本总额定为100万元，不过当时只收到20万元即开始营业。因当时政府财政之需要，即已缴1/5的资本，在开幕不久就陆续为中央财政部所提去，故在本身营业方面，2月—6月间，除

---

① 中华苏维埃共和国临时中央人民政府人民委员会第14号.1932-6-21.
② 曹菊如.曹菊如文稿[M].北京：中国金融社，1983：54.

买卖生金银外,全无营业可言,7月—12月间,因一方面苏区工商业不发达,尚难吸收他们的存款,加之本行又设在中央政府所在地之乡村(瑞金的叶坪),全不能借营业吸引外来的存款,又缺乏专门营业人才,且所定存款利息甚低,更难引起工农群众对存款的兴趣,尤以一般工农群众在革命初期刚从豪绅地主资本家重重压迫之下解放出来,自然没有多的剩余来存放银行生利。但银行本身为着执行在革命战争阶段中的主要任务,集中一切财力与人力帮助国家财政,虽然自7月份起陆续发行了60余万的钞票,这些钞票又为中央财政部所支去,所以中央财政部在年终结束时之透支总数达563800元。[①]

国家银行和其他的苏区银行被设立的宗旨都是一样,都是为了革命战争的需要,所以支出项以战争的军费需要为主。为了战争,集中一切财力与人力去支援,这是银行在革命阶段的基本的任务,是职责。资金的募集,随着革命形势向有利的形势发展,渠道也会有所拓宽,有识之士、爱国商人、友好团体会进行捐助,但是这只是锦上添花,对外贸易以及通过与白区的货币之战,带来了一部分资金。

第二节　苏区银行建构基础——资金来源

马克思指出金银储备对于一个国家和政权至关重要,"可以……稳定国内金融市场,发挥其蓄水池的作用,规避通货膨胀;维护银行的信用"[②]。苏区银行建构的基础是银本位,采用与国民党货币制度一样硬通货兑换制。对于发起于落后贫困山区的中国共产党领导的苏区银行来说,获得硬通货是相当困难的。综合起来考察,苏区银行在资金来源方面,主要有储蓄、红军的筹款、税收、发行公债等。

---

① 中华苏维埃共和国国家银行总行第一年度全年全体总决算书.
② 中央编译局编译.马克思恩格斯全集(第二十五卷)[M].北京:人民出版社,2001:145、643.

一、储蓄

储蓄运动，由苏维埃国家银行发起，目的是要尽可能地将资本留在银行，将流通中的资本吸纳进银行。储蓄运转中重要的一项是节减开支。在苏维埃国家银行第一年度全年全体总资产负债表中，透支高达 570898 元，这么大的差额，是因为"银行本身为着执行在革命战争阶段中的主要任务，集中一切财力与人力帮助国家财政，……这些钞票又为中央财政部所支去"。因此，储蓄运动这一政策首先是在各个党政军机关中执行。各级党政军机关，在银行开设往来存款的账户，借款时按照透支的手续来进行，这样意在约束和提醒党政军在花费每一笔钱时都要谨慎，节约下来。"各级政府和各群众团体，一切费用都要十二分地节俭，不急用的费不要用，要用的就要节俭，不要浪费一文钱、滥用一张纸、多点一点油，积少成多，就可以节省一大笔经费。我们知道节减一文钱即是对革命有一分的帮助，谁要浪费一文钱实等于革命的罪人"①。通过这样的宣传，以朴实直接的语言，将银行政策变得通俗易懂，使得节俭的理念深入人心，得到干群的理解与支持。

对于苏区财政来说，最主要的支出项就是军粮。1934 年春，根据地艰难地应对国民党反动派的"围剿"。因为取消了红军筹集军粮的任务，所以在强劲的封锁之下，苏区财政面临着严峻的危机——军粮远远不够。3 月 13 日，《红色中华》报号召后方全体工作人员"四个月节省八十万元"。这项号召，立即得到了苏维埃党政机关的积极响应。苏维埃中央政府工作人员不要薪饷，每人每天菜金不到一角钱，食用粮也就大半斤左右。机关干部们每人一天两餐，节约一餐粮食贡献给革命事业。另有一些苏区干部创新地想出自己背米到工作地点，和其他同事搭伙做饭，不要伙食费。四个月节省运动节省了"130 万元以上"。巨大的成功彰显了苏区干部群众对革命事业的热情和忠诚。省下的费用供给军粮的支出，缓解了反"围剿"艰难战事带来的财务上的严峻压力。

---

① 项英.发展生产，节俭经济来帮助红军发展革命战争[N].红色中华，1932-2-17.

储蓄运动，要多方面、尽可能将可能存在的暂时的闲余资本吸纳进来。苏区储蓄运动的另一做法就是动员广大的群众进行节约运动，将节约下来的钱存入银行。苏区人民在党的号召下，吃的是红薯、青菜和硝盐，节约粮食，节约每分钱。因为群众节省下来的资金额有限，所以银行在储蓄方式上采取了灵活的方式，可以随时将节约下来的钱存入银行，"活期储蓄，即零存零取，规定在本行营业时间内，随时可以存入或取出，但存数至少要满5角；还有零存整取储蓄，须约定期限，至少6个月，至多3年，按一定数目分期存入银行，到期将本利一次性取回，但每期存入数目也至少要满5角。未满5角的，另印发一种5分储金票，委托各区乡合作社代售"①。这样由零聚整，由少聚多，银行将这些存款集中起来后再灵活地使用，投放到信用合作社或者其他的生产事业上来，使得流通中货币的运转皆以民事和民生项目为主，使得货币的运转呈现出高效率，充分在金融领域显示了群众力量的强大。党政军机关节俭，但是军费开支随着红军人数的增多而呈倍数增长，庞大的军需仅依靠节俭是解决不了的；群众力量强大，但是人民群众之前毕竟长期受到地主阶级的剥削，一直生活在战乱之中，实难有结余。银行还是要多想办法拓宽资金来源。毛泽民领导的国家银行，在充实银行的家底上面，可谓千方百计，造币造纸、开矿淘金、运盐运木材，各种生产尽量去做起来。比如，从1932年年初到1934年10月，苏区的钨矿产业迅速发展，生产的钨砂达4000多吨，出口总值达到400多万元，这对于苏区政府来说，是弥足珍贵的收入，极有力地支撑了财政运作，对革命战争起到了巨大的支援作用。

二、红军筹款

毛泽东曾经说过："国民党军队是红军的运输队，蒋介石是运输大队长，伦敦和汉阳兵工厂产生的武器，经过敌人的运输队给红军送

---

① 中华苏维埃共和国临时中央人民政府人民委员会第14号.1932-6-21.

来。"①红军吸纳存款，重要的渠道就是通过这种打国民党，以及拿回帝国主义从中国剥削的物资的方式。聂荣臻元帅回忆，"武器弹药，山山谷谷，丢得到处都是。许多新式自动武器和望远镜还未开箱就被我们缴来，附近几个县，派了很多农民前来帮助红军打扫战场，搬运胜利品，搬了一星期才搬完"②。拿回自己的东西，是理所当然，何况拿回来之后并不是据为某些阶层所有，而是用于国家银行的支出。红四方面军在1933年攻克四川达县时，缴获刘存厚"兵工厂和被服厂，其中共有棉布20万匹，棉衣两万多套，以及枪弹、粮秣等军事物资。此外，还缴获了造币厂的全套设备和百万银元，并开设了川陕根据地的造币厂"；"红军津澧之战，除了缴获军事物资外，还缴获西药等其他的物资，以及银元14万元"。③通过战争，红军不仅缴获了军事上的武器，而且缴获了可以充实银行金库的银元，及制造货币的机器。

打土豪劣绅是另外一种开源的方式，在革命初期，基本上是靠这种方式，"红军给养，米暂可以从宁冈土地税中取得，钱亦完全靠打土豪"④。林伯渠提及"每月至少需要现洋万元以上，发油、盐、柴、菜钱。因此，陕北根据地的财政收入中一般40%—50%左右来自没收，15%—20%来自捐款"⑤。1934年8月20日，红军通过打土豪的方式筹集款项被《红色中华》报道：

> 在1934年的5、6月的打土豪筹款过程中，在长汀县发掘出，有地主陈满嫂，为躲避打土豪筹款，埋藏在地下的银元10多地窖共计7000余元；6、7月间，在博生县找出地主的为逃避打土豪而掩藏金银的19处地窖，从这些地窖中挖出黄金9两多，以及银元3200多元，另外还有碎银73两。⑥

打土豪劣绅这种筹款的方式，是正当和正义的行为。这些款项，

---

① 唐滔默编著.中国革命根据地财政史[M].北京：中国财政经济出版社，1987：46.
② 唐滔默编著.中国革命根据地财政史[M].北京：中国财政经济出版社，1987：48.
③ 唐滔默编著.中国革命根据地财政史[M].北京：中国财政经济出版社，1987：49.
④ 毛泽东选集（四卷合订本）[M].北京：人民出版社，1968：70.
⑤ 唐滔默编著.中国革命根据地财政史[M].北京：中国财政经济出版社，1987：60.
⑥ 红色中华.1934-8-20.

本来就是农民们的辛勤劳动成果。所得款项，有一部分成了银行的现金，使银行业务的开展更加有利。

关于筹款任务的完成情况，史料记载是完成得相当好，节选如下：

1928年1月，遂川城内……筹助红军军饷大洋3000元……向奸商土豪……罚款5000元……①

1929年2月13日，占领宁都……一次捐了5000块……②

1929年3月14日，攻占长汀……没收十余家反动派财产，罚得款子3万余元，……并向商人筹借军饷2万元……③

1930年，攻打景德镇……缴获武器，没收现金……共值100多万元……④

1930年2月，攻打潜山水吼岭……缴获步枪两支，子弹四箱……没收地主王焰孔大米、糖、烟、纸张、布匹、电筒等物资二十余担……⑤

1931年，攻打崇安县赤石街……缴获了20多万银元……⑥

1931年3月，双桥镇战役……缴获长短枪六千余支，迫击炮十门，山炮四门……敌三十四师师长岳维峻被俘，其家属为保岳性命，先后送红军银元九万元，军衣数万套，大量的药品、汽油……⑦

1931年秋，红四军南下……作战一个月，缴获长短枪四千余支……银洋数万元，黄金二十余斤，白银一千八百斤……⑧

---

① 许毅主编.中央革命根据地财政经济史长编（下册）[M].北京：人民出版社，1982：416.
② 许毅主编.中央革命根据地财政经济史长编（下册）[M].北京：人民出版社，1982：420.
③ 中共福建省委报告——闽西最近情况及省委对闽西斗争的估量与指示.1929-4-20.
④ 共青团中央青运史研究室，团陕西省委青运史研究室，团吉林省委青运史研究室，团四川省委青运史研究室编.抗日战争时期青年运动专题论文集[G].延吉：延边大学出版社，1988：51.
⑤ 陈忠贞，周进，须立.皖西武装割据形成的探讨[J].江淮论坛，1982（04）.
⑥ 方梅.红十军二进闽北[J].福建党史月刊，1991（07）.
⑦ 张荣杰.苏区军医群体述论[J].党史研究与教学，2018（01）.
⑧ 徐向前，曾中生，刘士奇.关于红四军情况及行动方向的意见给中央的报告.1931-8-20.

第三章 苏区银行事业举措的历史考察

1932年4月18日，攻占漳州……抓错部分富农当成地主，请酒道歉……募得巨额捐款，相当于银元百把万元之多……①

1932年9月，攻占蒲城……筹款50余万，黄金千两多……②

1934年2月9日，红七军攻打将乐县城……缴获长短枪900多支，无线电台1部，食盐10万多斤……朱德总司令，保卫局局长杨良生，财政部长黄毓全随部队入城……发动群众，把反动地主和土豪劣绅的情况调查清楚……该没收的，贴上封条，一律没收，分发给群众……我（杨良生）带领一个分队的保卫队员，捉了50多名经济罪犯，根据他们的罪恶大小和财产情况，限定上缴数额。多的3000块光洋，少的500元至1000元，总共筹款12000多块光洋……③

1935年夏，鸡公山……鄂东北道委与罗陂孝特委联合派出便衣队……抓获在鸡公山避暑的国民党军事顾问团三名洋顾问……国民党武汉行营……送来一批现款和物资，放人……④

1935年8月，洪家大山……捉住傅家湾八保联总许氏少爷，迫其拿出现洋八百⑤……年关，红二十八军特务营抓到潜山县一个土豪……换取四坛子白花花的银元……几件金器首饰……⑥

1936年4月，鄂东北特务队……抓获刘文松……其父交出五千银元，百匹灰布，几担药品和一些枪支、子弹、挂表等物品后，放人……⑦5月，黄宿便衣队……捉住古庙山大地主郑家其的两个儿子……筹得银元三千元，望远镜两副，留声机一部，以及部分中西

---

① 邓子恢.龙岩人民革命斗争回忆录[M].福州：福建人民出版社，1961：435.
② 张展.一九三八年日军战略调整与国共抗战新格局的形成[J].党史研究与教学，2022（05）.
③ 龚丹丹.中共在中央苏区解决缺盐问题研究[D].赣南师范学院，2015.
④ 谭克绳等主编.鄂豫皖革命根据地财政经济史[M].武汉：华中师范大学出版社，1989：141.
⑤ 皖西革命斗争编写组.皖西革命回忆录（第二次国内革命战争时期）[M].合肥：安徽人民出版社，1980：257.
⑥ 皖西革命斗争编写组.皖西革命回忆录（第二次国内革命战争时期）[M].合肥：安徽人民出版社，1980：176.
⑦ 中国工农红军第二十八军战史编辑委员会.中国工农红军第二十八军坚持鄂豫皖边区三年游击战争史[M].合肥：安徽人民出版社.1982：74.

药材、衣服和其他物品……①黄冈便衣队……在新洲镇抓到大土豪敌军师长的父亲毛竹宇，一次就获款五万元②……大岗岭便衣队在英山县陶家河捉了一个大土豪，获一千块银元、几百双帆布鞋、几十匹布、三四十打电池和许多子弹……③

1934年冬至1936年秋……罗陂便衣队……共筹款五万多元，大批的粮食、布匹、医药……灵山便衣队……三年游击战争……筹款二万元……④

打土豪筹款的形式有"捉票、下条子、公开没收、豪绅地主因投降的票捐等四种形式"⑤。捉票是将地主或资本家捉来作为人质，限期让家属交款赎人。下条子，是比较细致的方式，将应交的款数、期限、地点等一一写在条子上，送给筹款的对象。公开没收即公开地将筹款对象的钱款充公。票捐是地主豪绅投降后的自动捐献，数目由其自己决定。对于逃跑的地主豪绅，没收其所有的不动产。大商人的捐献，采用累进率计算，资本在3000元到5000元的商人，按5%捐款。每增加一千元，累进率增加0.5%，也就是说6000元资本的商人，捐款数是5.5%，7000元的则是6%，以此类推。资本少于3000元的认定为小商人，不列为筹款对象。富农捐款在五块银元以上。

上述所列事实，一是说明红军筹款对于补充现金的重要性，二是说明当时严重的贫富不均的事实：农民无米下炊、难以果腹、衣不蔽体，可是这些地主豪绅却是家财万贯，而且是在家财万贯的情况下依然以高利贷等恶劣手段逼迫农民。他们的下场，提醒为富不仁者，不给百姓留条活路，终将是自我毁灭。这些地主的巨额私人财富，证明中国共产党带领人民进行革命的正当性和合理性——财富如此积于私

---

① 韩军垚, 王国欣. 鄂豫皖革命根据地便衣队的主要活动与历史贡献研究[J]. 南都学坛, 2022（04）.
② 中共商城县委会编. 大别山烽火[M]. 郑州：河南人民出版社，1981：257.
③ 中国工农红军第二十八军战史编辑委员会. 中国工农红军第二十八军坚持鄂豫皖边区三年游击战争史[M]. 合肥：安徽人民出版社，1982：90.
④ 中国工农红军第二十八军战史编辑委员会. 中国工农红军第二十八军坚持鄂豫皖边区三年游击战争史[M]. 合肥：安徽人民出版社，1982：21.
⑤ 财政科学研究所编. 革命根据地的财政经济[M]. 北京：中国财政经济出版社，1985：136.

人之手，民不聊生，只有革命；也唯有革命，才能改变这种不均不平的社会现象。

三、税收

税收是一种再分配的方式，马克思和恩格斯指出税收是国家主导的、是针对剩余价值的一种分配形式，是一种依据政权力量来进行的、政治性的分配，来源是政权管辖内的人们的劳动。马克思认为"赋税是用来完成社会生活中的一些公共性活动，这些活动所必需的物质基础，是由整个社会提供的，需要每个公民在扣除生存需要之后应当完成的剩余劳动，……捐税问题始终是推翻天赋的国王的第一个原因，……税收几乎是我们社会赖以存在的唯一基础"①。

税收的作用不言而喻，国家或者政府通过税收来筹集资金，为财政提供保障。税收应该建立在人们所能承受的范围内，同时税款的使用最终要体现为社会提供福利。超出一定限度的税收，带来的将是社会问题的进一步恶化。恩格斯指出："一直以来社会中的税收就存在着很大不公平，在新的社会经济政策中就需要将资本累进税作为一项基本的税收政策……这样一来就不会受到像以前那样的压迫，主要落在那些最没有力量负担的人们的肩上"。②

税收与国家的命运呈现出一种态势：税收越轻，国家正处于清明状态，稳定有序运行好；税收加重，国家肯定是处于忧患之中急需用钱。国家越是加重税收，反而问题越是严重，直至起义反抗、流血纷争。

马克思认为税收问题应该把范围放在一国之内，不与其他国家进行比较，税收的分配问题应该根据一个国家具体的国情来制定政策。苏区的税收政策体现的正是这一点，根据苏区政府当时的状况和群众的意愿进行。马克思认为"国家从单独生产者身上征收了一部分社会生产，但是这一部分最终又会在国家的统一分配中为这样的生产者来

---

① 中央编译局译.马克思恩格斯全集（第四十六卷）[M].北京：人民出版社，1980：17.
② 韩大学.马克思主义税收思想中国化探究[D].山东财经大学，2016.

谋取福利"①。关于税收扣除，马克思认为这是劳动者创造的价值，国家应该将这部分资金用到社会生产当中去。中国共产党领导的税收区别于国民党领导下的税收，性质不同。因为无产阶级政权的税收是取之于民，用之于民。列宁关于税收方面的重要举措就是粮食税，认为粮食税并不是资本主义道路，而是通过社会主义经济和小农经济之间的结合点团结农民，粮食税最大可能地保护了农民的利益，使得无产阶级政权更加巩固和发展②。

苏区时期马克思主义关于税收方面的思想得以中国化，中国共产党结合苏区的具体情况，制定了税收政策，做到既筹集到资金，又团结了人民群众。毛泽东和朱德在1929年1月发布的《红军第四军司令部布告》中规定："在人民政权控制的区域内实行最合适的累进征税制度，废除以前的所有的苛捐杂税。"③到了1931年11月，更详细的税则颁布，"苏区实行统一的累进税，富农征收较重，取消商业出入口税和工业的出厂税，废除国民党军阀的一切剥削税收，……由剥削阶级承担缴纳税收，免除受压迫受剥削的人民的税收"④。

相对于战争缴获和打土豪劣绅的筹款方式，税收是相对较为稳定的财政来源。

毛泽东提出要"废除一切苛捐杂税，主要征收农业税和商税，税收负担主要集中在富农、地主和资本家身上，一般的劳动者负担很轻，比以前减轻很多"⑤。占有生产资料和社会财富的剥削群体成为财政税收的主要来源。在毛泽东创立的井冈山根据地，"土地税之征收：（1）土地税依照生产情形分为三种：一、百分之十五；二、百分之十；三、百分之五。以上三种办法，以第一种为主体。遇特别情形，经高级苏维埃政府批准，得分别适用二、三两种。（2）如遇天灾，或其他特殊情形时，得呈明高级苏维埃政府核准，免纳土地税。

---

① 中央编译局译.马克思恩格斯全集（第四十六卷）[M].北京：人民出版社，1980：46.
② 中央编译局编译.列宁全集（第四十一卷）[M].北京：人民出版社，1986：64.
③ 董楠楠.毛泽东税收思想简论[D].中央民族大学，2007.
④ 中共中央文献研究室编.毛泽东年谱（上卷）[M].北京：中央文献出版社，2013：360.
⑤ 毛泽东选集（四卷合订本）[M].北京：人民出版社，1968：81.

（3）土地税由县苏维埃征收，交高级苏维埃政府支配"①。这种三级税率，弹性灵活，充分考虑到农民的利益。井冈山地区没有征收工商税收是因为经济落后。商业税依照资本大小设计税率。

鄂豫边特委在1930年9月发出通告实行农业累进税："累进税则与普通税则不同，边区现在所要实行的税则，就是要规定以若干数量的农产品为纳税物的单位级数，并规定所纳的税，以上则除上一级应缴税外……再加本级大于单位数若干倍的单位级数的应征税"②。简单地说就是收入越高，纳税就越多。农副产品不征税。

1932年江西的苏区政府修正过的农业税的起征点根据农民的具体情况而灵活处理，贫农、中农和富农的税率不一样：

> 贫农、中农人均收入干谷3担，富农人均收入干谷10担。人均收入同样是3担，贫农、中农税率为4%，富农则为6%，富农高于贫农、中农50%。

> 某家分得田四十担，该乡年成八成，折实谷三十二担，则须按照四人分田八担的税率9.3%计算，即每担谷应缴纳九升三合，则三十二担谷应缴税二担九斗七升六合。

> 某家富农共分田三十担，全家七人参加分田（其中二人不会劳动分一半），每个劳动力分实田五担，则应照五担以上七人的税率11.2%计算，即每担田应缴纳一斗一升二合，则三十担田应缴税谷三担三斗六升。

> 在减免税方面，雇农及红军家属免除纳税义务。荒废1年以上土地，贫农、中农开垦者免税1年，富农开垦者减半征收，地主开垦者不免税；荒废2年以上土地，贫农、中农开垦者免税2年，富农开垦者免税1年，地主开垦者减半征收；荒废3年以上土地，贫农、中农开垦者免税3年，富农开垦者免税1年半，地主开垦者免税1年。③

---

① 井冈山土地法.1928-12.
② 谭克绳等主编.鄂豫皖革命根据地财政经济史[M].武汉：华中师范大学出版社，1989：142.
③ 易凤林，魏烈刚.中央苏区农业税制建设的特点及历史意义[J].江西社会科学，2021（10）.

苏区农业税，按照不同的阶级成分，设定不同的税率，减免税方面也是按照不同的阶级成分规定了不同的减免额。这是土地革命在税收制度上的鲜明的表现，阶级色彩浓厚。

关于商业税。毛泽东指出："战争不但是军事和政治的竞赛，还是经济的竞赛。"[①] 商业税收入一方面可以提供军队供给，支持财政，另一方面可以保证纳税人的利益，盘活商品交易市场，有利于发展贸易。

随着革命的发展，所需经费数额越来越大，商业贸易越来越重要。1933年《关于整顿商业税问题》指出："整顿商业税收，向商人收足税款，供给红军作战，是我们当前的紧急任务。"[②] 苏区商业税和农业税在课税方面的原则一样，就是凸显阶级性。课税的多少与有无，依据是纳税人的阶级地位和对待革命的态度。征税从重到轻依次是大商人、中小商人。减税和免税的对象，和农业税一样，红军、职工及家属采取减免的办法，对群众性质的合作社、对农民之间的买卖实行免税。1931年11月的"一苏大"指出："消灭国民党军阀政府一切的捐税制度和其一切横征暴敛，苏维埃另定统一的累进所得税则，使之转由资产阶级负担。苏维埃政府应该豁免红军战士、工人、乡村与城市贫困家庭的纳税，如遇意外灾害，更应豁免或酌量减轻一切税额。"[③] 红军每到一个地方，首要的任务就是保护当地群众的利益，废除各种不合理的征税，免除群众所受的捐税盘剥苦难。

湘鄂赣苏区"摧毁厘金局、杂税局等税收机关""取消湘赣边三省反动政府之一切苛捐杂税，由苏维埃政府重新设立单一的累进税"[④]。川陕苏区的做法和湘鄂赣苏区的一样，把商业税放在剥削阶级身上。鄂豫皖苏区"苏维埃政府取消国民党一切剥削劳苦贫民的苛捐杂税，实行统一的累进税"。这些做法，充分体现了苏区政府征税和国民党政权征税存在着本质的区别。苏区税收以劳动人民的利益为

---

① 毛泽东选集（四卷合订本）[M].北京：人民出版社，1968：973.
② 赵增延，赵刚编.中国革命根据地经济大事记（1927—1937）[M].北京：中国社会科学出版社，1988：85.
③ 中华苏维埃第一次全国代表大会.关于经济政策的决议案.1931-11.
④ 赵增延，赵刚编.中国革命根据地经济大事记（1927—1937）[M].北京：中国社会科学出版社，1988：29.

主，课税对象是剥削阶级，真正贯彻了列宁的观点，就是"把纳税的重担转移到富人身上，也只有这样才是公平合理的"①。

苏区的商业规模相对来说比较小，大商人不过寥寥数人而已，大多数都是中小商人的经营。因为苏区的地域限制，食盐之类的必需品需要运进来，农副产品需要卖出去，中小商人是中介。对待中小商人的课税标准是否合理，有着重要的意义。对待不同的资本，税收的政策也不相同。1933年8月25日，临时中央政府提出"把负担加在剥削阶级身上，在不损害苏区经济发展的条件下向商人作适当的征税，……资本在200—300元之间的小商人，税率为2%；资本在3001—5000元之间的中等商人，税率为6.5%；而资本在80001—100000元之间的大商人，征收的税率则高达18.5%"②。

随着资本规模的增大，税率成倍数地增长，对大商人的课税是最高的。其他的苏区对大商人的课税更高，比如湘鄂西苏区就规定外来商人"资本在500元以下者不抽税；500元资本以上者抽5%；5000元以上者抽7.5%；10000元以上者抽10%；100000元以上者抽20%"③。对大商人的高税率对实际的商业生活并没有什么影响，因为当时从白区过来做生意的以小资本的商人为大多数。苏区的这个政策是受欢迎的。

关于关税。这个关，并不是通常所说的国与国之间的贸易关口，在这里是指苏区与白区之间的关口，是国民党人为设立的、用于对苏区进行经济封锁的障碍之地。1933年5月中央苏区发布的《关税细则》要求"各种货物过关，无论大商小贩或者合作社，无论陆路还是行船，运货人均须将所运货物之名称、数量、价值、由何处来，往何处去，及运货商号等项，报告关税处，请求派员检验；除免税品外，均须按照税率过税，税款由运货人交清，未交税或交税未清者，将货扣留，不准其进口、出口或通过"④。苏区对货物过关的检验严格、专

---

① 中央编译局编译. 列宁全集（第27卷）[M]. 北京：人民出版社，1990：360.
② 赵增延，赵刚编. 中国革命根据地经济大事记（1927—1937）[M]. 北京：中国社会科学出版社，1988：92.
③ 赵效民主编. 中国革命根据地经济史[M]. 广州：广东人民出版社，1983：207.
④ 赵效民主编. 中国革命根据地经济史[M]. 广州：广东人民出版社，1983：403.

业合理。税款由运货之人缴纳，交清即可通行。无论免税与否，只要是货物都要按照要求一一登录在册，要求检验员检验。

毛泽东指出："关税是以按照苏区的需要程度统制货物的进出口为目的，因此税率有完全免征的，有高至百分之百的。在中国境内，只有苏维埃实行了完全自主的关税制，不受任何外国政府的干涉，一切货物在边境税关纳税之后通行全苏区，无第二次之征税，一扫国民党厘金关卡层层抽剥的虐政。"① 这段话明确地阐述了苏区具有完全自主的关税制，苏区关税不受帝国主义列强的控制，完全区别于国民党统治区的关税。一切税收"按照临时中央政府所颁布的税则征收，地方政府不得自行规定税则或征收"。每年征税之时，"必须接到中央财政部关于收税的时间与手续等的规定的通令才能征收"。不会多次收税，在苏区一次交税便可通行全苏区，充分显示出苏区与白区的不同。

税收独立是需要基础的。"一苏大"规定："将操在帝国主义手中的经济命脉，实行国有；对民族资本家企业，由工人实行监督。"对帝国主义控制的重要的经济部门，一律收归国有，这是经济独立的基础；对于民族资本家兴办的企业，因为其在近代史上爱国的做法，对其进行监督。苏维埃政府给予商业充分的自由，对于商人的投机与不法行为则是严厉禁止，"苏维埃必须严禁商人的投机和提高价格，……禁止垄断价格，……实行出入口贸易监督……以保障苏维埃区域必需商品的供给"②。苏区实行党对金融工作的绝对的领导，政府给予群众兴办的合作社"财政的协助与税的豁免"，有的地方会把一些没收来的商店"无偿地交给合作社使用"③，充分体现了为人民服务的宗旨。

对于税收上的违法行为，则是严惩。如，鄂豫皖苏区规定"漏税是破坏苏维埃政权的犯罪行为，违者按苏维埃政府的法律，充公其货物，并处以十倍的罚金或实行监禁"④。不过苏区的税收工作也有

---

① 中国现代史资料编辑委员会翻印.苏维埃中国[M].北京：人民出版社，1957：276.
② 中国现代史资料编辑委员会翻印.苏维埃中国[M].北京：人民出版社，1957：89—93.
③ 中华苏维埃第一次全国代表大会.关于经济政策的决议案.1931-11.
④ 赵增延，赵刚编.中国革命根据地经济大事记[M].北京：中国社会科学出版社，1988：62.

灵活的一面，比如鄂豫皖苏区的六安，为了扩大本地茶叶的销量，为革命创造收入，则"对茶商，苏维埃政府特别地不抽他的捐税，好让他们到赤区来购买，以销售苏维埃区域的农产品，免受敌人的经济封锁"①。其他的必需品，如食盐，采取的是低税甚至是免税的政策，急需的电讯事业的器材则是减半收税。对于烟酒和化妆品等非必需品则征重税，有的苏区征收的这些非必需品的税高达百分百。灵活性使得白区的商人即便冒险也要来到苏区做生意，在鄂豫苏区"1930年底，（因）非苏区的商人和苏区发生商业上的联系，被国民党探悉枪杀30余人"。但是利益所在，人心所向，国民党的枪炮是禁止不了苏区的吸引力的。

苏区通过一系列科学的税收筹划，实现了对从生产到流通的各个主要的环节的控制，充分体现了苏区在商业税收上的独立性。

四、发行公债

苏区发行公债，是一种政治任务，通过动员群众、召开村民大会进行销售，可以说是依靠苏维埃政府的信用，向群众借钱。邓子恢指出："发行公债，不能算财政收入，仅起调剂作用……很大部分解决财政开支。"②

临时中央政府发行了三次公债。第一次是在1932年7月1日，向工农群众进行募集，"发行总额是六十万元，债券面额有5角、1元、5元三种，1933年1月还本付息，利率是周年1分。债券采用双面印刷，正中有'中华苏维埃共和国临时中央政府财政人民部'的红色圆形印章，下方有财政人民委员邓子恢的署名印章。背面印有'中华苏维埃共和国发行革命战争短期公债条例'全文共10条，条例文末落款为临时中央政府主席毛泽东及副主席项英、张国焘"③。

第二次发行公债是在1932年的11月，发行总额是120万元，发

---

① 六安中心县委综合报告.1930-12-10.
② 张奇秀主编.中国人民解放军后勤史资料选编（土地革命战争时期）[G].北京：金盾出版社，1993：334.
③ 魏振军.土地革命时期革命根据地发行的公债券[J].理财（收藏），2015（09）.

行的债券有两种。一种是新印制的债券，在面额、种类、颜色等方面和第一期的债券相同，不同点是"第二期债券的正面印有'第二期'和'一九三三年六月一日还本付息''在六月一日以前不准抵缴租税'；另一种是在已经兑付的一期债券的背面加盖'中华苏维埃共和国第二期革命战争公债券'的印章"①。之所以规定"不准抵缴租税"和还本付息的时间，是鉴于第一次发行期间出现了提前兑付现象。这次债券的背面没有印刷条例之类。旧票加章再用，是为了节省印刷费用。这两次公债属于革命战争的短期公债，募集到的款项作为军费。

另一次是经济建设公债，在中央苏区自1933年10月发行公债300万元，债券面额有"伍角、壹圆、贰圆、叁圆、伍圆"五种，下端连有息票7张，债券利率为周年5厘，利息从1934年10月起计，分7年支付，每元每年利息大洋5分；本金从1936年10月起，分5年偿还，第一年偿还10%，第二年偿还15%，第三年偿还20%，第四年偿还25%，第五年偿还30%。债券为单面印刷，正中有"中华苏维埃共和国临时中央政府财政人民部"的红色圆形印章，下方有主席毛泽东、国民经济人民委员林伯渠、财政人民委员邓子恢的署名印章②。

这次经济公债的发行，三分之一即100万元是作为军费，另外三分之二是借给信用社等作为本钱发展贸易和粮食生产，这三分之二里面的大部分用于发展对外贸易。

这次发行的经济公债和之前的两次革命短期公债相比较，首先，周期更长，这次是本金5年期，利息则是通过附有7张息票的方式，分7年来支付，每一年每一元有固定利息。然后本金的偿还方式更有利，这次是采用分期偿还的办法，固定每年的偿还比率，逐年增加，这样一来，还款的压力就会被分割变小，随着建设的进行再逐渐多还，有利于缓解当年的财政压力。这次的公债的署名中，毛泽东的名字依然在，但是项英和张国焘的名字已经不在了，换成了经济人物林伯渠和邓子恢的署名。

毛泽东对发行公债很重视，在《我们的经济政策》对其进行肯

---

① 魏振军.土地革命时期革命根据地发行的公债券[J].理财（收藏），2015（09）.
② 魏振军.土地革命时期革命根据地发行的公债券[J].理财（收藏），2015（09）.

定:"为发展国营经济和帮助合作社经济,我们在群众拥护之下,发行了三百万元经济建设公债。这样依靠群众的力量来解决经济建设的资金问题,乃是目前唯一的和可能的方法。"由毛泽东创立的井冈山苏区发展形成的湘赣苏区在1932年至1933年发行了三期公债,从债券的面额到样式,以及利息本金的偿还方式,都和中央苏区的相似。

1932年12月发行了第一期中华苏维埃共和国湘赣省革命战争短期公债,债券面额分为伍角、壹圆、贰圆三种,发行总额为8万元,利率为周年1分,从1933年7月1日起还本付息,债券的下方有财政部长谭余保的署名,背面印有"中华苏维埃共和国湘赣省发行革命战争短期公债条例"全文共10条,条例文末落款为湘赣省苏维埃执行委员会主席袁德生及副主席张启龙、谭余保。

1933年7月发行了第二期革命战争短期公债,债券面额分为伍角、壹圆、伍圆三种,发行总额为15万元,利率为周年1分,从1934年9月1日起还本付息,债券的下方有财政部部长谭余保的署名,背面印有"中华苏维埃共和国湘赣省发行第二期革命战争短期公债条例"全文共10条,条例文末落款为湘赣省苏维埃执行委员会主席谭余保及副主席李端娥、陈珠妹。

1933年11月,在广大群众的强烈要求之下,发行了第三期中华苏维埃共和国湘赣省革命战争公债。债券和第二期相同,只是债券发行日期改为1933年11月。……发行总额为20万元,其中8万元用于发展对外贸易,8万元用于粮食调剂,4万元帮助合作社,债券利率为周年5厘,利息从1934年12月起分6年支付,每元每年利息大洋5分;本金从1937年12月起,分3年偿还,第一年偿还30%,第二年偿还30%,第三年偿还40%。债券的下边有财政部部长甘泗淇的署名,背面印有"中华苏维埃共和国湘赣省发行第二期(实是第三期)革命战争短期公债条例"全文共11条,条例文末落款为湘赣省苏维埃政府主席谭余保及副主席李端娥、陈珠妹。①

此外,湘鄂赣省苏维埃政府和闽浙赣省苏维埃政府为了反"围

---

① 魏振军.土地革命时期革命根据地发行的公债券[J].理财(收藏),2015(09).

剿"之战发行了公债券。

湘鄂赣苏区政府发行过两期公债,属于革命战争公债,目的是募集粉碎敌人第四次"围剿"的军费。第一期是1932年12月发行,一年后还本付息,总额为5万元,面额有两种,5角和1元,周年1分利,债券正面图案简洁,反面有7条条例。第二期是1933年10月发行,总额比第一期增加3万元,一年后还本付息,面额相同,利息降为周年6厘。正面图案设计精美,采用三角的版式,反面有6条条例。

闽浙赣省苏区政府为了募集战胜国民党第五次"围剿"的决战军费而发行10万元的一年期公债,周年1分利,以苏区的税收作为担保。和前述的公债不同的是,这次发行的公债在苏区与白区同时推销,限期3个月内推销完毕。八成用于军费,一成用于经济建设,一成用于救济伤员。面额只有一种"壹圆",正面有张其德的署名印章,背面印有8条"发行决战公债条例"。

苏区发行的这些公债,对于战争军费的筹集起到了巨大的作用。这些公债能够顺利地发行,与中国共产党处处体现为人民服务宗旨的制度设计是分不开的,正是因为这种兑换诚信、发行有序、正规无私的做法,群众逐渐树立了对中国共产党的信任,这种信任是取得革命最终胜利的关键。

另外,在第五次反"围剿"的战争中,为了解决严重的红军的粮食供给问题,除了上述措施外,还实行了向群众借谷的措施。总共有三次借谷。第一次是在1933年春,借谷160000担;第二次是在1934年夏,借谷240000担;第三次是在1934年秋,借谷600000担。发给群众借谷证,并且及时归还了第一次和第二次的借谷。江西省苏区动员群众给红军做慰劳品,到1932年冬布草鞋有71317双,麻草鞋6273双,果品5062担。群众的大力支援,不仅缓解了军需困难,同时激发了红军的斗志。

在采取了一系列有效的措施之后,苏区各项经济建设事业出现了一个新的局面,得到了一定程度的恢复和发展,为粉碎敌人的经济封锁和保证红军的军需做出了巨大的贡献。

第三节 银行的好帮手：信用合作社

合作社发源自西欧，萌发于19世纪的空想社会主义运动，它是一种自主性的经济组织，政府并不涉入。如，夏尔·傅里叶提出的和谐社会，就是由一个个法朗吉即合作社组成。法郎吉是一种工农结合的基层组织，由大约1600人组成。法郎吉按劳动、资本和才能三要素进行收入分配，希望使社会和谐、人人幸福。20世纪初，随着西学东渐，西方的合作社思想被早期的知识分子译介到中国。

一、信用合作社的指导思想

京师大学堂开设有"产业结合"的课程，介绍英美国家的合作经济制度。谢霖和李澂编的《银行制度论》、汪廷襄的《银行新论》和刘秉麟的《经济学原理》等均对欧洲的合作社进行专门的介绍。中国最早论述合作社制度的著作是1906年覃寿恭出版的《德日产业组合法汇编》，覃指出："唯有推行合作，才可解决我国的产业问题，唯有推行合作，才可以救中国于危亡之中，以独立于世界。"[1] 新文化运动兴起后，戴季陶、章元善、朱进之等翻译、宣传西方的合作理论，指出"合作社和合作银行是社会革新之两大要素，……同时，对合作的某一领域如消费合作、信用合作社等予以剖析，尤其是对德国许尔志氏与雷发巽氏这两种各具特色的平民银行（即信用合作社）予以详细介绍"[2]。中国共产党成立前后，一批团体，如"平民周刊社（1920）、上海职工俱乐部（1922）、成都普益协社（1922）、中国合作运动协会（1924）……以谋相互的扶助，作普遍的宣传，养成合作人才，调查合作事业为宗旨"[3]。

与此同时，中国共产党的早期理论家们积极宣传马克思主义和苏联的合作理论。如，李汉俊于1920年9月在《新青年》上发表《俄罗斯同业组合运动》的译文，介绍苏联合作社的详细的开展情况。瞿

---

[1] 陈岩松编著. 中华合作事业发展史（上）[M]. 台北：台湾商务印书馆，1983：94.
[2] 李玉敏. 民主革命时期国共两党合作社经济政策比较研究 [D]. 东北师范大学，2007.
[3] 陈岩松编著. 中华合作事业发展史（上）[M]. 台北：台湾商务印书馆，1983：95.

秋白在 1921 年 4 月 22 日以《俄罗斯之工人及协作社问题》介绍了苏联是如何发挥合作社的功能；在 5 月 12 日发表《苏联俄罗斯之经济问题》，充分地介绍了列宁的合作制政策。虽然当时李、瞿二人的宣传的影响力并不大，但是，作为中国共产党的先驱者，他们的宣传，对之后的中共领导的合作社运动有着重要的启发作用，指导了大革命和苏区的合作社运动。大革命时期，因为国民党的绞杀，共产党与农民成为天然的一体，根据地建立在偏远的地方，是最为贫困的地方。合作社是帮助农民走出困苦的最好的办法之一。平民银行，是"民之福，国之利"，推行之后，将会"豪右霸占、剥削齐民之举，必将绝迹。国民之知识，自助民治之精神，组织合群之能力，以及互相扶助之责任心，必将大有增加。国民作业必将日益勤奋。有财者得善用其财，无财者亦可有用"①，使得占人口大多数的阶层"足以自谋生活，自高品格，自殖财产"②。关于马克思主义，国民党的有识之士也是认可的，在戴季陶的《协作社的效用》中，就是运用马克思关于阶级、剩余价值、革命与改良之间的分析等观点来进行论述。

　　但是，国民党和共产党的政治理念迥然不同，对合作社和银行的认知上有着本质上的区别。蒋介石虽然认为"农村合作制度，与农村土地问题，如辅车相依，缺一不可"③，集聚大的银行的力量，将资本投放于合作社，力图使用合作社的方式解决土地问题和节制资本，这具有合理性，但是，当时中国的农村社会的实际状况并没有其实现的空间。合作社的本质是经济上的弱弱联合，是合作互助，而不是合作盈利，合作社是一种和平的解决问题的方式。国民党的制度意在调和社会矛盾，并没有解决社会矛盾，无心也无力撼动地主阶级的利益，所以，虽然在起点上，在大革命时期、土地革命战争时期，国民党也在关注和实践合作社，但是理念不同，两党在金融业和银行事业方面最终的局面也完全不同。历史证明中国共产党把工农的利益作为合作社存在的宗旨的做法是正确的。

---

① 朱进. 促国民设平民银行[J]. 东方杂志，1919（08）.
② 沈云龙主编. 近代中国史料丛刊·实业三[G]. 台北：文海出版社，1970：7.
③ 徐畅. 国民政府时期农村合作金融述评[J]. 湖南农业大学学报（社会科学版），2014（02）.

二、信用合作社的先行者

先行者当数彭湃、毛泽东、邓子恢等人。他们将西方合作社思想与中国共产党领导的革命所处的社会现实结合起来，将合作社与处于社会最底层、最弱势的农民阶层联结起来，将合作社发展成为可以帮助受尽剥削的农民阶级摆脱艰难困苦的组织形式。大革命时期彭湃和毛泽东就在农民运动这一块颇有建树，摸索出一套行之有效的经验。1923年在彭湃领导的广东的海陆丰地区规定"可设金融机关（以最低利及长期）以利农民"[①]。在1925召开的第一次广东省农民代表大会上，以经济问题决议案的方式对金融问题做出了明确的说明，要"创办农民银行（或叫作信用合作社）……反对高利贷与高利押"，带领"农民作经济斗争"[②]。1926年的农代会上强调了信用合作社对于农民的重要性，"信用合作社确能谋贫农间金融之流通而减轻其借贷之利息，以抵制地方土豪、地主等高利贷"[③]。

合作社，毛泽东对此高度赞扬，认为这是农民运动"十四件大事"之一。[④]1927年，毛泽东指出："合作社，特别是消费、贩卖、信用三种合作社，确是农民所需要的。他们买进货物要受商人的剥削，卖出农产要受商人的勒抑，钱米借贷要受重利盘剥者的剥削，他们很迫切地要解决这三个问题。"[⑤]

1930年邓子恢领导成立闽西苏维埃政府，开始进行土地革命，约有80万的群众受益分得土地，但是经济状况确实非常糟糕。"但因资本主义世界经济恐慌，国民党反动派、帝国主义的经济封锁，致使农产品跌价，外来工业品涨价，形成极严重的剪刀差现象，这样农民仍然受了很大的剥削，而过着贫困的生活。因此农村中便仍然免不了高利贷的潜滋暗长。特别是商业资本操控农产品市场，贱买贵卖，利市

---

① 李春涛.海丰农民运动及其指导者彭湃[J].晨光.1924-1-30.
② 中共中央党校党史教研室选编.中共党史参考资料（二）[M].北京：人民出版社，1980：282.
③ 中共中央党校党史教研室选编.中共党史参考资料（二）[M].北京：人民出版社，1980：283.
④ 毛泽东选集（第一卷）[M].北京：人民出版社，1965：237.
⑤ 毛泽东选集（第一卷）[M].北京：人民出版社，1991：40.

数倍……这便给予苏区整个经济发展以极大不利……"①。闽西苏区将剪刀差现象视为重要问题，"乡村通知借贷，金融流通完全停滞，农民在此收获时节无钱发给工资，结果只有贱卖粮食以资救济"②，但是并没有将这种现象的成因归咎于国民党的封锁，而是努力解决问题。1931年11月邓子恢任中华苏维埃共和国临时中央政府财政部部长，他始终坚持毛泽东的财政思想，组织各种合作社运动，并发文推动整个中央苏区的合作社运动。

关于合作社的现金，邓子恢指出要集股自筹，不能向富农等借款，"规定每股为一元，第一期招募一百股，收款一百元……每期相隔2个月，一年招募六期，就可以收款六百元……吸收零星私人资本，把泛散的资金集中起来，国家银行有了这些合作社作基础，也可以拿出一批放款借给合作社。这样便更增加了合作社的活动资本"③。经过协调与努力，合作社取得了一定的发展，"新谷上市后的粮食价格有了相当的提高，在谷价素称低廉的区域，每担谷子的最低价格只跌到二元七八角，现在一般的价格每担谷子大多是在三元以上，像去年那样一元大洋能买两担以至三担谷的现象在这年是没有看到"④。剪刀差现象被有效地抑制。

中华苏维埃共和国财政部着手起草合作社工作条例，1932年正式颁布《合作社暂行组织条例》，采取一系列措施扶植农村合作社。如，对农产品的税收进行豁免，农民银行对农事生产活动提供资金帮助，在经济公债上对合作社成员实行价格上的优惠，把原属于地主劣绅的店铺没收后交给合作社作为使用场所。

这些政策，看上去没什么文绉绉的范式，但是确是从农民的切身利益去考虑，相当务实。农民们识字不多，但对中国共产党的语言一听就懂；条例一出，就立即可以据此操作。这比国民党的那一套显得

---

① 闽西财政人民委员部训令（财字第六号）．
② 王明前．"剪刀差"问题与中央革命根据地的合作社经济[J]．阿坝师范高等专科学校学报，2010（03）．
③ 邓子恢．发展粮食合作化运动来巩固苏区经济发展[J]．红色中华，1932-8-30．
④ 江西省档案馆，中共江西省委党校党史教研室选编．中央革命根据地史料选编（下）[G]．南昌：江西人民出版社，1982：327—328．

正式的、官方的、从上而下制定的措施合理多了。

当国民党成立合作司指导局的时候,共产党已经在农村进行调查、进行宣传了;当国民党强调要将全国的合作社的行政权统一的时候,共产党已经开始设立银行、发行货币、给农民们贷款买种子买生产器具了。这就是差别,从这里可以理解中国共产党为什么后来得到了人民的坚决拥护,为什么会赢得解放战争的胜利。国民党有着全国性的合作社经营体系,极力动员,要求所有的银行将五分之一的存款用于向合作社发放贷款,组织10家银行成立"中华农业合作贷款团",但是资金被挪用、项目不落地、执行不到位。

共产党虽然银行资金相对较少,但是在战争年代,本就落后的农村,对资金的需求并不强烈。农民们静态地应对国民党的宣传,不积极、不配合、不反抗。苏区政府如前文所述,节俭廉洁,条件艰苦简单,整个政府的各项行动也是简练直接、说干就干,就像学习马恩列的货币思想一样,学习了就直接拿来用,在实践中进行摸索和完善。立即行动,带来的效果是显著的。对于农民来说,讲再多的合作社的好处,不如拿着合作社提供的种子来合作生产一起播种。有了第一次的合作,下一次农民就会直接找到合作社,参与合作社的各项工作。

土地革命战争时期,正值世界性经济危机爆发,全球的市场萎靡,通货紧缩,农产品大幅度跌价,农民们收入寥寥,难以果腹。蒋介石指出"复兴农村、发展农业为当前之急务,亦即救济经济、国难唯一之要图"[1]。复兴方案中,视合作社为解除这种危机的重要措施。蒋介石要"与匪争民"(反动派污蔑中共为匪,后不另注),意欲通过合作社的手段配合政治上的保甲手段,来控制农村、消灭中国共产党的力量[2]。中国共产党领导下的根据地更是经济危机重重,因为中共的革命力量主要在农村,而且是在农村里面最为艰苦的地方。比如井冈山根据地,因为武装斗争,当地的青壮年男子要去参战,从事农业生产的都是妇女和老幼,劳动力匮乏,难以维持小农经济的自给自足。如何改变这种状况,是中共领导下的根据地急需解决的问题。

---

[1] 秦孝仪主编.革命文献:第84辑[M].台北:文物供应社,1980:235.
[2] 重庆市档案馆.中华农业合作贷款银团史料二则(一)[J].档案史料与研究,1998(04).

合作社是中国共产党革命政权冀望改变农村经济困难、加强与农民的联盟的途径。在国民党的压力之下，中共革命根据地的农村合作社工作需要高质量地进行，否则会引起农民不满、失去民心，进而威胁到政权的巩固与存在。

三、中国共产党对合作社的合理定位

信用合作社旨在"便利工农群众经济周转和借贷以抵制私人高利剥削"[1]。中国共产党在大革命时期就充分地肯定了合作社的价值，并且将其与工农的问题联结在一起。

彭湃和毛泽东等认为合作社可以用来作为公开的工具用以团结工农群众，可以积极地组织农会，在农会下面组织借贷机关等，让农民觉得自己的利益因合作社而得到保障因而拥护共产党领导的农会[2]。毛泽东认为合作社"特别是消费、贩卖、信用三种合作社，可以防止农民在买进货物、卖出农产及钱米借贷时受商人的剥削和勒索"[3]。通过毛泽东对合作社作用的定位，可以看出，中国共产党把合作社作为一种帮助工农实现"利益有所保证"的组织，将合作社放在流通领域中进行发展，强调中国共产党在合作社发展过程中的引领作用。1926年11月底，"共产国际执行委员会第七次扩大会议关于中国问题的决议案指出，为使农民到革命方面来，共产党要推动广东政府组织国家低息借钱的机关及其他互助组织，并推动国家来帮助发展协作社及互助机关。同时要求中国共产党要更加注意工人经济斗争，帮助工人组织协作社，以此吸引破产的城市手工业工人群众到革命队伍中来"[4]。在共产国际的推动下，在中国共产党的正确领导下，中国的工农运动与合作社联结起来，这决定了后来信用合作社为人民服务的定位，决定

---

[1] 王明前.剪刀差问题与中央革命根据地的合作社经济[J].阿坝师范高等专科学校学报，2010（03）.
[2] 恽代英.何谓国民革命[J].中国青年，1924（20）.
[3] 毛泽东选集（第一卷）[M].北京：人民出版社，1991：40.
[4] 中央档案馆编.中共中央文件选集（第2册）[G].北京：中央党校出版社，1989：679.

了未来中国共产党领导下的信用合作社能够生存下去并且发展起来。

中共要求"办合作社以防剥削"①，在经济斗争上，"必须转入农民协会自己开始经济的建设事业，如借钱的信用合作社消费合作社贩卖合作社等"②。中国共产党将一部分资金从财政支出中拨出给合作社。20世纪30年代，根据地的经济有所发展之后，仍然强调工会要积极参与合作社的发展，要领导群众的粮食和信用合作社的发展，入股时要求工会的会员都要参加。在反"围剿"战斗之时，革命形势更加严峻，合作社要严防剥削分子混入，以保证其无产阶级属性。有一些合作社因为混进了富农和奸商，变成了私人间的合资商店，"实际上都是垄断市场图谋赚钱，根本违反了合作社组织的原则与作用"③。出现这种不足，有没严格执行党的领导政策的缘故。但是，苏区合作社的成就是不可磨灭的，苏区合作社是经济斗争的一种形式，它对银行业务的代理，使其成为银行事业的好帮手。

四、扶持合作社商业

因为被国民党的军队严密封锁，苏区出现了商品和粮食流通困难，奸商与一些富农利用这样的机会，抬高物价，囤积商品，使得苏区群众购买生活必需品时多付了几倍的钱，而且很多时候有钱无货，买不到。

与此同时，苏区内的农产品因这些奸商垄断外销的路线，难以顺畅运出去，导致现金无法流入。1932年，中共要求"必须用一切力量组织工人农民的消费合作社……在广大农民群众中组织粮食合作社的网……实现粮食的流通"④，并将发展合作社的对外贸易和商业作为金融政策的一项重要的内容。中共尽可能地为合作社商业的发展提

---

① 李玉敏.民主革命时期国共两党合作社经济政策比较研究[D].东北师范大学，2007.
② 中央档案馆编.中共中央文件选集（第3册）[G].北京：中央党校出版社，1989：182.
③ 江西省第一次工农兵苏维埃代表大会财政与经济问题决议案（1933年9月30日）[A]//江西省档案馆，中共江西省委党校党史教研室选编.中央革命根据地史料选编（下）.南昌：江西人民出版社，1981：576.
④ 中央档案馆编.中共中央文件选集（第9册）[G].北京：中央党校出版社.1991：485.

供"人力上财力上的帮助"①。人力上,1933年成立消费合作社中央总社,开班培训各县派遣来的工作人员,从国营商店抽调干部去当合作社的领导。从财力上,给予合作社财政上的帮助和税收上的豁免。在合作社的本金不足的时候,政府将给予支持。1933年7月,在第三期经济公债发行的时候,要求将300万元的募集款主要用于扩大对外贸易和调剂合作社的粮食。后来,指示要"依靠银行建立公营的商店"②。

苏区政府在对国家银行、信用合作社或工农私人之间为了临时的周转或者是生产事业的顺利进行而产生的借贷行为,不予干涉,还对贷款利率进行了规定:"如果短期借贷,每个月的利息最高不能超过一分二;如果是长期借贷,每年的利息不得超过一分。"③

苏区注重发展合作社的商业,根据群众的实际需求的变化来调整具体业务内容。土地革命战争时期,中央财政委员会在《合作社工作纲要》中规定对合作社货物之流通以及赊货进行保护,并保护货物不被抢劫,帮助催收。总之,中国共产党通过合作社始终和工农紧密地联系在一起。

五、苏区信用合作社的合理构建

根据马克思主义合作和银行的理论,苏区从实际情况出发,创造性地将工农的互助通过合作社的不同形式诸如信用、粮食、犁牛、盐油等的合作实现;对涉及造纸、钨砂、织布等重要部门,合理地确定租金,互助两利,引导群众利己又利人,培养合作共赢的意识。苏维埃政府认为信用合作社"是解决群众缺乏资本的主要办法,而且也是同城乡高利贷作斗争的有力武器",要大力创办信用合作社,"以补助农民的经济斗争"④,制定了一系列政策和措施来构建信用合作社。

---

① 中央档案馆编.中共中央文件选集(第10册)[G].北京:中央党校出版社.1991:632.
② 中央档案馆编.中共中央文件选集(第12册)[G].北京:中央党校出版社.1991:361.
③ 中国社会科学院经济研究所中国现代经济史组.革命根据地经济史料选编(上册)[G].南昌:江西人民出版社,1986:367.
④ 中央档案馆编.中共中央文件选集(第3册)[G].北京:中央党校出版社,1989:191.

将信用合作社的性质和任务明确进行规定。中华苏维埃共和国临时中央政府规定信用合作社是"便利于工农群众的借款机关，它一方面吸收群众的存款，并向国家银行取得款项帮助；另一方面借款给需要钱用的工人、农民，并借给他们发展工农业生产与商业流通的资本，使工农群众不再遭受到无处借钱、资本缺乏及因无钱用而贱价出卖产品的困难，因此信用合作社是便利工农群众经济周转和借贷，以抵制私人的高利剥削的一种组织形式"[①]。信用合作社是工农获得资金帮助的渠道。无论是无钱从事生产，还是产品销售价格低，都可以通过信用合作社获得帮助。

信用合作社的资金由国家银行统筹规划使用。对中国农村长期以来盘踞着的高利贷进行坚决抵制的工具就是中国共产党领导的信用合作社，它实行低利借款，并且帮助工农有效地使用这些款项。对于农民，不仅在播种时节可以免除无钱可借、无法播种的危机，而且，中国共产党会在收获季节帮助群众进行收割，帮助群众将收获后结余的粮食和农产品以合理的价格卖出。

为了保证信用合作社真正做到为经济上的弱者进行服务，为生活在困苦之中的工农进行服务，纯洁信用合作社的性质，规定在吸纳信用社社员的时候不准许剥削者加入，而且每一股的金额不能定得偏高。社员们不管入股的时候股金占多大比例，在信用社的事务中每人只有一票的表决权。无论是最困难的社员还是相对有结余的社员，在事务权利上是平等的，每个社员的权利是均等的。这样可以保证信用合作社的性质永远是为了工农服务，不会因为经济状况的发展而产生政治上的不平等。各级银行将一些任务给予信用合作社，比如代理发行货币、代理私人向银行的借款、代理发行公债、代理兑换公债和还谷等事宜。

国家银行大力扶持信用合作社。苏维埃政府为了发展信用合作社，在临时中央政府成立之后，在资金相当紧张的情况下，依然将经

---

① 中国供销合作社史料丛书编辑室.中国供销合作社史料选编（第二辑）[M].北京：中国财政经济出版社.1990：72.

济公债中的 20 万元列出来作为信用合作社的扶持资金①。国家银行对信用合作社实行低利借款，将资金注入信用社，充实信用合作社的准备金，保证一定额度的现款，以备工农有钱可贷。国家银行为了使信用合作社的社员们能够募集到股金，在苏区被国民党"围剿"、经济严峻、流通领域中现金外流的情况下，允许使用苏维埃政府发行的公债票进行信用合作社的入股，而且允许各地的信用合作社使用这些公债票向当地的银行进行抵押贷款。原本苏维埃政府是想通过发行公债吸纳社会上可能存在的暂时闲余的资金充实国家银行的现金，而允许信用合作社使用公债票进行入股和抵押贷款，等于国家银行自己制造一个纸质的凭证把自己的现金给掏出去。这使得发行公债募集资金的初衷不但不能实现，而且开了一个巨大的口子将自己的现金流出去。这种违背银行运转规律的做法，符合中国共产党为人民服务的奋斗目标，国家银行将苏维埃政府对工农的情怀通过实实在在的资金的扶助表现出来。群众感受到了中国共产党服务人民的信仰，对中国共产党爱戴和拥护，所以，当生活在共产党的帮助下能够顺利进行之后，群众会响应党的号召，进行储蓄和节省运动。但国家银行和苏维埃政府要构建起这种良性的循环，是需要时间的，至少要一个生产季度，而苏区在国民党敌对势力包围打压下本来就缺金少粮。这个过程中，有许多个节点会让循环中断，比如某个信用合作社所在的苏区发生了一场战斗，导致该地信用合作社失去工作能力，那么国家银行放出的现金是收不回来的。现金缺口，可能会引发已经急剧增长的军需得不到满足，可能会引发工作人员不能果腹而无力革命或者心生不满。

所以，苏维埃国家银行对于信用合作社的大力度扶持，对于成长中的革命政权来说，是一种潜在的巨大的危险。回望这段历史，我们不得不敬佩中国共产党始终把工农的利益放在第一位的伟大做法。

1933 年 9 月 10 日，《信用合作社标准章程》由苏维埃政府颁布，确立"本社以便利工农群众经济周转，与帮助发展生产，实行低利借

---

① 中国供销合作社史料丛书编辑室.中国供销合作社史料选编（第二辑）[M].北京：中国财政经济出版社.1990：158.

贷，抵制高利贷的剥削为宗旨"①。信用合作社为工农服务，以最低的利息为苏区群众放款，借钱给处于用钱困境的工人和农民，使得他们在生产过程有足够的资本继续进行。其他的苏区，1933年后，合作社成为"发展苏维埃经济的一个主要的方式"②。湘赣、湘鄂西、闽浙赣等苏区的信用社如火如荼地发展起来。如，中共湘赣省第三次代表大会指出"信用合作社是由群众集股开办，专门管理社员的信贷及存储工作，有利于湘赣革命根据地集中更多的闲散资金，方便社员低息贷款，是银行的有力助手"③。在闽西苏区，是以银元作为保证金，"信用合作社要有五千元以上的现金，请求闽西政府批准者，才准发行纸币，但不得超过现金之半数"④。合作社的社员获得了经济上的扶助，及时进行了生产活动，获得了经济利益，生活得到改善，农业生产方面的技术也得到了提高。

制定了严格的借贷制度和入退股自由的政策。苏区信用合作社的借贷制度有着明确的合理的规定。

首先，关于贷款对象。信用合作社作为管理社员们金融上的贷款与存钱的机构，存款以社员为主，放款同样以社员为主。信用合作社的社员享受信用社资金盘活后的红利，享受更优惠的借贷利息。对于非信用社社员的贷款要求，只有在信用社的资金充裕的时候才会同意，而且利息比社员的要高，这是一种安全保障，防止被不法分子骗贷。这个利息虽然会高一些，但是不会高于苏维埃政府的相关规定，更不会演变成为高利贷。

其次，对于贷款的用途进行规定和跟踪，"社员借款用途以发展生产临时周转和特别用途"⑤。对农民的生产活动进行帮扶，在帮扶的

---

① 中国社会科学院经济研究所中国现代经济史组.革命根据地经济史料选编（上册）[G].南昌：江西人民出版社，1986：81.
② 徐畅.1927—1949年国共两党农村合作比较研究[J].社会科学辑刊，2004（06）.
③ 罗开华，罗贤福主编.湘赣革命根据地货币史[M].北京：中国金融出版社，1992：89.
④ 中国社会科学院经济研究所中国现代经济史组.革命根据地经济史料选编（上册）[G].南昌：江西人民出版社，1986：355.
⑤ 中国供销合作社史料丛书编辑室.中国供销合作社史料选编（第二辑）[G].北京：中国财政经济出版社，1990：93.

过程中，可以看到资金是否被用到生产上，防止懒汉贷了钱来不去买种子而去吃喝一顿不顾明天的做法。放款是"发展信用合作社最重要的一件事"，"一定要使他作生产事业"，否则不给予贷款。

然后，对存款和放款的数额同时进行限制。存款虽然对于信用社和银行等金融机构非常重要，可谓是其生命线，但是为了防止战争年代敌方势力的投机行为，所以对存款的数额进行控制，对于投机和大额的存款严加考察。放款要进行额度上的限制和放款对象偿还能力的初步甄别。每位社员借款的额度应该在一定的限度内，不能超出这个限度。一般是在10元到20元之间。超出则是有投机或者骗贷的可能，严加查处。闽西政府要求"每月查账两次，开社员大会一次"①；湘赣苏区要求合作社要在月底进行账目清算，要公开账目给群众查账。

苏区信用社的社员入股和退股自愿自由。1933年9月，"苏维埃临时中央政府颁布《信用合作社章程》……社员可自由陆续加入，也可自由退社"。在信用社建立后，会做集股的相关宣传，说明信用合作社的诸多作用，讲明信用合作社在借贷、汇兑、代收事项等方面的做法，把所有的情况明确地向工农群众讲清楚。"在组织许多大规模合作社之前，应向农民宣传合作社的意义与其重要性"②，把好处仔细地告诉群众，"命令主义地发展合作社，是不能成功的；暂时在形式上发展了，也是不能巩固的。结果是失去信用，妨碍了合作社的发展"③。农民的特点"决定了必须给他们以看得到的物质利益，要通过在不同的条件下创造出的模范合作社组织，使每一个农民在实际经验上了解到合作社是同奸商富农投机的垄断作斗争与改善他们的生活的武器"④。

群众要看得到加入信用合作社带来的经济上的好处，才会参加。为此，苏区积极地宣传模范信用社，发展一些示范性的合作社，比如长冈乡和才溪区的消费合作社，来吸引群众加入。退股同样自由。

---

① 毛泽东文集（第一卷）[M].北京：人民出版社，1993：333.
② 中央档案馆编.中共中央文件选集（第3册）[G].北京：中央党校出版社，1989：192.
③ 毛泽东选集（第一卷）[M].北京：人民出版社，1991：125.
④ 中央档案馆编.中共中央文件选集（第10册）[G].北京：中央党校出版社，1989：633.

"列宁指出，凡是不通过经济的道路，而是用行政命令建立起来的联合一钱不值。"①为了防止合作社过度地依赖政府，1933年12月，中央苏区强调"合作社的发展不能专门依靠在苏维埃的帮助之下……最主要的还是要依靠发动群众，扩大社员"②。对于县、区的信用合作社，鼓励自谋资金。

六、苏区信用合作社发行股票的尝试

苏区合作社诸如信用、消费、生产和粮食合作社都发行了相应的股票。这里介绍一下信用合作社的股票。1930年4月闽西苏区永定县第一区信用合作社发行的股票是目前发现的苏维埃政府最早发行的股票。"永定第一区信用合作社，1930年春成立于湖雷，资金预定五千元，以募集股份的方式筹集，每股一元，由群众中募集和指定商店认股，总共募集了三千余元的股金，群众募集了百分之四十，商店认购了百分之六十"③。该合作社发行的股票为竖式版面，上部是股票冠名，最上方从左到右弧形书写"永定县第一区信用合作社"，其下面横书"股票"。在股与票中间是一个地球图案，图案中间书写"世界大同"。在地球上方是两面交叉的象征苏维埃政权的红旗。股票是表格形式，例如横书"姓名□□□、住址□□□、年龄□□□、职业□□□、股数五股、股金大洋五元整、入股期第一期、给票日期1930年4月30"，底部一行为"给票经手人"盖章。

1934年，兆征县信用合作社发行了两股一张的股票。股票为竖式版面。股票上方第一行从左到右横书"兆征县"，第二行从左至右弧形书写"信用合作社股票"，第三行为股票编号。股票中间直书"贰股"，并加盖"兆征县信用合作社"股票印章。左右两侧分别直书"管理委员会主任"（并加盖印章），"社员□□□收执"，下部横

---

① 李玉敏.民主革命时期国共两党合作社经济政策比较研究[D].东北师范大学，2007.
② 中国供销合作社史料丛书编辑室.中国供销合作社史料选编（第二辑）[G].北京：中国财政经济出版社，1990：359—361.
③ 刘敬扬.永定第三区信用合作社流通票[J].福州大学学报（哲学社会科学版），2004（04）.

书"每股壹元",底部一行为发行股票日期。

信用合作社除了发行股票外,还发行临时股金收据。如,1930年4月,永定县第六区信用合作社发行过股金收据,可能是信用合作社在筹集群众股金时临时发给股员,作为入股的凭证,等信用合作社正式营业时,凭股金收据到信用合作社换回正式股票。该收据是竖式版面,收据边缘盖有永定县第六区信用合作社印章。收据从右到左直书:"兹收到□□□缴来信用合作社股金大洋□圆整,此据。"落款为"永定县第六区信用合作社经手人盖章"。最左侧一行是发行日期。

1934年7月,兴国县信用合作社发给入股社员临时收据,目前发现的两张也是竖式版面。第一张收据上方为梯形线框,里面两行从右到左,分别横书"兴国县信用合作社""临时收据"。收据正文从右到左直书"今收到竹字第□□号,□□同志交来股金贰股,金额公债,所收是实。此据"。落款是"区信用合作社经手人(签章)"。左边一行直书发给收据的日期,"公历一九三四年七月十五日给"。第二张是长方形竖式版面,顶部小长方形内,从右到左两行分别横书"兴国县信用合作社""临时收据"。收据全文也是从右到左分别直书,"经收到浒字第137号""余定森同志股金国币五角,正给此为据""以后即凭此收据换取正式股票"。落款为"兴国县信用合作社筹备委员会主任(签章)""经手人(签章)"。收据左侧为发行收据的日期,"公历一九三四年七月十三日"。

此外,兆征县信用合作社1934年也发行过临时收据,目前所发现的这张临时收据为竖式版面,上方为一等腰梯形线框,梯形线框顶部横书"□□字第□□号",梯形内从左到右横印"兆征县信用合作社临时收据"。收据正文从右到左直书"今收到兆征县□□区□□乡□□村□□同志加入信用合作社股金大洋壹元正此据"。落款为"兆征县信用合作社筹备委员会主任(签章)""经手人(签章)"。收据左下方处直书日期"一九三四年八月十九日"。在收据右侧第一行"今收到"三个字下方,印有六位阿拉伯数字编号。

七、苏区信用合作社实践过程的曲折

土地革命战争时期,中共中央指示"必须赶紧创办各种合作社"，各苏区积极地响应。

江西省苏针对农村的运输问题和农产品的价格差问题组建合作社；闽西有计划地宣传、奖励合作社组织。1930年，闽西第一次工农兵代表大会提出要发展信用社合作组织，规定信用合作社有发行纸币的资格。到1931年6月有9个规模较小的信用合作社在永定县成立，现金总共有10528元[①]。

随着土地革命的发展，苏区内土豪劣绅的数量越来越少，通过这些人募集到的现金越来越少。加之水灾，根据地的经济上越来越困难。这促使苏维埃政府强调合作社经济的重要性。

1931年11月，"一苏大"明确提出扶持合作社，颁布《合作社暂行组织条例》，进行各地合作社的统一管理建设。设立合作社指导委员会，负责监督其营业。严格的信贷制度，能够保证信用合作社在运行过程中的安全系数，使信用合作社能够很好地成长为苏区银行的帮手。局面比较稳定的中央苏区和湘赣苏区，是对合作社的政策贯彻得较为深入的两个苏区，1932年，针对之前发展中遇到的诸如包办和名不副实的一些现象进行整顿，对合作社进行检查，对社员证书进行登记和核发。

1933年8月临时中央提出要在江西和福建苏区发展100万社员的目标，两省苏区表示"完全接受中央的决定"，调配人员，动员群众，创立模范合作社。其他的苏区，对中央的合作社政策积极推行。凡是红军所到之处，基本上都组建过合作社。

但是，在实际的发展中，普遍强调的是要推动合作社的发展，但是对于建立后的合作社如何巩固与提高相对重视不够，各地不同程度地出现了管理上的问题。诸如经营范围混淆，粮食合作社去经营消费合作社的一些业务；以营利为目的的现象层出不穷；工作人员赊欠信用社的货款，或者借钱不及时归还，一些信用社因为资金周转不动而亏损倒闭。而且合作社承担的战时性业务过多。

江西苏区在1933年11月提出要将合作社的红利的一半拿来支

---

① 中国供销合作社史料丛书编辑室.中国供销合作社史料选编（第二辑）[G].北京：中国财政经济出版社，1990：12.

援军费。国民党对苏区进行军事进攻的同时,还将合作社提出来作为"围剿"红军的政治手段。当时国民党提出"三分军事,七分政治",提出所谓"与匪争民"的口号,将合作社作为政治上"围剿"的切入口。"要将农村民众从匪的手中夺过来。所以救济工作,非常紧要,不但匪区中逃出的人们,我们要设法收容,即邻近匪区的民众,亦要救济。而且救济的工作,不仅一时,乃是要送他们回到本乡本村,恢复了生业而后为止。因为如此,所以需要农赈,而推行农赈,最好是用合作的方式"①。在国民党的支持下,地主土豪们还乡,在保甲制度的保护下对抗党在苏区农村的活动,许多信用合作社和消费合作社混进来一批奸商富农,"许多地方的合作社非但没有设法打破投机商人与富农的操纵,而且时常成为他们的尾巴。这些合作社的商品价格常时随商人价格而高低,而且有些合作社为着获利起见竟把价格规定得与市上相差无几甚至相等……为贪利而买卖工农群众所不急需或甚至有害的物品……合作社自身中间常常发生互相竞争"②。在这些破坏者的操纵之下,一些合作社"不是发展苏区经济,便利工农群众,而是一部分群众集股的商店,大多数是政府没收的店子或出资办的,实际上都是垄断市场图谋赚钱,根本违犯了合作社组织的原则与作用"③,甚至"有的被一二雇佣的管理者甚至是师傅老板从中操纵自肥以至合作社亏空倒闭"④。加上在"左"倾错误路线的影响下,军事失利,一批根据地丧失,合作社也随之停止。

综前所述,苏区信用合作社是由根据地群众集资入股组织起来的金融机构,它吸收存款,同时经营放款、贴现、代理发行公债票等业务,与当时的社会现实相符合,符合工农的利益要求,按照金融业组

---

① 李玉敏.民主革命时期国共两党合作社经济政策比较研究[D].东北师范大学,2007.
② 江西省档案馆,中共江西省委党校党史教研室选编.中央革命根据地史料选编(下)[G].南昌:江西人民出版社,1982:597.
③ 江西省第一次工农兵苏维埃代表大会财政与经济问题决议案(1932年5月)[G]//江西省档案馆,中共江西省委党校党史教研室选编.中央革命根据地史料选编(下).南昌:江西人民出版社,1982:597.
④ 亮平.经济建设的初步总结(1933年9月30日)[G]//江西省档案馆,中共江西省委党校党史教研室选编.中央革命根据地史料选编(下).南昌:江西人民出版社,1982:623.

织机构允许的规则进行，取得了一定的成效。例如，江西和福建两省苏区在1933年9月的信用社的股金达到305000元；瑞金在1933年8月的信用社股金达到10000多元，一个月后增加到近17000元。这对于银行事业的现金筹集是一个非常大的帮助，"能够经常供给群众以盐布医药等必需品，价格较市场为廉，而且还能够使一元的股金每年能得七毛多的盈余"[①]。

  苏区信用合作社是苏区银行业的好帮手，对于苏区经济的发展有着不可磨灭的作用，正如中央苏区的领导人的分析："在现阶段中的苏区合作社运动虽然还不是社会主义的经济，只是农民及小生产者的小商品经济的集体化的形式，然而它却反对着资本主义，具有对于资本主义离心的作用；目前苏区合作社运动的成功的发展，可以成为反抗社会主义转变以前的资本主义关系的很好武器，而成为社会主义转变的有力的杠杆。"[②] 苏区合作社的经验在新中国成立后的农业合作化运动中得以推广施行，取得了一定的促进生产力的作用，使合作化运动成为向社会主义生产关系转变的有力的方式，起到了杠杆的作用。毛泽东指出：合作社经济和国营经济配合起来，经过长期的发展，将成为经济方面的巨大力量，将对私人经济逐渐占优势并取得领导的地位。[③] 苏区信用合作社的良好发展，是将马克思列宁主义中关于合作社的理论与中国农村的实际情况和根据地农民的生活问题有机地联结起来，是马克思主义中国化在金融领域里的一个体现。

---

① 江西省档案馆，中共江西省委党校党史教研室选编.中央革命根据地史料选编（下）[G].南昌：江西人民出版社，1982：605.
② 陈寿昌.关于合作社（1933年7月15日）[G]//王金山主编.中华苏维埃共和国消费合作社史料选编.2001：83—84.
③ 阳国利.土地革命战争时期毛泽东的宪法观及其现实启示[J].毛泽东研究，2023（06）.

第四章　苏区银行金融事业的经验研究

苏区银行业的金融先驱们，既没有受过专业的金融教育，也没有相关的银行从业经验，但是他们秉持着中国共产党的实事求是和实干精神，将马克思主义金融思想直接运用到实践中，以实战经验来调整和完善一次又一次的实践活动，以非凡的智慧和踏实的做法实现了最伟大的情怀——为人民服务，以苏区银行业的辉煌成就为苏区的军事和财政提供了强大的支撑。

第一节　苏区银行现金管理的经验

苏区银行的现金，主要是指银元，也包括其他的金属货币如黄金、白银、铜币等。这些现金，不仅作为备用金支撑着苏区纸币的发行，还是红军军费的来源，是苏区财政的运转资金的来源，关系到军队的稳定和发展，关系到苏区财政经济的秩序与运行，关系到群众的生活质量。

一、苏区现金外流现象

苏区的现金，绝大多数来自战争中的缴获和打土豪劣绅所得。打土豪劣绅，是指通过武力手段将地主劣绅剥削农民而得的财产拿回来，这是来自井冈山的经验。对于地主阶级实行的政策是没收其财产，对于富农和商人的政策是动员他们进行捐款。毛泽东曾根据井冈山的革命状况给红军提出了三大任务，即使打仗、做群众工作和筹款。

其他苏区的经费也主要来自打土豪筹款。比如1930年春鄂豫皖苏区的舒城便衣队为红军筹集2000余银元，5月向蒋少瑾筹集4000余银元；霍山县富农捐献20余万现洋。1931年，红军攻打新集，"抓住了大地主曾寿喜的儿子，要他交了几十担银元，同时，还收缴了当铺的衣服不少，都用来装备了部队"①。

打土豪劣绅来筹款，是取之于敌，用之于军、用之于民。这些款项，一部分作为红军维持生存所需的粮草和生活用品的费用，一部分发放给群众，使群众感受到红军来到后带来的实实在在的好处，调动农民拥护红军、跟随红军进行土地革命的积极性。红军自己筹款、解决给养问题，减轻了辖区内百姓们的负担。这种解决军费的方式，在革命史上是一个创举。

但是这个创举，被王明的错误路线终结了。1932年6月27日，中共苏区中央局取消了主力红军的筹款任务，要求：红军的主力必须集中，必须最大限度地迅速行动，要努力做到解除红军主力分散筹款、分散做地方工作的任务，使红军用全力于决战方面。②这样一来，随着反"围剿"战争的战况日益艰巨，军队开支也日益扩大，但是现金却越来越少，入不敷出。

取消了红军的筹款任务之后，红军军需由苏区政府拨付，苏区政府的财政主要依靠发行公债和税收，这样重担就落到了群众的身上。

1932年，红军分别在6月和11月发行短期公债，共计180万元。农业税方面，江西苏区本来是每家每人4担起征，最低税率为4担的1%，1932年修改为3担起征，"最低一级的税率是平均每家每人收获量3担的税率4%，最高一级税率是15担的税率18%。与1931年规定的税率对比，4担—8担的每增加1担增税率4%"③。对农民的课税明显增加，起征点提高，税率增加。

小商人的税负也加重了。1932年7月修改的税则将商业税的起征点降低，"1931年12月《中华苏维埃共和国暂行税则》规定商业

---

① 周质澄，吴少海.鄂豫皖革命根据地财政志[M].武汉：湖北人民出版社，1987：41.
② 苏区中央局关于争取和完成江西及其邻近省区革命首先胜利的决议——苏区党大会前后工作的检阅及中央苏区党的目前中心任务.1932-6-27.
③ 土地税征收细则[N].红色中华，1932-07（27）.

税的起征点为200元，即资本200—300元者，税率为2%"，1932年修改后的"商业税的起征点从200元降到了100元，税率为6%，资本200—300元者税率为7%"。① 修改后的商业税税率提高了五六个点，小商人的负担增加。中央苏区的商业税税率，依据资本额来判定税级，分为甲乙丙丁四等②。

下表采用甲等税率，对中央苏区1931年和1932年商业税税额进行对比计算，目的除了说明税额的变化之大，更主要是通过该表显示当时苏区群众的一个经济承受能力。该表显示的中央苏区商业税税额变化，是反映当时苏区的经济发展程度的标准指标之一。

1931年和1932年中央苏区商业税税额变化

等级	资本（元）		税率（%）		甲等利润（元）		税额（元）		税差值（元）	增加税率（%）
	1931	1932	1931	1932	1931	1932	1931	1932		
1	250	150	2.0	6	75	45	1.5	2.7	1.2	200
2	400	300	2.5	7	120	90	3.0	6.3	3.3	180
3	600	550	3.0	8	180	165	5.4	13.2	7.8	166
4	850	650	3.5	9	255	195	8.9	17.6	8.6	157
5	1250	1250	4.5	10	375	375	16.9	37.5	20.6	122
6	2250	2250	5.5	11	675	675	37.1	74.3	37.1	100
7	4000	4000	6.5	12	1200	1200	78	144	66	85
8	7500	7500	8.0	13	2250	2250	180	292.5	112.5	63
9	15000	15000	9.5	15	4500	4500	427.5	675	247.5	58
10	25000	25000	11.5	17	7500	7500	862.5	1275	412.5	49
11	40000	40000	13.5	19	12000	12000	1620	2280	660	40
12	65000	65000	16.0	21	19500	19500	3120	4095	975	31
13	90000	90000	18.5	23	27000	27000	4995	6210	1215	24
14	—	300000	—	25	90000	—	—	22500		

资料来源：①1931年11月28日《中华苏维埃共和国暂行税则》。②江西省

---

① 许毅主编.中央革命根据地财政经济史长编（下册）[M].北京：人民出版社，1982：484.
② 甲等营业利润率30%，洋货、药材、屠宰、刨烟、打铁、照相、打银店。乙等营业利润率20%，布匹、酒、豆腐、木材、海味京果、书店、糕饼、香店、鞋店。丙等营业利润率10%，油盐、粮食。丁等营业利润率5%，油行、豆行、烟行、京果行、米行、淮山行.

档案馆、福建省档案馆编：《中央革命根据地工商税收史料选编》，福州：福建人民出版社，1985年，第54、55、100、101、114页。③1932年7月《中央执行委员会颁布中华苏维埃共和国暂行税则》。④1932年8月16日《中央财政人民委员部——关于商业所得税征收细则》。⑤汤萌：《战争与封锁下的挣扎：1932年中央苏区财政正规化政策研究》，上海交通大学论文，2011年。

由上表可以看出，1931年至1932年中央苏区第一级到第六级的商业税税率的增长在百分百以上。新税则将前四级税的起征点下调，无论是征收的范围，还是征收的强度，1932年的都比1931年的要增大增强。1931年资本额低于250元不用缴税，1932年调整后，资本额达到150元就要缴税，税额相当于1931年资本额400元的税。对1931年和1932年的税收情况进行比较，可以发现：税额增多；资本从低等级到高等级，对应税率的增加幅度逐渐缩小；商业税差值逐渐增大。另外，征税由每年征两次改为每月征一次，由生意结束后征收改为按次征收。这些变化，是一个政府面临财政压力时候的反应，但是这是饮鸩止渴——加大税收后，苏区的商业经营受到沉重的打击。

同时，群众的生活条件在这个时候变得恶劣，一是因为国共两党的战争客观上对生产造成破坏，二是因为苏区对外贸易入超，现金无形之中外流。毛泽东曾详细地举过例子：

> 从出入口贸易的数字来看，我们第一个大宗出口是粮食。每年大约有300万担谷子出口，……300万群众每年要吃差不多900万块钱的盐，要穿差不多600万块钱的布……共计有1500万元盐、布需要进口。出口300万担谷子值多少钱呢？按万安、泰和两县的农民5角钱1担谷卖给商人来计算，300万担谷值150万元。显然，出口300万担谷子得来的150万元的收入，远远抵不上1500万元进口的必需品，结果迫使大批的现金外流。①

对外贸易入超不难理解，因为取消了红军自筹军费，但是军费需求还在，而且扩大了，这个时候群众的剩余产品要用来支援财政，就没有剩余的产品来进行商业交易。没有产品卖出，但是药品、食盐

---

① 毛泽东.在南部十七县经济建设大会上的报告[N].红色中华，1933-8-16（102）.

之类的需求依然在，于是就形成了入超。吴亮平明确地指出，因为苏区没有充分的商品和白区的产品进行交换，所以不得不以现金代替实物：

> 现在我们苏区需要从白区输入大批的工业品以及日用必需品（如盐、布、洋油、糖、火柴、果品等等），这些我们是必须用现金去买的。……可是在国民党军阀进行严厉经济封锁的中间，我们苏区最重要的可以出口的产品（米、纸、木材、樟油、夏布、钨砂等等），除米以外，都很少能够输出。因之，我们就不能充分的以苏区产品与白区产品交换，而我们苏区不得不以现金来偿付入超的数目，苏区的现金，于是不得不向外流出[①]。

对外贸易能否平衡取决于双方进出口商品的数量是否对等。缺少可以交换的商品，就只能用现金代替物品进行交换——金融之战的本质就在于此，以此来掏空一个国家的硬通货，达到打败或打压的目的。现金外流、苏区内流通的现金减少，使整个苏区的金融环境更加恶劣，苏区的金融环境使民生越发艰难。这是一个恶性循环。循环的源头是因为王明的决策超出了当时苏区经济的承受能力。

二、解决苏区现金外流的措施

面对王明"左"倾路线给苏区造成的军事和财政上的危害，毛泽东领导临时中央政府继续执行之前制定的所有行之有效的政策，并对王明的错误所造成的危机进行积极的快速的补救和矫正。

首先，冲破国民党的封锁，进行区外贸易，想尽办法增加出口。吴亮平指出："以中央苏区300万人口计算，盐布的两项消费即需1200万元，加以糖、洋油、药品、火柴、文具，及其他工业品的进口，每年输入当在1500万元以上，为着抵偿这个巨额的输入，我们必须用全部力量来发展我们的出口，把我们所多余的产品输出白区。……除现在主要的输出（粮食）以外，我们还必须用一切办法来出口苏区有余的著名的特产，如纸、木材、烟、钨砂、樟油、夏布等

[①] 吴亮平.目前苏区的现金问题[N].斗争，1933-6-22（20）.

等。"①苏区需要引导区外现金流入苏区,以缓解因现金外流产生的现金缺乏。

前文提到的毛泽民组织开采的钨矿,是苏区财政收入的一大来源,1931年秋到1934年秋,仅盘古一个矿山的钨砂产值就达到了200多万银元②。其他苏区和中央苏区的步调一致,闽浙赣苏区在1933年3月"二苏大"的财政与经济会议上提出要将闽北的特产尽量出口:

> 尽量鼓励出口贸易,使苏区多余的生产能高价运输出口,逐渐变入超为出超,闽北的茶叶、竹木、纸张、闽笋,更应鼓励出口,以增加苏区大批金钱的收入。③

> 在8月、9月、10月三个月中,以1万元的资本加上2000担谷,做到出口33万担左右的商品流通,相当减少了工业品与农产品的剪刀现象。

> 现有38300元现洋,1933年进口货为124266元,出口为197753元,出超为73487元,这是在国民党经济封锁下发展对外贸易的胜利。④

> 赣东北……纸的生产很大,每月的出口量达3000—5000担。⑤

其次,去掉私商这个中介。1933年8月,毛泽东指出"万安、泰和两县的农民5角1担谷卖给商人,而商人运到赣州卖4块钱1担,赚去了7倍……商人到梅县买盐,1块钱7斤,运到我区1块钱卖12两。这不是吓死人的剥削吗?"⑥谷和盐这种生活必需品,有一段运输距离,私商就利用这段距离将价格抬高六七倍之多。中央苏区及时采取正确的措施,设立对外贸易局和粮食调剂局,将私商从交易流程中排除,改由公家的这两局来进行经营。省去了中间商的差价,物价就与价值贴近许多,购买生活必需品所花费的现金自然而然下降,于是

---

① 吴亮平.目前苏区的现金问题[N].斗争,1933-6-22(20).
② 许毅主编.中央革命根据地财政经济史长编(下册)[M].北京:人民出版社,1982:98.
③ 闽浙赣省第二次工农兵代表大会——财政与经济问题的决议案.1933-3.
④ 闽浙赣省经济建设[N].红色中华,1934-1-19(145).
⑤ 许毅主编.中央革命根据地财政经济史长编(下册)[M].北京:人民出版社,1982:98.
⑥ 毛泽东.在南部十七县经济建设大会上的报告[N].红色中华,1933-8-16(102).

苏区内的现金显著增加。

最后，限制现金外流，加强对现金流动的管理。苏区政府在金融方面的专业性相当高，现金外流现象早在1930年以前就引起了党政领导人的重视。1930年3月24日，闽西苏区"一苏大"规定"设法使土产出口，使商人卖货不须运出现金"①。赣东北特委在1931年5月的经济政策中指出要"减少现金出口"②。鄂豫皖苏区在1931年10月9日的报告中指出要"对现洋出口也有限制"③。随着时间的推移，在积累了一定的经验之后，苏区关于现金外流的处置方法更加细化和灵活——开始实行政府批准和现金出口登记制度。鄂东南办事处规定"金银出口必须经苏维埃政府许可，……群众到白区购买必需品进来（如布、药材等）非用现金不可时，可报告当地村苏，由村苏向银行写信证明，持票到银行兑换现金，但村苏以后尚要检查他是否买了这么多必需货物进来，以免其暗藏现金"④。现金出去要得到苏维埃政府的批准，然后又受到跟踪调查，这种严谨既是战争时期的需要，又是银行业应该有的细致谨慎。湘赣苏区的要求和鄂豫皖苏区的一样，要有苏维埃政府的许可，现金才能通行出去。湘鄂西苏区要求"以后决定只许粮食出境，不许现金出境，或没收埋藏现金（有一时期将现洋上面打印苏维埃三字，观念并不是在宣传，而是为阻止现金出境）"⑤。1933年4月28日，中央苏区建立现金出口登记制度，"中央执行委员会，为保障苏区经济发展，便利市场交易起见，此次特颁布现金出口登记条例"⑥，主要内容是：

> 凡携带大洋与毫子来往白区搬货在20元以上者，须向市区政府登记，1000元以上者须向省、县政府登记，取得现金出口证才准出口，无出口证及非为办货用的，一律不准出口。向银行或兑换所兑换大洋的，也要有现金出口证为凭。无出口证的，显系在苏区内

---

① 闽西第一次工农兵代表大会宣言及决议案.1930-3-25.
② 赣东北特委扩大会关于苏维埃的经济政策.1931-5.
③ 鄂豫皖中央分局关于鄂豫皖区情况的综合报告.1931-10-9.
④ 鄂东南办事处经济问题决议案.1931-12.
⑤ 中共湘鄂西省委关于湘鄂西具体情形的报告.1932-12-19.
⑥ 中华苏维埃共和国临时中央政府财政人民委员部训令第十九号——建立现金出口登记制度.1933-4-28.

使用，一律兑换国币及毫子，这样一来，豪绅地主资本家想假冒办货名义偷运现大洋出外的就困难了，这是保存苏区现洋、维持市场交易的必要办法。

现金是苏区经济便利市场交易的一种，我们为要保护苏区工农经济利益及保障苏区现金流通、市场交易，必须防止豪绅地主资本家破坏苏区金融、假冒货物（办货）名义贩运现洋出外，唯一办法就是要实行现金出口登记制度。①

苏区政府还采取了其他办法，诸如减少进口、开矿、挖河（搜金银）、号召群众出售金银首饰等，增加现金，防止现金被流出。

这些措施行之有效，但是再得力的措施也弥补不了王明的"左"倾错误在军事上造成的危害。庞大的军费是急需的，即使是效率最高的挖河搜寻金银也填补不了战争的消耗。第五次反"围剿"时，"左"倾教条主义使得红军采用冒险主义的进攻方针，遭受军事上的失败、财政上的大消耗、金融上紊乱。在长征开始的时候，苏区纸币已经增发到800万元，严重超额且无法兑换，苏区内又产品奇缺，致使银币大幅度贬值。比如食盐，1934年上半年永丰县一块银元"只能买7两4钱盐"，南丰县一斤盐"涨到2元4角"，宁都县在长征前一块银元"只能买到2两盐"②。纸币贬值、现金外流、产品紧缺。金融秩序一旦被破坏，随之而来的经济问题短时间内难以解决。民生艰难，政权会失去民心、面临严重的生存危机。虽然苏区的状况在现今时代很难再出现，但是它的基本经验有借鉴意义。

第二节　苏区银行在货币斗争方面的基本经验

苏区银行在货币斗争方面的成功，对巩固红色政权、支援革命战争、发展苏区经济、改善军民生活等起了重要作用。

马克思在《1844年经济学哲学手稿》中引用莎士比亚的作品——

---

① 江西省苏维埃政府财政部训令第五号——为实行现金出口登记制度.1933-5-5.
② 唐雅.赤区经济封锁的现象[J].申报月刊，1934.

"（黄金）就可以使黑的变成白的，丑的变成美的，错的变成对的，卑贱变成尊贵……这黄色的奴隶可以使异教联盟，同宗分裂"，论述货币作为一般等价物几乎能够和所有的产品进行交换。贡斯当认为，"货币的流通给这种社会权力的行使设置了一个既看不见又不可克服的障碍"①，货币的流动虽然受到政治权力的干扰，但是它有着政治权力无法控制的力量。政治权力可以通过政策措施指引和影响货币的流动，但是无法完全控制它，有时，它会成为攻击一个政权的武器——"货币是专制政治最危险的武器，但也是对他最强有力的限制"②。马克·汉纳指出"在美国政治上有两个东西十分重要：第一是钱，第二还是钱"，足见货币对于一个政权的影响力之大。货币能够成为攻击政权的工具。

苏区银行发行各种货币，是国共两党在军事战场之外另一个战场上的角逐的体现。邓子恢指出："当时苏区粮食卖不出去，自己现洋不多，造币厂造不了多少。自己发行钞票，对调剂金融确实起到很大作用……发行钞票是对敌经济斗争的重要手段。"③ 发行货币是第一步，接下来还要根据实际斗争情况创造出不同的手段，使货币成为一种有力的斗争工具，使货币对政治的影响力充分地体现出来。

一、抢占先机，立即设立银行和发行货币

红军设立的银行的现金，在之前的习惯认知中，主要是通过打土豪筹集。事实上有一个风险，就是这样的收入很不稳定，非长久之计。这一点，中国共产党人已经清楚地看到，所以，为了保证根据地能够有一个稳定的收入，中国共产党的革命家们想方设法创造条件以发展经济。毛泽东高瞻远瞩，在1927年文庙坪的宣传讲话中明确提出

---

① [法]贡斯当.古代人的自由与现代人的自由[M].阎克文，刘满贵，译.北京：商务印书馆，1999：363.
② [法]贡斯当.古代人的自由与现代人的自由[M].阎克文，刘满贵，译.北京：商务印书馆，1999：363..
③ 张奇秀主编.中国人民解放军后勤史资料选编（土地革命战争时期）[G].北京：金盾出版社，1993：335.

第四章　苏区银行金融事业的经验研究

"要成立地方银行，没收地主的金银财宝，存入地方银行"①。为将资金盘活、流转起来，帮助全体劳苦群众，"苏维埃应开办工农银行，并在各苏维埃区域内设立分行"②，"由县政府设法开办农民银行，区政府设立借贷所，办理低利借贷，借与贫困农民"③。

苏区建立银行的目的是帮助群众的生产和生活。为了苏区银行能够顺利设立，毛泽东提出要"取消和废止一切高利贷形式的借贷"，认清真正的高利贷者，以及何为债、何为账。苏区对农民借贷的利息进行规定，短期借贷利息最高不能高于一分二厘，长期借贷的利息不能超过月利一分④。这样，就从实际情况出发，分清敌友，既团结了正当经营的商人，也为苏区银行的设立和经济的发展清除了障碍。

在国民党的经济封锁和蓄意破坏金融之下，苏区进行了一系列的货币实践，创造一切条件发行货币，支持革命战争。

在1928年4月，为了解决红军的给养和基本的行政开支，井冈山根据地在上井村创办了中国工农红军第一家造币厂，铸造了革命根据地首批金属货币，在金属币的隐蔽位置加了"工"字作为标识，这批货币被称为"工字银元"。紧接着吉安的东固银行采用自己产的松烟、油墨，通过蜡纸刻板技术，成功地造出了苏区的第一张纸币。1930年10月，红一方面军在毛泽东和朱德的带领下攻占吉安，成立江西省苏维埃政府。蒋介石对此大怒，派十万大军进行"围剿"。为了应对来势汹汹的十万敌军，红一方面军总前委决定"立即动手出票子"，发行纸币，赶快筹集战争所需物品。红军把缴获的两台石印机运到东固印刷厂。至此，东固平民银行实现了造币技术上的飞跃，从油印木印到石印，在中共的金融史上留下了重要的地位。1931年5月，兴国县造币厂在升级后批量制造"老鹰头"和大小洋头等银元。这些银元被拿到白区去购买军需和群众的日用品。1931年7月，向

---

① 姜宏业编著.金融图集与史料[M].长沙：湖南出版社，1991：88.
② 中共中央文献研究室，中央档案馆编.建党以来重要文献选编（1921—1949）（第八册）[G].北京：中央文献出版社，2011：718.
③ 中共中央文献研究室，中央档案馆编.建党以来重要文献选编（1921—1949）（第八册）[G].北京：中央文献出版社，2011：40.
④ 温美平.中国共产党金融思想研究[D].华东师范大学，2011.

江西工农银行划拨兴国县造币厂的铸币五万元，充实该银行的现金，用以支撑发行的铜元券。这批货币属于苏区在早期的造币，外观上粗糙，但是因为质纯量足而受到了群众的欢迎，苏区之外的商贩也积极地使用这批货币，这为苏区的经济带来了期望中的促进。1931年11月7日，随着中华苏维埃共和国临时中央政府在瑞金成立，中央苏区的一部分造币厂和银行合并改组、统一规划成立了中央造币厂、印刷厂和国家银行。苏维埃国家银行被授予发行货币的特权，由于苏维埃政府的优良信用，苏区货币对白区货币形成了驱逐之势。

随着土地革命的进行，苏区规模扩大，苏区财政上的支出也越来越大。苏区抢占先机，尽可能早且迅速地设立银行，将苏区内部流通领域的暂时闲余的钱与打土豪时没收的钱合在一起，通过发行纸币的形式，投放到流通领域，尽可能地减少苏区内部现银的流出。

二、驱逐旧币，打击新币的竞争者

根据马克思、恩格斯要"通过拥有国家资本和独享垄断权的国家银行，把信贷集中在国家手里"[①]的理论，党立即提出来要将流通中的旧货币清理出去，驱逐国民党治下的旧货币。对于旧币中的硬币，苏区采取回笼的办法，允许其在苏区内继续使用。比如，1930年6月，闽西苏区的布告规定"金融为市面流通之物，无论时洋杂洋自应一体流通"，这样可以把"银色好的杂洋集中至赤色区域的市面来"[②]。对于旧币中的纸币，苏区最初的政策是"禁止劣币及白区纸币的使用……国民党军阀、资本家的纸币应排除出苏区去"[③]。后来实行折价通行，比如皖北苏区规定"对于反动的国民党政府中央票不用，但交通银行和中国银行的票子可以通用"，但是要"打八折"[④]，"国民党

---

① 中央编译局编.马克思恩格斯选集（第一卷）[M].北京：人民出版社，1995：293.
② 中国人民银行金融研究所，财政部财政科学研究所编.中国革命根据地货币（下册）[M].北京：文物出版社，1982：11.
③ 邓子恢.龙岩人民革命斗争回忆录[M].福州：福建人民出版社，1961：34.
④ 安徽省财政厅，安徽省档案馆编.安徽革命根据地财经史料选（一）[M].合肥：安徽人民出版社，1983：29、68.

'交通''中央'等纸钞在苏区一概九六折扣"①。

  1930年前后的中国，采用的货币体制是银本位。也就是说，银元（也称现洋），是流通的法币中信用最高的。由于各地军阀各自为政、滥发货币，所以，苏区的流通市场上有许多不同版本的银元和纸币。1930年8月，"共产国际在《关于中国苏维埃政权的经济的政策草案》中设计了金融货币政策，包括推行新货币取代旧货币，防止通货膨胀、纸币贬值等"②，这也是中国共产党在土地革命战争时期几次关于银行的实践的一贯做法。

  流通领域中的银元流失，会造成纸币贬值和通货膨胀。所以驱逐旧币，不让现金流出，不让银元的减少扰乱新发货币的准备金，是非常重要的。1930年11月17日，为了筹备第一次反"围剿"所需军费，江西省苏"发布《紧急通告财字第一号》，提出集中现金的措施，包括政府购买米谷尽量不用现金，从农业税中扣除；还有将没收豪绅地主得来物品拍卖增加现金收入。既能保证苏区已有现金不损失，又设法将财富集中到军队和政府"③。苏区处于国民党反动势力的包围之下，在建立和有效运行货币体系的同时，也要为解决军事斗争的困难而努力。

  驱逐旧币、用新发货币占领货币流通市场，需要进行复杂的工作。为了保护新的货币系统，各级苏维埃的银行系统采取了一系列的有效措施。首先就是上文提到的保持充足现金，以保证纸币能够随时兑换。银行按照一定的比例做现金库存，国民党的银行的现金库存比率是60%；苏区银行因为处于艰难困苦的创建时期，做不到这个现金库存比率，但是也要尽量地充实银行现金。比如，闽西工农银行，就要求"库存不动的现金30%"，用以支撑闽西工行发行的纸币的信用。苏区银行在各个县、区的苏维埃政府设立兑换处，方便群众随时兑换纸币，"在国家银行各地兑换处未普遍设立以前，各级政府各部队的经

---

① 中国人民银行金融研究所，财政部财政科学研究所编.中国革命根据地货币（下册）[M].北京：文物出版社，1982：18.
② 冯都.苏区国家银行的创建与发展[J].上海党史与党建，2001（01）.
③ 项怀诚主编.中国财政通史（革命根据地卷）[M].北京：中国财政经济出版社，2006：20.

理机关要代理兑换国家银行发行之各种钞票,并须挂起'国家银行钞票代兑处'的招牌,指定专人负责。……对持票要求兑换者,须尽量兑付现洋,不得拒绝"①。这种随时兑换的政策,使新币很快就赢得了群众的支持、占领了货币流通市场。但是,这也为货币斗争中的挤兑风波埋下了隐患。

三、发行兑换票,防止苏区现金流出

从第一次反"围剿"开始,苏区关于保持纸币信用、减少现金流失的工作就一直持续,从未间断。1933年,苏区农产品与外来的日用品的价格剪刀差越来越大,比如食盐,价格上涨了近十倍。而苏区货币市场上的现金非常紧缺,"杂洋13毛半,光洋14毛,茨纸同,现只有茨纸,现光洋全看不见"②。据汤萌和刘统的分析,"此处杂洋指广东毫洋,光洋即民国银元,茨纸应为白区钞票,记录的年代为1934年"③,"现光洋全看不见"说明这个时候苏区处于现金银元非常紧缺的状态。

对于这种紧缺的事实,邓子恢在回忆录中有记载:"苏区人口只300万,税收有限,政府收入少、供养多,又不能向外发展,脱离了当时可能情况很难生存。事实上只有靠发钞票通货膨胀来养军队,我自己亲自掌握印钞票。"④

在十分缺乏现金银元的情况下,中共想方设法解决苏区现金流出问题。

苏维埃国家银行闽北分行为了解决对外贸易中的苏区现金流失问

---

① 中华苏维埃共和国临时中央政府人民委员会命令(1932年6月21日)[N].红色中华,1932(25).
② 张侃,徐长春.中央苏区财政经济史[M].厦门:厦门大学出版社,1999:227.
③ 汤萌,刘统.市场与银元:从货币政策看中央苏区的财政问题[J].学术界,2011(10)
④ 张奇秀主编.中国人民解放军后勤史资料选编(土地革命战争时期)[G].北京:金盾出版社,1993:335.

题，发行了一种兑换票①，有两种票额，50元和100元。当白区的商人来苏区卖货时，苏区使用这种兑换票与他照价交易；白区商人可以拿着兑换票在苏区购买白区所要的货物。白区商人来苏区进行贸易，每人所要的货物不同，使用兑换票比使用现金方便，同时商人也可以省去运输成本，赚得更多的利润。使用兑换票进行交易，实质上，就是对销——一种当今国际贸易里的通行做法。对于苏区来说，使用兑换票能够打破敌人的经济封锁，又能够不流出现金；对于白区来说，实行经济封锁也掏不走苏区的现金。中国共产党人在艰难的战争环境中，依然能够创造性地发明这种和现今贸易做法契合的兑换票②，令人敬佩！

为了防止因苏区流通领域内的现金流出而造成准备金来源缺少的危机，临时中央政府在1933年4月28日发布财政人民委员部训令《建立现金出口登记制度》，要求"凡携带大洋或毫子往白区办货20元以上者须向市区政府登记，1000元以上者须向县政府登记并取得现金出口证"③。苏维埃政府在苏区和白区的交界处严格盘查携带现金的人员，防止敌对分子在货币之战中带出苏区的现金。

四、替国民党增发货币

在与国民党的货币之战中，除了发行兑换票之外，苏维埃临时中央政府还替国民党增发货币，增加白区银元数量。

1932年2月，苏维埃国家银行建立。由于缺乏原料，苏区只能制造比较简陋的钞票纸。3月，红十二军占领上杭时缴获相对新式的铸币机器，苏区恢复生产铜币。此时苏区自制的纸币和铜币的质量并不高，它们只是暂时流通于货币市场。1932年4月，东路军占领漳州，

---

① 闽北分区苏维埃政府人民经济委员会给白色区域商人们的信（1932年3月）[M]//江西省税务局，福建省税务局，江西省档案馆，福建省档案馆编.中央革命根据地工商税收史料选编.福州：福建人民出版社，1985：74.
② 魏俊.赣东北革命根据地闽北分区货币工作研究[J].山西档案，2019（01）.
③ 中华苏维埃共和国临时中央政府财政人民委员部训令第十九号——建立现金出口登记制度.1933-4-28.

从厦门等地购买到油墨等材料，苏区这才能够制造出相对好些的钞票。1932年7月7日，国家银行正式印刷钞票，执行单一货币制度，施行货币政策。

国民党政权"以军事为依托，政治、经济齐头并进"，对苏区进行"致命性清剿"，要"极尽全力扰乱苏维埃经济、破坏苏区金融秩序，使共党陷入前所未有的困境，使其不攻自乱，一举而歼之"[①]。国民党特务派遣铸币专家潜入中央苏区的会昌县筠门岭，与当地的土匪进行勾结，使用土匪的人手，采用红铜镀银的方法来铸造假的银元，将假银元投入苏区流通市场。同时，国民党特务潜入瑞金县的叶坪村，打探到中央造币厂在造币工艺上的流程，然后把假币适时投放进市场。一时间苏区的市场上假币泛滥，苏币的信用急剧下跌，物价上涨，人心恐慌。这时候，特务煽动群众抛售纸币，去兑换苏维埃政府的现洋，对苏维埃国家银行形成挤兑。白区商人见此情形，纷纷加入抛售和挤兑的队伍，不再使用苏区货币，使得红军的物资筹备遭受了危机。中央苏区政府迅速进行应对，一方面向群众宣传国家银行的信用、介绍识别真假货币的方法；另一方面，保卫局迅速进行侦查，找到了安插在瑞金的假币制造点，镇压了相关反动分子，堵住了假币的源头和流通渠道。

由于反动势力的经济封锁，苏区想要获得不能自给的军事物资，只能通过物物交易的方式。但是苏区的经济发展被战争破坏，加上水灾，没有什么剩余产品在流通领域里用于交换。如果这个时候想不出其他的办法，那只能够拿银元去白区购买。这样一来，会造成苏区的现金外流。同时，因为白区对苏区的贸易进行封锁和打击，商人若是被探查到去苏区贸易，会面临被杀头的危险。商人不愿意涉险，苏区群众所需日用品就难以购得。

在这种情况下，中共提出用制造的白区银元"老鹰头"去白区购买军事物资和日用品。"我们开始发行票子，主要是吸收硬币，好到外边买东西。信用很好，群众要我们票子，还加贴水。我们就让商人到上杭去办货。商人只要有货可出口，有钱可赚，当然很乐意。这样

[①] 郑巍宁.1949年前的国共经济战[J].文史天地，2012（07）.

做当然也起着排挤外币、进行对敌经济斗争的作用"①。

以牙还牙，中央苏区外贸局想尽办法，在上海借助开明商人的渠道，购得一台铸老鹰头银洋的铸币机和一批钢模用材，把之前铸造的用于苏区流通的一元银币放弃，大量铸造可以在白区通行的银洋老鹰头，投放到对外贸易中。

这部分中共制造的银元，并不是真正的白区银元，没有充当银行储备金的作用，在白区内流通，就如同是"假"币。这不是指中共制造的银元可从材料上来鉴定银元真假，银子都是一样的银子，只是纯度和铸币机器以及工人的技术会不一样。这个"假"，是指这个币并不是国民党银行计划内发行的，白区发行的货币有对应的储备金。这个币从材料上看即使低劣一些，但也是货真价实的难以识别的真币，由于不在国民党银行预算额度内，对于国民党货币系统正常运转中的货币数量来说，这些中共制造的真实的银元就成了一种用来拿走物资的工具。白区货币市场上的钱变多了，但是银行里的储备金以及与货币相对应的商品却没有增加，这个时候物价上涨、货币贬值、通货膨胀就会快速地发生。"假"币，比增发货币的危害更大，对于一个政权的货币流通系统来说，增发的货币在一定时间内、在通货膨胀问题还未发展到严重的时候，是可以行使货币的各种职能的，整个循环系统还会继续运行。这就像一个人生病了，但是这个病并不是立即要了性命，那他还是可以存活一段时间的。

中共制造并向白区投放老鹰头，就如同割肉，割走的是国民党政权辖区内的物资。物资减少，物价上涨，经济生活秩序就受到干扰。货币对于一个政权来说，是一种整体的衡量，政权辖下的物资和货币要平衡才会有一个正常的运行秩序。也就是说，钱和物，一定要比率对等，经济才能处于一种平衡的状态，才可以运转和发展。钱多物少，或者钱少物多，这个平衡就会被破坏，通货膨胀和通货紧缩就会出现。这两种现象带来的经济紊乱和社会动荡犹如自然灾害，使经济运行出现危机、社会稳定受到威胁。总之，白区通行的老鹰头的

---

① 张奇秀主编.中国人民解放军后勤史资料选编（土地革命战争时期）[G].北京：金盾出版社，1993：340.

增加，对于白区来说，是致命的一击，这不仅使重要的军事和生活物资流走，而且使流通区域内的国币的币值下降，助长了通货膨胀。美中不足的是，苏区银行缺乏专业人才，以致苏区生产的老鹰头数量有限，不能满足苏区对银元量的需求。

五、对旧币的再次使用

在与国民党的货币之战中，除了兑换票和增加白区银元数量的措施外，还采取了充分节省造币成本、旧币再利用的措施。

苏区政府对国民党发行的硬币采取回笼的政策，允许"银色好的杂洋集中至赤色区域的市面来"[1]，将金属货币留在苏区的流通领域内。对于旧币中的纸币，鉴于苏区造币技术和造币设备的低下以及在国民党的严密封锁下造币材料的缺乏，所以苏区政府由一开始的禁用调整为再利用，规定旧币中的纸币可以在苏区内通行，"苏维埃区域内旧的货币在目前得在苏维埃区域通行"[2]。

比如，鄂豫皖苏区规定给予旧币一定的流通时间，承认它本身具有的使用价值，"暂时可不必废除旧的货币，它与苏维埃银行或工农银行所发行的货币可有同样的价值"[3]。海陆丰苏区采用的办法是加盖劳动银行的印章之后允许其通行，"暂借南丰织造厂附设劳动银行，并将该厂定制银票贰万元，加盖该行印章发出行使"[4]。江西苏区的办法是加盖银行和政府的两个印章后允许其通行，"将吉安临时辅助货币一角价值的加盖我'江西工农银行暂借发行券'与盖五角形赤区通用的图印，后面并加盖'江西省苏维埃政府财政部'方印以昭信用"[5]。

---

[1] 中国人民银行金融研究所，财政部财政科学研究所编.中国革命根据地货币（下册）[M].北京：文物出版社，1982：11.
[2] 中共中央文献研究室，中央档案馆编.建党以来重要文献选编（1921—1949）（第八册）[G].北京：中央文献出版社，2011：718.
[3] 中共中央文献研究室，中央档案馆编.建党以来重要文献选编（1921—1949）（第八册）[G].北京：中央文献出版社，2011：400.
[4] 中国人民银行金融研究所，财政部财政科学研究所编.中国革命根据地货币（下册）[M].北京：文物出版社，1982：17.
[5] 中国人民银行金融研究所，财政部财政科学研究所编.中国革命根据地货币（下册）[M].北京：文物出版社，1982：4.

其他的苏区和中央苏区的政策保持一致，折价或者加盖苏维埃的印章，使得旧币再次得以使用，这样就节省了苏区流通货币的制造成本。无疑这个政策是正确的，美中不足的是，加盖了苏维埃印记的旧纸币无法在白区通行、使用，这就使得之前加盖印章还没有来得及进入流通领域的旧纸币的功能受到限制，为此苏区规定"外来之货币须一律兑换已盖苏维埃图记之货币，或苏维埃自己发行之货币"①，使得新流入的白区货币得以回笼，这样白区货币就会再一次发挥它作为货币独立于政治的本身作用而为苏区政权所用。

就货币本身而言，作为一般等价物，它可以流通于任何区域。旧币加新印，是没有实际的现金作为准备金担保银行信用的，维系其运转的只能是中国共产党领导下的苏维埃政府的信用。

苏维埃政府是战时的一个局部地区的政权，经济行为的出发点是为了政权的生存需要，包括财政开支、军费开支和生产费用等等。因此，银行业及其发行的货币，要为此时此地经济的发展服务，银行业的规则和措施，要体现对这一经济发展的有效性。在国共两党的货币之战中，苏区缺少可以物物交易的商品，保障政权生存的首要的军需物资也极其匮乏。在现金匮乏、商品匮乏、军事失利的条件下，苏区的货币斗争行为，实为一种改变现状和解决问题的努力。作为敌对方的国民党政权在1935年实施的法币改革，提出银元国有的措施，与苏维埃政府的实现货币统一、新币发行权、现金管制等政策本质上一致。苏区实行的货币政策，是对近代金融改革的先行探索，苏区货币的背书是苏维埃政府的信用，对于战争年代植根在落后农村的革命政权来说，能够使用货币杠杆来促进经济发展，已经是非常伟大的创举了。

第三节　苏区银行制度构建的基本经验

政权的性质决定了银行系统的性质，同时财政上的发展又影响

---

① 中国社会科学院经济研究所中国现代经济史组.革命根据地经济史料选编（下册）[G].南昌：江西人民出版社，1986：370.

着政权的生存与发展。苏区的银行的性质，和苏区一样，是为人民服务，所有的政策与措施都要围绕着革命这个中心，为实现苏区土地革命的胜利而斗争。苏区银行处于战争的环境之下，其存在的意义在于供养部队和改善民生，之所以能够在苏区政权建立后迅速筹建，获得遍地开花般的存在，是苏区银行制度科学建构的结果。

一、财政系统组织与纪律对于银行业的作用

列宁强调"任何社会制度，只有在一定阶级的财政支持下才会产生"[①]，革命时期的财政状况如何对于政权的生存至关重要。在土地革命初期，以何种财政制度来支援战争以及根据地的经济生产建设，是摆在苏区政府工作日程上最重要的工作之一，为此苏区政府召开数次代表大会，做出了诸多关于财政安排的决定，如"废除厘金及一切额外税则，规定累进率所得税。肃清军阀，没收其财产，以办公益的生产事业。划一币制，禁止辅币之滥发及外币之流通，财政公开。肃清土豪乡绅与一切反革命分子，没收他们的财产，用以改良农村中贫农的生活"[②]。这些财政安排既是革命的目标，也是根据地财政构建的目标。

井冈山革命根据地刚建立的时候，为了克服筹集战争所需造成的财政困难，红军采取了摊派和打土豪两种方式来进行筹款。因为革命政权刚刚建立，诸事还未兴建，财政方面的工作由红军兼办。1928年的中共六大提出"为更普遍地提高苏维埃委员会的效率起见，应分置各部"，其中，财政部主管税务、没收及处置财产。苏区银行业就是在苏维埃政府财政部的组织下进行工作的。中央苏区建立后，进行了分田，土地税成为银行现金收入的主要来源。随着战争形势的变化发展，银行也推出了其他的吸纳现金的政策，诸如发行公债、借谷、节约捐献等。

[①] 中央编译局编.列宁选集（第四卷）[M].北京：人民出版社，1995：683.
[②] 财政科学研究所编.革命根据地的财政经济[M].北京：中国财政经济出版社，1985：2.

苏区银行业采取了自上而下的管理模式。省苏、县苏、区苏、乡苏严格贯彻执行上级行政机关下达的诸如规定、指导、条例、细则之类的文件，并且能够根据自身存在的问题，以及实际操作时发现的新情况进行修正和调整。1931年年底，苏维埃中央执行委员会"颁布了《中华苏维埃共和国暂行财政条例》，明确规定财政部门的组织系统、隶属关系和各级财政部门的职责。建立了统一的预决算制度、会计制度和金库制度，把收钱、管钱、审批和用钱的单位分开，明确了职责。并规定由中华苏维埃共和国国家银行代理国库业务，负责掌管政府一些款项之出纳事宜"①。

江西省苏维埃政府在1932年年初就号召在苏区实行节俭运动，节省下来物资支援革命战争，尤其是粮食，"每个工农革命群众节省三升米接济红军"。这项决议经过五个多月的实践，收效显著，也为后来中央苏区开辟储蓄运动提供了借鉴。

在江西省苏的节省粮食运动半年之后，1932年9月13日中央苏区发出训令，提出要"领导群众进行节省运动"②。中央苏区的储蓄运动效果明显，仅仅机关干部这一块在三个月内就实现了节省八十万元支持红军的目标。所以，江西省苏的节俭运动，非常有意义。中央苏区随后将储蓄运动推往其他各个苏区。其他的苏区积极地响应，号召工农群众珍惜每一颗粮食、节约每一分钱，给予苏区财政和军事斗争以鼎力支持。

另一项是反贪污浪费。这主要是针对苏区的各级官员，通过"动员群众起来批评"，以及"发动少年先锋队组织轻击队来查访贪污腐化的现象报告政府"等组织手段，给苏区体系内的工作人员带来心理上的压力，使得这些人不敢贪污浪费。毛泽东指出："应该使一切政府工作人员明白，贪污和浪费就是极大的犯罪。"③在开展反贪污运动中，"近两个多月的时间，便查出贪污款项2000多元，检举揭发出官

---

① 星光,冯田夫.中央革命根据地财政的创建和发展[M].中国现代史论丛,1983(06).
② 汤萌.战争与封锁下的挣扎：1932年中央苏区财政正规化政策研究[D].上海交通大学,2011.
③ 毛泽东选集（四卷合订本）[M].北京：人民出版社,1968：120.

僚主义和贪污浪费分子40多人，其中送交法庭制裁的有29人"①。1933年12月，临时中央政府规定："对各级政府工作人员中的贪污腐败分子，一经查出，即不论其职务高低，给予严厉的制裁，犯有同样罪行的人，受到同样的惩罚。"②1932年5月9日叶坪的苏维埃主席谢步升因贪污100多斤食盐罪和生活腐化罪被枪决。根据宁都县彭世鹤的记录，区里的财政制度是相当严格的，收到的各项款子要随时上缴，不能将款项截留在区苏。少交的要进行公审，还要劳改。"当时的财政制度很严，款子随收随交，区里不能存钱。原财政科长少了四百块钱就抓来公审劳改。"③

对财政部门的工作人员进行严格的监督和约束，效果非常明显。从一些工作报告中，可以看到相关记载账目清楚，工作有条不紊。瑞金县委1932年七月份工作报告中指出已经收了税的商店有127家，现款收的数额精确到小数点后三位，还有多少家商店的税没有收也要记明白，"商业税现在各区没有进行，只有城市已经进行，登记了资本的商店132家，已收了的127家，收得现款366.015，还有五家未收。"④一个月之后，登记的商店增加了46家，所收税款增加了1000多元，同样标记清楚未收税商家的数目，"已登记了商店资本178家，收到税款1443元，还有300多家未登记"⑤。这样一来，可以清楚地看到这一个月的工作内容和绩效，财政上的成果非常清晰，查询方便，继续开展工作就在此基础上进行。

反对浪费方面，各个苏区都大力提倡，比如鄂豫皖苏区，规定各级工作人员生活费不能超过一角一天，禁止用油光纸糊墙，不到非常必要之时不准用洋蜡烛，举行会议时禁止放鞭炮买纸烟或者扎彩楼等。湘鄂西苏区禁止机关购买自来水笔、手电筒和新衣服，纸张使用要节省，还设立轻骑队，专门打击贪污浪费和经济犯罪。反对浪费的

---

① 柯华主编.中央苏区财政金融史料选编[M].北京：中国发展出版社，2016：37.
② 关于惩治贪污浪费行为的第二十六号训令[N].红色中华，1933-12-5（132）.
③ 宁都县苏区征收屠宰税、房租税情况——访问彭世鹤记录（1978年5月3日）[M]//江西省税务局，福建省税务局，江西省档案馆，福建省档案馆编.中央革命根据地工商税收史料选编[M].福州：福建人民出版社，1985：292.
④ 1932年8月瑞金县委上交的七月份工作报告.
⑤ 1932年10月8日瑞金县委上交的九月份工作报告.

效果明显，据1934年中央财政部的统计资料，闽西工农银行向金库上交了约55万元的节省款，长汀县银行上交26万多，上杭县银行上交3500元，合作社上交近2万元。这些节省下来的款项，减轻了苏维埃政府财政经济上的困难，也使得红军的军费得到补充，有力地支援了艰苦的革命战争。更为重要的是，培养了红军和中国共产党各级政府工作人员艰苦朴素、勤俭节约、廉洁奉公的优良作风，使之赢得了广大人民群众的信任和拥护。

金融系统组织纪律的严格，除了约束政府之外，对红军也同样适用。这是因为中国共产党拥有绝对的领导权，所发政令，军队同样也要遵守和执行。在1932年至1933年，只要红军有军事行动，当时的苏维埃政府会依照规则安排会计随军作战，会计会把所缴获的地主豪绅的钱财接收过来，同时出具统一制定的、载有详细记录的四联单。一次，遂川县政府发现赤卫队自行支配打土豪的欠款，便立即训令"特区赤卫队以后筹得之经费归特区政府支配管理……如再违抗，即予严重处罚不贷"[①]。1933年12月，"中央执行委员会第十六号训令公布了惩治贪污浪费的办法：凡贪污公款五百元以上者，处以死刑；三百元以上五百元以下者，处以二年以上五年以下监禁；一百元以上三百元以下者，处以半年以上两年以下监禁；一百元以下者，处以半年以下的强迫劳动（挪用公款以贪污论罪）。浪费公款处以警告、撤职以至一个月以上三年以下的监禁"[②]。湘赣苏区攸县的一个苏维埃政府的主席，贪污公款100多元，经省苏批准处以死刑。红军用钱的时候，苏维埃政府通过财政统一拨付，谨遵"先前方、后后方；先红军，后地方"的原则，确保红军的需求优先。

经过实践证明，这种做法可以有效地防止枪杆子坐大，防止出现国民党政权里拥钱自重的军阀割据的问题。中央财政部对于地方苏维埃政府的打土豪筹款的情况清清楚楚，"凡下边哪里打了土豪，中央财

---

① 财政科学研究所编.革命根据地的财政经济[M].北京：中国财政经济出版社，1985：54.
② 财政科学研究所编.革命根据地的财政经济[M].北京：中国财政经济出版社，1985：55.

政部都能知道"①。会计账目记载仔细、中央财政部拨付的时候全局考虑，这从源头上控制了最有权力去腐败和浪费的地方。

战争年代的情况会比稳定时期更加复杂，除了约束政府的工作人员和红军之外，领导人员同样以身作则，主动承担错误，加以改正。比如抓错人，1932年红军攻占漳州，按照以前的做法打土豪筹款，红军战士按照经验把"戴礼帽的、穿西服的、穿大褂的、戴眼镜的、拿文明棍的、穿皮鞋的"②等地主豪绅打扮的人抓起来，结果抓错了。因为漳州这个地方当时的社会文化是喜好打扮与奢华，许多人宁愿节衣缩食、三餐有两餐无着落也要置办这些外在的行头，所以这里打扮得像地主豪绅的人多数是中农和100元左右小资本的手工商人。毛泽东发现这个问题之后，指出错打土豪会被敌人利用、会影响不好，主动认领了这次失误，释放被错抓者，专门请他们吃饭，并赔礼道歉。据河南新县的老红军罗明榜回忆，"红军每个连队都要有宣传队，每到一地方，一面发动群众，宣传政策，一面调查多少人，弄清谁是土豪、地主，报经团政治部批准后，才能没收他们的东西"③。打土豪筹款要报经团部批准方可，以防止弄错被敌人利用。

为了严肃银行业的纪律，中央苏区和各级苏区，以及红军内部，建立了审计委员会。由稽核员负责各区银行、政府机关、财政部门的财政收支情况的审计，归各级苏维埃政府领导。这种严格的纪律，是中国共产党早期金融家们在制度上的一个科学设计，这使得财政制度逐渐形成和日益完善，推动了苏区经济进一步发展和苏区政权进入良性运行轨道。

二、完善的银行业制度的构建

苏区这种自上而下的金融纪律对于苏区财政经济的集中使用和统一拨付有着很好的促进作用。财政方面的制度，是仅次于军事管理的

---

① 张奇秀主编.中国人民解放军后勤史资料选编（土地革命战争时期）[M].北京：金盾出版社，1993：334.
② 星光，冯田夫.中央革命根据地财政的创建和发展[M].中国现代史论丛，1983.
③ 访问河南新县老红军罗明榜回忆记录.

一个体现政权管理效果的重要方面。银行是财政的主要机构，它的制度建构的合理性如何直接影响着金融市场的稳定，直接影响着财政系统的正常运转。原上海临时中央的一些同志在1931年年底进入苏区，将苏联模式带入苏区的银行业实践。1932年年初，中央政府颁布进一步统一金融的政策，制定了预决算制度。各苏区一致行动，将过去分散管理的银行业财政方面的制度进行整顿，实现金融业制度上的统一。苏区财政金融工作的管理机构是财政部，在邓子恢的领导下，建立了上至财政部、国家银行，下至各级苏区的统一的金融系统。

比如湘鄂西苏区，1930年4月28日，鄂西特委下发了"严格执行预、决算制度"的第六号通知，要求"县市委对经济的收入和支出，须按全月通盘计算，根据用在工作上的原则，造具详细预算表于月初送交特委。每月月终须将本月份的实支数目，造出详细决算表连同各种收据交特委核销"①。1930年11月，湘鄂西特委再次强调"财政须绝对统一"，县苏、区苏要每月有预算和决算，报给上级政府批准，"禁止浪费，尤其要向群众公开"，财政必须取之于民、用之于民，接受人民群众的监督。湘鄂西苏区各县苏在一定程度上贯彻执行了这些规定。下面是宜昌道委1931年11月份的决算和12月的预算：

财政决算表之中共宜昌道委决算情况（1931年11月）

支出项目	金额（元）
生活费	105
津贴费	452.45
特别费	62.9
交通费	254.25
招待费	7
宣传费	17.6
办公费	13.65
机关费	17
合计支出	929.85

财政预算表之中共宜昌道委预算情况（1931年12月）

预计支出项目	金额（元）
生活费	105
津贴费	220
特别费	30
交通费	300
招待费	50
宣传费	30
办公费	70
机关费	15
建设费	400

---

① 刘崇明，祝迪润主编.湘鄂西革命根据地货币史[M].北京：中国金融出版社，1996：124.

（续表）

支出项目	金额（元）
节余	70.15

（续表）

预计支出项目	金额（元）
巡视费	100
训练班费	30
合计	1350

实行预决算制度后，计划性加强，严格去掉不必要的开支，节省现金。比如压缩游击队的生活费，由之前的每人每月15元减到7元，机关工作人员有饭吃，不再发零用钱，剃头和洗衣服由公家统一办理。沔阳减去乡村中原有支部人员的生活费。控制各级机关的工作人员人数，县级25人，区级19人，乡级10人，"红军给养从夺取粮食和到白区没收解决"。[①]

建立统一的银行业系统。苏维埃政府组建了省、县区、乡等各级的财政经济委员会，负责管理银行和其他的财政经济事务，委员会下面设有会计科、建设科、设计科、税务科等。银行除了受财经委员会领导外，同时受到人民委员会的领导。会计科的职责是管理银钱收支、审查账目、制定预决算方案。建设科负责经济建设的诸多事项，比如植树造林、修路、养牲畜等。设计科负责制定各种计划书。税务科的职责是负责辖区内的课税事宜，除了制定合理的税收标准外，税收执行过程中的纪律监察也属于它的工作内容。坚决杜绝旧社会打手式、强迫式的收税方式，坚决杜绝私自加税的现象，是税务科的重要职责之一。

整顿银行业。苏区因为战争的缘故被分割开，很多根据地建立后都尽量设立自己的银行，各自为政是普遍现象。为了长久的发展，各根据地的银行业的制度必须统一，各级银行必须受到中央政府的领导，且对之前的账目要进行清算，预算要报上级苏维埃政府批准并及时更新方案，决算制度要规定清楚，改进簿记方式和培养专业的银行业从业人员。

在土地革命初期，红色政权尚未巩固，苏区的社会生产和经济发

---

① 刘崇明，祝迪润主编.湘鄂西革命根据地货币史[M].北京：中国金融出版社，1996：125.

展尚处于建构阶段,苏区缺乏金融专业人才,大多数同志工农出身,没有银行业的教育背景,更没有现成可用的管理制度可以拿来学习借鉴。毛泽东"为了解决这个问题……颁发《中华苏维埃临时中央政府征求专门技术人才启事》……选派早年有经济学留学背景的林伯渠担任财政人民委员,熟悉财政经济工作的邓子恢担任副部长,下属各个局也相应配备较强的人员力量,如税务局长陈笃卿、国库管理与公债发行局长彭子星等。……同时大胆起用、聘请了如傅连暲、戴济民、王铮、刘寅等一批知识分子和专门人才"[①]。专业的事情,需要交给专业人才去做。毛泽东的智慧使银行业的工作队伍质量得到了基本保证。与此同时,省苏和县苏也通过举办经济建设干部培训班,设立专业学校,如中央银行学校等,为苏区金融业培养了一批骨干力量。

加强银行业的监督。1932年11月颁发的《国库暂行条例》,就涉及对银行业有关业务及其运行的监管。比如福建省苏在1932年3月规定:

实行统一正式收入,依照中央政府所颁布的暂行税则征收农业税、商业税、工业税,店铺出租由苏维埃征收店租。从前闽西苏维埃规定的摊子税应即取消。

在福建因田少人多,大会确定每人收干谷三石以上为起码征收标准。

一切税收由省政府遵照中央政府的命令去执行。在未到法定征收期间以前,不得向纳税人预征或抵借。

土豪反动派等没收款罚款等收入,都要按照报告,解缴中央国库,非经中央财政部的命令和省苏维埃根据命令而批准,不许动用分文。

严格执行预算决算制度。各级政府机关必须依地方政府组织条例和必要经费制定预算,报告上期决算。各级政府机关不遵照此期限制定预算决算报告上级批准之后,便不许取用一切行政经费。

支出方面,按月度照预算发给,各级政府收入,须完全缴纳省苏维埃转解中央,不得任意挪移。

[①] 许树信.中国革命根据地货币史纲[M].北京:中国金融出版社,2008:273.

文化教育，各级政府不得将这笔经费随便拿作别用。

以后各群众团体的经费，应遵照中央政府规定，实行各自独立。红军独立师及地方武装经费统一在军事机关筹划。

省、县苏维埃应经常派员到各级政府检查财政。①

关于银行业监管，从上述材料可以看出，各个苏区的银行业必须依照中央政府所颁布的政策来执行。即便在激烈的战争环境下，计划赶不上变化的可能性会很多，但也必须把预算作为工作参考，经过省苏或县苏、区苏、乡苏等各级苏维埃政府的协调，根据具体情况作出调整，使之与中央政府颁布的政策达成一致性，以维护中央政府政策的权威性和严肃性。1932年12月，福建省苏在报告中肯定了对中央命令的执行的效果，对之前的错误进行了纠正，多数县区苏维埃政府遵照中央政府的规定——自下而上上缴，由上而下支给。

---

① 财政科学研究所编.革命根据地的财政经济[M].北京：中国财政经济出版社，1985：78.

结　语

第一节　苏区银行业对财政的巨大贡献

苏区银行业对财政做出了巨大的贡献。下面从红军军需费用、党政机关费用、工农商业费用、文教卫生和救济费用等方面的支出来逐一进行论述。

一、苏区银行对红军军需的贡献

苏区银行业运转过程中产生的可供周转的资金，最大的用途是红军的军费需求，这是苏区银行业的首要的任务。红军军需在革命初期主要是来自打土豪，"红军给养，米暂可以从宁冈土地税中取得，钱亦完全靠打土豪"[①]。随着土地革命的发展，苏区内的土豪劣绅的数量越来越少，通过这些人募集到的现金越来越少。那么，苏区银行的现金，主要是指银元，也包括其他的金属货币如黄金、白银、铜币等，是红军军费的主要来源。

红军最基本的需求是粮食和衣服，其次是弹药。迅速发展的红军，军需是一个很大的需求项。

以红一方面军为例。红一方面军即中央红军，在1930年下辖2个军团，其中第三军团下辖3个师。到1932年6月约有7万人。到

---

① 毛泽东选集（四卷合订本）[M].北京：人民出版社，1968：70.

1933年6月，撤销军一级建制，直接由军团下辖师。第一军团下辖3个师，第三军团下辖3个师，第五军团下辖3个师，地方部队有4个师，红一方面军总人数约10万。到了10月，增加第七军团和第九军团，第七军团下辖3个师和1个独立团，第九军团下辖2个师和2个独立团。到1934年9月，第八军团组建，下辖2个师。红军一个师每个月需要的费用大约是1万元，"内中伙食费（五团、军需处、看守、各军医院）每月需洋四千五百元，发给士兵零用钱（×饷）每月二千元，修理枪支、购子弹及杂用一千元，特别费二千五百元"[①]。20个师，加上2个独立团，仅仅一个月的费用就要高达22万元左右。此外还有游击队、特务队、先遣队等这些和红军一起战斗的人员，也需要费用。

军需问题关系到革命事业能否继续进行，所以必须解决。苏维埃政府主要实行供给制度，由苏维埃政府供给红军所需军费。比如，湖北省委在1928年1月规定："军队的一切费用（衣、食等），均由各地苏维埃政府供给，斟酌情形，每月各发零用费若干，工农革命军的军官，斟酌情形，发给最低限度的工资，最多不得超过三十元"[②]。后来，红军军官的工资被取消了，"官长、兵士应该待遇平等，薪饷应该取消"。取消发给军官的工资，体现了红军不一样的工作作风，官兵一律平等，同时，节省了一笔开支。"红军官兵都没有薪饷，只士兵每隔五天发伙食费（五六分到一角）。伙食的结余，发给士兵做零用。吃饭时，八人一伙，一大碗菜。红军官兵在生活上一个样，火线上分大小，听从命令，平常都一律平等。连官兵服装都一模一样。"[③] 这种做法，是中国共产党的创造，一举两得，既将财政开支缩小了一部分，同时培养了军队官兵平等的优良作风，之后成立的红军部队从一开始就采用这个办法。比如，1930年，潜山工农红军在创建伊始，就规定"全师官兵经济平等，一律实行供给制，除口粮、衣服由师部统一配发外，有时

---

① 谭克绳等主编.鄂豫皖革命根据地财政经济史[M].武汉：华中师范大学出版社，1989：160.
② 中共湖北省委.工农革命军任务与组织决策.1928-1.
③ 谭克绳等主编.鄂豫皖革命根据地财政经济史[M].武汉：华中师范大学出版社，1989：160.

还发给一定零用钱,购买必需生活用品"①。

中央军事委员会在 1932 年颁布训令,对红军所有的费用标准进行了统一的规定:

关于生活费用的供给:

(一)伙食费,即购买柴、米、油、盐、菜、茶叶之费用。每人每天暂定大洋一角。后方部队如因购买困难、物价昂贵或为优待住院伤病官兵时,由中央革命军事委员会依照经济状况,临时予以增加。在前方部队打了土豪,其伙食费用可从中解决一部分,这个部队的经费供给则由中央革命军事委员会酌量减少拨发。出差人员的津贴:出差人数八人以上时,可自带伙夫煮饭,不另加津贴;出差人数八人或八人以下时,每人每天补助大洋二角;出差人员可按红军规定每餐客饭数目缴纳客饭费。在各级政府或红军各部队中食饭时,只带日常伙食费,不得另外加发津贴,关于客饭伙食问题,规定无公事者不开客饭,无机关部队介绍信者不开客饭。客饭费每餐数目,为经常伙食费的三分之一弱。

(二)津贴费,即指对特别技术人员的补助费用。医官及枪工津贴数额,每月至多不得超过大洋十元,如遇特殊情况需要多津贴者,须呈中央革命军事委员会批准。

(三)零用费,即发给各个指挥员、战斗员作零星使用的费用。其发放数额和次数均按中央革命军事委员会下达的命令或总经理部所发通知办理。发放原则是指挥员与战斗员同等。

关于军事费用的供给,包括马干费、公务费、擦枪费、杂支费、特别费等五个方面。马干费为购买马匹草料的费用。发放标准是每日每匹马大洋一角。公务费包括笔墨、纸张、文具、邮费、宣传费。发放数额是:步兵连每月大洋二十元;担架队、运输队每月各大洋十五元;卫生队每月大洋二十二元;步兵团或独立营、无线电大队及军团军医处、师军医处,每月大洋各二十五元;团部、师政治部和军团经理部每月各大洋三十元(独立师部政治部同)。擦枪费为供给擦拭枪、炮用买油及布的费用。山炮每尊(门)每月

---

① 陈忠贞,周进,须立.皖西武装割据形成的探讨[J].江淮论坛,1982(04).

大洋三元，迫击炮每尊（门）每月大洋五角；机关炮每挺每月大洋五角；步马枪、手提机关枪，每支每月大洋五分；驳壳枪及各种手枪，每支每月大洋三分。

关于杂支费。这是日常一切零星杂用的开支。每月数额为：军团一级每月大洋一千二百元，军一级每月大洋一千二百元，师一级（包括独立师在内）每月大洋八百元。

关于特别费。这是特殊需要的开支费用。包括被服费、俘虏费、负伤费、抚恤费、新兵费、新部队组建开办费、赔偿费、购买军械和药品费等。发放的数额为：俘虏费，对俘虏敌兵，无论送回籍或留在红军中服役，每人发大洋三元。

新兵费，对入伍新兵，每人发大洋一元。开办费，新成立时军团总指挥部、军团政治部、军部、军政治部，最多拨大洋二十元，对新成立的师部、师政治部不得超过十五元，对新成立的伙食单位拨发的开办费均不得超过大洋十元。负伤费，对负伤者无论是指挥员还是战斗员，凡重伤者，每人发大洋六元，轻伤者每人发大洋四元（敌兵同）。赔偿费，当红军指战员损害了群众利益时，则由部队的军事指挥机关协同政治、经济机关依照实际情况，给予一定数目的赔偿。抚恤费，对作战和因公受伤致残者，每年发抚恤金五十元大洋，直至去世为止。①

由上可见，军队里的开支庞杂繁多，从生活所需的柴米油盐到军事上的枪、炮擦拭，从药品费到俘虏费，还有赔偿和抚恤费用，事无巨细都要花钱。虽然红军艰苦奋斗，在中国共产党的领导下，能省则省，不过，基本的粮食、衣服和枪炮的费用是必须跟上的。随着红军人数的增加，费用支出的压力越来越大，这就要求银行业必须发行纸币、发展对外贸易、盘活经济、募集现金。

二、苏区银行对党政机关支出费用的贡献

苏区党政机关支出的费用仅次于军队费用。在根据地创建伊始，

---

① 谭克绳等主编. 鄂豫皖革命根据地财政经济史[M]. 武汉：华中师范大学出版社，1989：161—163.

结 语

这部分费用支出数目非常庞大，比如鄂东北特委，"全区每月开支三万数千余元"①，这三万多里面，有一万元配给红军，另外两万四千元被地方花掉，这几乎相当于两个师红军的一个月的开支。对于地处落后偏远地区、几乎无成形的商业经济的根据地来说，支撑这项费用无疑是相当困难的。

鉴于苏区银行在战争时期现金紧张的情况，苏维埃政府对各级工作人员的人数和生活供给进行严格的控制，尽量减少银行的支出，"各区、乡、村工作人员脱离生产的人数每村一人，乡三人，区五人，县七人……个人生活费的规定，村无；乡区县在本乡本区工作，每月不得超过三串；外来工作人员，每月不得超过一元五角；本地的人不经过上级批准、外来工作人员不经过会议通过不得私制衣服。各区苏维埃工作人员平时生活（水平），不得超过普通群众的生活（水平）……（各级苏维埃政府）每村每月不得超过五元，区不得超过二十元"②。

尽管如此，银行能够提供的现金仍满足不了军事和机关的开支，资金越加难以周转。鄂豫皖中央分局1931年5月通知要求在财政支出上要遵循前方人员高于后方、作战部队的配额高于非作战部队的原则，缩减后方机关干部的生活费用，"后方军事机关，每天一顿粥、两顿干饭；只有红军和前方战士每天须担保有三顿干饭"③。同年8月13日，鄂豫皖苏区根据具体情况又做出新的规定："（一）各机关在财委会开支只能按下列数目，每月分三期开支。（二）各人员生活〔费〕每天不得超过一角。（三）各人员鞋袜、手巾、牙粉、纸烟等，每人每月一元五角，不得随便在公项下开支……"④

银行对党政机关的贡献，还包括为小学、少先队、工会、法庭、童子团、特苏办事处、中央分局、政治保卫局等提供财政支出。这些

---

① 鄂东北特别区委员会给党中央的报告——政治经济、群运、党务、军事情况及对中央的请求.1929-9-8.
② 鄂豫边各县苏维埃联席会议关于财政经济政策决议案.1929-12.
③ 鄂豫皖中央分局通告第二号——关于举行粮食运动周的事.1931-5-29.
④ 鄂豫皖区苏维埃政府财政经济委员会通知第一号——统一各机关开支及个人生活费的决定.1931-8-13.

开支中，后三者占比最多。以鄂豫皖苏区为例，每月要支出两千九百零五元，其中"少先队25元、童子团30元、革命法庭100元、财政经济委员会暂付50元、特总工会120元、交通局180元、列宁小学300元、政治保卫局500元、特苏事务处800元、中央分局800元"[①]，后三项的费用占了一大半。所以当提出节省运动时，原计划八十万的节约目标四个月就超额完成了，达到一百六十多万，就是从这些费用中节省出来的。苏维埃政府规定专款专用，行政开支不得挪用，但在实际生活中，还是会发生借用的现象，比如皖西中心县委"曾将皖西分特，即现在之皖西北特委买文具及药品洋挪用了，今如数买上列物品奉还他了"[②]。有借有还，充分体现了苏维埃政府的廉洁。

三、苏区银行对工商业和农业的贡献

虽然苏区因为国民党军队的一次又一次的"围剿"而战事不断，但是中国共产党依然带领群众千方百计地发展生产，鼓励对外贸易，开辟财源，增加收入。苏区银行为此做了大量的工作，特别是认真做好投放贷，及时地为工农生产提供实实在在的资金上的帮助。

苏区地处偏远的山区和农村，基本上都是农业，手工业很少。在中国共产党实行了土地革命之后，农民们的生活有了很大的改善，农业生产较之国民党统治时期大有好转，除了粮食之外，农民们还有了其他一些农副产品的结余。有了产品，市场就随之繁荣起来。苏区通过银行及信用社拨出资金借给农民，帮助他们购买生产过程中所需的耕牛、农具和种子等等，银行还拨款建立公牛站、农具制造所，农业收成稍好一些后，又办起了农具厂并兴修水利，大力支持农民的生产，推动苏区的农业发展。苏维埃政府对手工业积极扶持，组织群众通过集资筹集开办手工工厂的资金，开办兵工厂、造枪局和被服厂

---

① 谭克绳等主编.鄂豫皖革命根据地财政经济史[M].武汉：华中师范大学出版社，1989：165.
② 皖西中心县委.关于干部训练和工作计划给中央的报告.1931-8-2.

等。县区和乡开办这些工厂时，苏维埃政府会通过银行来进行投资。

值得一提的是鄂豫皖苏区的经济公社，它和信用社一样，是中国共产党在革命实践中通过探索而创建起来的有效的商业组织，是银行的得力助手。"在目前阶段中对经济政策应该是有一个明确的认识和规定……在苏维埃政权下应保证营业自由，建立银行，改造合作社的组织，建立苏维埃的经（济）公社……苏维埃无力经营，可批给私人生产或用合作社的形式"[1]。经济公社，属于国营机构，由苏维埃政府拨给资金，或者向银行贷款。"苏维埃区域，对外来各种物质需要异常困难……对集体经济组织非常重要，现在各区苏维埃都设立有经济公社（至少一个），每乡在总的经济公社之下，设有代办所"，"各经济公社负责银行业务的人，每月要到银行开会、结账"[2]。自上而下是经济公社的组织特点，主要是用来恢复商业、尽可能地发展工业。"要准许商人的自由贸易，只要他服从苏维埃的法律"[3]。经济公社直接开办商店，规模比一般的手工业者大。商店的经营范围广泛，几乎涵盖了军需和民用的各种生活用品的买进与售出，而且可以给合作社批发。经济公社积极恢复各种工厂的生产，为其提供资金上、管理上和技术指导上的帮助。例如1932年霍山县的经济公社有了两万现金后，根据当地的经济特色和特产资源，办起了茶叶、茯苓、药社、被服等工厂。

和信用社一样，银行会把一些业务交给经济公社代理。国营的经济公社积极服务苏区的经济建设，努力恢复生产、发展生产，支援红军，支援群众的生产和生活，为苏区的军事和经济发展做出了巨大的贡献。

---

[1] 《鄂豫皖革命根据地》编委会编.鄂豫皖革命根据地（第二册）[M].郑州：河南人民出版社，1990：447.
[2] 刘华实，薛毅.鄂豫皖苏区经济公社初探[J].河南社会科学，2008（03）.
[3] 《鄂豫皖革命根据地》编委会编.鄂豫皖革命根据地（第一册）[M].郑州：河南人民出版社，1990：279.

四、苏区银行对文教卫生和优抚救济等事业的贡献

苏区重视文教事业的发展，专项拨款解决经费问题。"苏维埃按照自己的财政状况作出预算，划出一定的款项来做文化教育工作。各群众团体亦划出相当经费，创办文化教育事业。"① 由于苏区财政整体上的困难，办学（校）经费由最初的财政全包调整为适当地对适龄儿童的教育进行收费。收费标准以中农子弟为基准，贫农子弟收取中农子弟学费的六成，富农子弟则收两倍或者三倍的学费②。

关于文教方面的支出，首先是教员的工资。初级小学以上的教师，每年人均要发二百五十串上下的工资。教师外出学习，苏维埃政府为其提供口粮，教师的医药费也由苏维埃政府给予补贴。基本上每个县苏都设有模范小学，这笔支出是必须支付的，因此是一笔不小的开支。其次是成年人的扫盲和普及教育。这部分人数多，以年轻人和妇女为主，采取办夜校的方式，做到村村都有识字班，这也需要经费。再次是办培养各种专业人才学校需投入。有像彭杨军事政治学校和列宁高级学校这样培养干部的学校，也有财经、农、工方面的职业学校。最后是文化建设和宣传方面也需要投入，这主要是创办报刊。

医疗卫生属社会福利事业，随着红军的壮大而发展，各军均设有医院，有条件的乡苏设立分院或卫生所。开支有医生、护士和卫生员的工资和伤病员的治疗、医药费用等。战争的大环境下，医疗投入是必不可少。加之根据地基本上位于偏僻落后的地方，卫生工作从基础做起，这是一笔大的开支。

优抚牺牲的红军家属，照顾和安排好伤残人员的生活，关系到革命的前途，是保证兵源和战斗力的关键，对此苏区政府极为重视。凡是因战伤亡的人员，不管是在前线还是后方，苏维埃政府除了安葬和发放一次性抚恤金外，还颁发"优待牺牲战士家属证"，对其子女、家属入学、生活给予优待和照顾。伤残人员发给"优待受伤战士证"，帮助其学习技术和享受各种免费优抚。

---

① 谭克绳等主编.鄂豫皖革命根据地财政经济史[M].武汉：华中师范大学出版社，1989：167.
② 鄂豫皖省文化委员会各县联席会决议案.1932-5-10.

苏维埃负责安葬，向苏维埃领取一次抚恤金，数额按照家中状况决定之。

凡苏维埃创办之学校，其子弟有免费入学的权利（如无力办教育由苏维埃负责）。

其家属得按照代耕条例享有代耕权利。

如无家属的，由军委会制定金质奖章，陈列在革命博物馆，以旌表其革命历史。

凡因战争残废或致疾病得依下列条例抚恤之。1.凡受伤成残废的战士，由军委会发给名誉奖章。2.依照代耕条例享有代耕权。3.有优先权参加当地所创办的工厂及残废院学习各种技术。4.向苏维埃领取最高的生活费（家庭不能供给的），免券搭火车、轮船以及各种游艺的权利。5.免除一切纳税。苏维埃或农会管理的房屋不纳租税。6.完全免费住苏维埃的医院。7.其子弟有免费入学受教育之权。[①]

苏区救济支出，是指在自然灾害来临时对群众的帮助以及经常性照顾、资助鳏寡孤独家庭等所需经费。比如，在1931年鄂豫皖苏区发生春荒的时候，中央分局指示各级苏维埃政府开展救济工作，设立粥厂，帮助吃不上饭的群众，尤其是红军家属，保证每天有三顿粥吃。

综上所述，苏区银行的这些举措，的确为苏区文教卫生事业以及其他社会事业的建设和发展做出了杰出的贡献。

第二节　中国共产党的领导是苏区银行业成功建构的关键因素

马克思主义关于银行和货币的观点，对中国共产党在新民主主义革命时期的经济工作、新中国成立后的社会主义革命和建设事业乃至改革开放都有着重要的影响。中国共产党提出来的、用以指导金融工

---

① 谭克绳等主编.鄂豫皖革命根据地财政经济史[M].武汉：华中师范大学出版社，1989：171.

作的"真正银行论"[①]，源自马、恩、列的理论的启示。苏区银行业从构建到发展，每一步都离不开中国共产党的领导。

一、中国共产党的正确领导，是苏区银行业能够发展起来的关键

中国共产党在银行发行货币方面，实行银本位制度，通过一系列的手段筹集现金，从而保证了纸币币值的稳定。在"左"倾路线错误给全党带来生存危机的时候，是毛泽东领导红军走出军事和经济上的困境。毛泽东认为，"如果不进行经济建设，革命战争的物质条件就不能有保障，人民在长期的战争中就会感觉疲惫"。他指出："革命战争的激烈发展，要求我们动员群众，立即开展经济战线上的运动，进行各项必要和可能的经济建设事业。为什么？现在我们的一切工作，都应当为着革命战争的胜利，首先是粉碎敌人第五次'围剿'的战争的彻底胜利；为着争取物质上的条件去保障红军的给养和供给；为着改善人民群众的生活，由此更加激发人民群众参加革命战争的积极性……为着这一切，就需要进行经济方面的建设工作。"由此推出对待白区商人的优惠政策、筹办合作社、发行公债和公布兑换制度等一系列政策、制度及举措。正是有了以毛泽东为代表的党的领导集体的努力，苏区银行才得以顺利地走上正确的道路，并培养了一支优秀的人才队伍，为革命战争提供了强大的支援。

二、为人民谋福利是苏区银行业存在的最高任务

中国共产党领导下的土地革命，使苏区人民群众得以分到了渴望得到的土地，这是数千年来中国大地上人数最多的农民的夙愿。中国共产党以自己的流血牺牲实现了农民群众的愿望。与此同时，中国共产党为了使人民群众过上更好的生活，在穷困的山区、在没有专业技

[①] 邓小平在1986年12月提出来的"金融改革的步子要迈大一些。要把银行真正办成银行"，促进了中国证券、股票市场的培育和发展。

术的情况下,积极学习,辛勤耕耘,艰难探索,带领人民群众进行经济建设,最终成功地废除了高利贷、废除了旧的金融制度,把农民从吃人的高利贷中解救出来,想方设法,运用金融杠杆,成立银行,发行纸币,成立合作社,给予群众生产资料的支持,解决农民群众的生活和生产问题。中国共产党服务于人民群众,把流血牺牲换来的资金用于人民身上,诚信真挚,严格执行货币兑换和公债兑换制度,赢得了群众的信任和支持。

三、勇于创新是中国共产党领导苏区银行业取得成就的基石

立即行动,这四个字用在苏区的金融建设上是准确的。共产党早期的根据地都在偏远的山区,生存下去很艰难,没有造币设备,没有懂得银行业运作的人员,连银行业务相关的账簿表格都不齐全,要办银行业,艰难程度可想而知,唯有立即行动,白手起家,空手造车。让人敬佩的是,中国共产党人勇于创新,善于发现,革新改造,在实践中积累经验。"在一次前方来款中,工作人员发现包裹现洋的纸张是一张税务机关的四联单,受四联单的启发,银行工作人员经过一番摸索,制定出苏区银行的金库条例,从而设计了国家的财政金库制度。也是按照这个办法,为财政部制定了会计制度、预算制度、决算制度和审计制度等"[①]。苏区成千上万的银行业工作者们"逢山开路、遇水搭桥"的革命豪情,苏区银行业领导者们不畏艰险、勇敢担当的精神,永远值得学习。

苏区银行业是在激烈的战争中创建起来的,响应"一切为了前线上的胜利"的口号,制定了一系列银行业及金融业的方针政策,建立了科学的制度,得到了正常的甚至是超常的发展,保证了红军的供给,给战争以强大的支撑。苏区银行业的发展,离不开中国共产党的英明领导和人民群众的支持,得益于制度的科学性和规范化。苏区银行的相关制度,是对新民主主义革命银行事业建设的伟大尝试,许多

---

① 王信.从苏区红色金融建设中汲取现代金融事业的精神力量[J].党史文苑,2015(11).

经验在之后的革命战争中发挥了积极的指导作用,对现今国家的银行业工作仍具有现实意义。历史的经验告诉人们,只有坚持党对银行业的领导,掌握钱袋子,才能够掌握解决军需和群众需求的主动权,才能够从顶层设计银行业的政策。在经济发展的新常态下,要学习苏区银行建构的精神,要求真务实、稳中求进,要以民为本,要不断地提升银行业的服务水平,要勇于创新,始终坚持中国共产党对金融工作的领导,努力实现我国金融工作在世界范围内的辉煌。

附　录

苏区银行业大事年表

时间	事件内容
1927年10月27日	毛泽东率秋收起义部队抵达井冈山茨坪，开始建立井冈山革命根据地。
1927年10月30日	海陆丰革命根据地建立。
1927年11月	鄂豫边革命根据地建立。
1927年11月	彭湃领导海陆丰农民取得第三次武装起义的胜利，建立了苏维埃政权，实行土地革命，进行经济建设。
1927年11月	海丰县苏维埃政府成立后没收了20多间当铺。对当物的处理办法先是采取将金银首饰归公，衣物照当票金额赎取。随后纠正为无代价归还农民。
1927年11月	周逸群和贺龙受党的委派来到湘鄂西开展工作，建立人民武装。次年他们汇合了华容、石首等地的革命武装创建了红六军，开辟了洪湖根据地。
1927年11月	方志敏、邵式平和黄道等在江西东北部弋阳、横峰一带领导农民举行武装起义，建立了赣东北红军和赣东北革命根据地。
1927年11月	中共中央临时政治局扩大会议通过的《中国共产党土地问题党纲草案》提出："一切苛约重债一概取消。共产党要组织低息的农业借贷，设立农业银行及农民之借贷合作社。"

(续表)

时间	事件内容
1927年冬	南昌起义部队于1927年秋经过长汀、上杭地区时，撒下了革命的火种。上杭蛟洋区农民，恢复了农民协会，开展了革命斗争。同年冬天，为了发展经济，方便农民借贷，由农民协会带领"群众砍伐沿路杉木卖得8000余元……抽出2000余元开办农民银行"。
1927年12月11日	在张太雷、叶挺、恽代英和叶剑英等领导下，举行了广州起义，建立了工农民主政权——广州公社。失败后，一部分起义部队撤出广州市区，分别与广东东江、广西左右江农民起义武装结合起来继续战斗。
1927年12月	下旬，毛泽东在宁冈砻市总结了打茶陵的经验教训，并向工农革命军提出了三大任务：第一，打仗消灭敌人；第二，打土豪筹款子；第三，宣传群众，武装群众，帮助群众建立革命政权。
1927年12月	江西万安县在曾天宇领导下举行了全县暴动，于1928年年初取得了胜利，建立了万安县苏维埃政府。
1928年1月	朱德和陈毅率领南昌起义保存下来的部分队伍，从粤北进到湘南地区，发动了宜章、郴州、资兴、永兴和耒阳等县年关起义，创建湘南根据地。
1928年1月	由邵式平和方志敏领导的弋阳、横峰武装起义军，汇合闽北崇安起义军，建立了赣东北根据地。
1928年2月18日	工农革命军攻克宁冈县新城，成立了宁冈县工农兵政府。茶陵（1927年11月）、遂川（1928年1月20日）、宁冈三县红色政权的建立，胜利地开创了湘赣边界工农武装割据的局面。
1928年2月20日	海丰县苏维埃人民委员会"为救济金融，方便市面交易"特发布第四号通令，建立了劳动银行。行址设在南丰织造厂。同时颁布发行货币条例，决定发行劳动银行银票。因劳动银行的银票尚未印好，暂借南丰织造厂银票2万元加盖该行印章发行流通。
1928年2月29日	广东军阀进攻海陆丰根据地。工农革命军转移到附近山区，坚持游击战争。海丰劳动银行的工作随之结束。

（续表）

时间	事件内容
1928年2月	下旬耒阳县工农兵苏维埃政府成立后，在财经委员领导下，于东江三顺祠设立耒阳苏维埃政府经济处，处长是谭楚才。为了流通金融，由经济处发行流通了耒阳工农兵苏维埃政府劳动券。同时在耒阳县第十三区，发行流通了耒阳第十三区工农兵苏维埃政府劳动券。这种劳动券是一种区别于旧货币的新型货币，与光洋同价，可随时兑现。
1928年2月	吉安东固地区在赖金邦、曾炳春领导下，争取了原东固段起风领导的一支农民自卫武装，建立了东固革命根据地。
1928年4月28日	朱德、陈毅率领南昌起义的部分部队和在湘南起义中组织的农军，转战井冈山，同毛泽东领导的工农革命军在宁冈砻市胜利会师。
1928年4月	陕西关中地区，唐澍、谢子长领导清涧起义，刘志丹、谢子长、唐澍领导渭华起义。
1928年5月4日	在宁冈县砻市召开两军会师庆祝大会，成立中国工农红军第四军，朱德任军长，毛泽东任党代表，陈毅任政治部主任，王尔琢任参谋长。
1928年5月20日	在湘赣边界宁冈茅坪，召开了中共湘赣边界第一次代表大会。会上毛泽东总结了井冈山根据地创建以来的斗争经验。大会选举产生了中共湘赣边界特委委员会，毛泽东为书记。
1928年5月	下旬，湘赣边界工农兵政府在宁冈茅坪成立，袁文才任工农兵政府主席。
1928年5月	井冈山根据地处在敌人四面包围之中，现金的缺乏，成了极大的问题，湘赣边界苏维埃政府成立后，为发展生产，恢复商业，解决银洋缺乏问题，即在上井村建立了一个造币厂，铸造井冈山"工"字银元，流通于井冈山根据地。
1928年春夏	在福建西部，邓子恢、张鼎丞、郭滴人、朱积垒等人在龙岩后田、平和长乐、上杭蛟洋、永定金砂等地组织了武装暴动，建立了闽西革命根据地。

（续表）

时间	事件内容
1928年6月18日	中国共产党在莫斯科召开了第六次全国代表大会，大会肯定了中国革命仍然是资产阶级民主革命，中心任务是建立反帝反封建的工农民主专政。
1928年7月9日	中国共产党第六次代表大会有关土地问题决议案中指出："农民受着极残酷的剥削，几千万农家经济破产而穷困，使农民遇着天灾战祸或者歉收的时候，简直要成千上万地饿死……有钱的（高利贷者），有地的（地主），有货的（商人），都同是那一批人，他们用三种方法同时并进的剥削农民，有钱的是在变成有地的，有地的变成有货的（收取农民劳动的出产品），甚至于变成'占有农民的'（暗中的奴隶制度，例如卖男鬻女，出卖妻子，替地主做苦工当还债）。"
1928年7月6日	为了打破敌人的经济封锁，繁荣根据地经济，在宁冈大陇开辟了圩场。大陇区政府在圩场上开办了一个商店，参加圩场的贸易活动。
1928年7月22日	在中国共产党领导下，彭德怀、黄公略、滕代远率领湖南国民党军独立第五师第一团在平江举行起义。随后组成红五军，在湖南的平江、浏阳和江西的万载、修水、铜鼓、萍乡一带，开展游击战争，开辟湘鄂赣革命根据地。
1928年7月27日	中共闽西第一次代表大会总结了分田废债的经验，"纠正过去取消一切债务的错误观念"。根据具体情况，采取区别对待的办法，规定了新的废债政策。如"工农穷人欠土豪、地主之债不还"，"工农穷人自己来往账目及商家交易之账，仍旧要还"，"利息不能取消，但须禁止高利贷"；"商家、土豪、地主欠公堂、农民或者小资产阶级之债，不论新旧都要还"。
1928年7月	中共六大通过的《土地问题决议案》中规定"宣布一切高利贷的借约概作无效"。
1928年10月14日	在宁冈步云山召开中共湘赣边界第二次代表大会，会上通过了毛泽东起草的《湘赣边界各县党的第二次代表大会决议案》（《中国的红色政权为什么能够存在？》就是其中的一部分）和《井冈山土地法》。

（续表）

时间	事件内容
1928年11月25日	毛泽东代表前委向中央写了一个报告，即《井冈山的斗争》，报告全面总结了创建井冈山根据地一年来的斗争经验。
1928年12月11日	根据中共中央的指示，彭德怀、滕代远率领红五军由湘鄂赣根据地来到井冈山，与红四军会师。
1928年12月	弋阳、横峰等县成立了信江工农民主政府，方志敏任主席，开展打土豪分田地运动。
1929年1月4日	在宁冈县柏露村召开了中共井冈山前委、湘赣边界特委、团特委，红四、五军军委，边界各县县委联席会议。会议决定留下红五军和红四军第三十二团坚守井冈山根据地，红四军主力出击赣南，迂回敌后，在外线打击、牵制敌人。
1929年1月14日	红四军主力3000多人，从井冈山出发，向赣南进军。在进军途中，发布了《红军第四军司令部布告》，宣传了红军的宗旨，阐明了民主革命的路线和政策，包括土地政策和财政经济政策。
1929年1月28日	湘赣两省敌军于1月25日开始向留守井冈山的红五军发动进攻，大小五井失守，红五军退出井冈山。王佐部队留在山上打游击。
1929年2月3日	中共中央就农民运动的策略发出中央通告第28号，根据中国共产党第六次全国代表大会的精神，提出土地斗争的主要方式是没收地主阶级的土地而不是没收一切土地。
1929年2月13日	红四军在瑞金大柏地歼灭尾追的赣敌刘士毅部之后，乘胜向宁都进发，当日占领宁都县城，召开群众大会，宣传中国共产党关于保护工商业和向城市大商人筹款的政策，筹集军饷5500元。
1929年2月17日	红四军经永丰来到吉安的东固地区，同赖金邦领导的地方革命武装二、四团会合。在东固期间得悉井冈山根据地失守，赣敌李文彬部队又向红军逼近，决定在赣、闽、粤边界放手发动群众，进行游击战争，开辟红色区域。

(续表)

时间	事件内容
1929年3月14日	红四军在地方党和群众的配合下,与闽敌郭凤鸣激战于长岭寨,全歼郭凤鸣旅,击毙匪首郭凤鸣,乘胜攻克长汀县城。
1929年3月20日	红四军在长汀城附近分兵发动群众,打土豪分田地,半个月内扩大了红军,筹款5万元,缝制军服4000余套,红四军指战员全部换上统一的军装。
1929年3月下旬	蒋介石软禁李济深于汤山,桂系军阀李宗仁、白崇禧起兵反蒋,爆发了蒋桂争夺华中统治权的军阀混战。
1929年4月1日	利用蒋桂军阀混战、江西空虚的时机,红四军回师赣南瑞金。
1929年4月中旬	红四军进入兴国,在县城召开群众大会,号召全县人民打土豪分田地,发展地方武装,建立革命政权。毛泽东在兴国开办土地革命训练班,并主持制定了《兴国土地法》,将《井冈山土地法》中"没收一切土地"改为"没收公共土地及地主阶级土地"。
1929年5月17日	红四军向瑞金进军,路过大柏地,召开了军民大会,纪念"大柏地战斗"胜利并发放了3000多块银元,偿还二月间大柏地战斗时向群众的借粮借款。
1929年5月19日	红四军从瑞金再度入闽,25日攻占永定,27日成立永定县革命委员会,张鼎丞任主席。6月3日,红四军第二次攻克龙岩;5日,成立龙岩县革命委员会,邓子恢任主席。长汀、永定、龙岩三个红色政权建立,奠定了闽西革命根据地的基础。
1929年5月	河南商(城)南起义,组成红三十二师,开辟了豫东南革命根据地。
1929年6月	在龙岩颁布了以军长朱德、党代表毛泽东、政治部主任陈毅署名的《红军第四军司令部政治部布告》,进一步阐明了党在民主革命时期三大任务以及关于打土豪分田地、废除高利贷、废除苛捐杂税、保护工商业等重大政策。

附 录

（续表）

时间	事件内容
1929年7月20日	中共闽西第一次代表大会在上杭县蛟洋文昌阁召开。大会通过了《中共闽西第一次代表大会之政治决议案》和《土地问题决议案》。
1929年7月	"在东固、延福二区开始成立工农革命委员会，赤色区域之幅员亦得到发展。"
1929年8月	龙岩、永定、上杭三县红色区域连成一片，土地革命进入高潮。田契、债据被烧毁，工农武装力量蓬勃发展，给封建势力以沉重的打击。
1929年8月28日	中共闽西特委报告闽西暴动情况时指出："闽西暴动一开始……田契债券在所有赤色区域中都烧光了，龙岩、永定的粮册子也烧尽了，这是很痛快的事。"
1929年8月	在东固工农革命委员会领导下，"由红军二、四两团捐助基金4000元开设平民银行"，即东固平民银行，银行行长为黄启绥。银行成立后，即发行东固平民银行铜元票，流通于东固革命根据地。
1929年9月	湘鄂赣边革命委员会成立后，颁布《革命纲领》，宣布"过去一切高利贷借据概作无效，以后借贷年利不得超过1分5厘，以防对贫民的高利盘剥"；并做出"兴办农村合作社、农民借贷机关"的决定。
1929年9月	中共闽西特委颁发了《关于剪刀差问题》通告，指出了由于敌人封锁和奸商的投机倒把，闽西出现了严重的农产品跌价和工业品涨价的剪刀差问题，造成农业衰弱、市场萧条的现象，并提出了相应的解决办法。赣西南地区同样存在剪刀差问题，赣西南苏维埃政府采取了相应的措施。
1929年10月下旬	中共闽西一大召开以后，闽西革命斗争迅速发展，红色区域扩大到龙岩、永定、上杭、长汀、武平、连城6个县50多个区、400多个乡成立了工农兵政府，约有80万农民分到了土地。

(续表)

时间	事件内容
1929年10月	邓小平、张云逸、韦拔群等领导广西警备第四大队教导队和右江农民军在广西百色、恩隆等地举行起义,成立红七军,张云逸任军长、邓小平任政委,并成立右江苏维埃政府,建立了右江根据地。
1929年10月	信江苏维埃政府颁布《施政大纲》,做出了销毁一切田契及其他剥削农民的契约,宣布一切高利贷借约、当约概为无效,组织农业银行及信用合作社,经手办理低利储贷的规定。
1929年11月	铜鼓县第一次工农兵代表大会在梁塅召开,正式成立了铜鼓县苏维埃政府。
1929年11月	党领导安徽霍山、六安等地起义,组成红三十三师,开辟了皖西革命根据地。
1929年12月10日	湘鄂赣边特委做出了"活泼金融,救济生产"的决议。
1929年12月28日	红四军党的第九次代表大会在上杭古田村召开,毛泽东、朱德作了报告,陈毅传达了中央《九月来信》。会议通过了《中国共产党红军第四军第九次代表大会决议案》,这个决议使红军完全建立在马克思列宁主义的基础上,成为人民军队的伟大建军纲领。
1929年12月	在方志敏等领导下,江西弋阳、横峰、上饶、贵溪、玉山等县举行工农兵代表大会,成立了信江区苏维埃政府,颁布了临时土地法、劳动法、苏维埃组织法等法令,并选出方志敏、邵式平、黄道等33人为执委。
1930年1月5日	毛泽东在古田写了《星星之火,可以燎原》,批评了林彪对政治形势和中国革命前途问题的右倾悲观思想,指明了中国革命胜利的道路。
1930年1月	红四军回师江西。在江西广昌、宁都、水丰等县发动群众,开展游击战争,发展革命武装力量,建立红色政权。

（续表）

时间	事件内容
1930年年初	石首县苏维埃政府成立石首农业银行，发行信用券，在石首地区流通，此为湘鄂西根据地的早期货币。
1930年2月7日	红四军前委和红四、五、六军军委以及赣西、赣南特委在吉安陂头召开了联席会议（即"二七会议"，又称"陂头会议"），讨论了政治、土地、红军、党的组织及苏维埃等重要问题，并确定了赣西党的三大任务：扩大苏维埃区域，深入土地革命，扩大工农武装。
1930年2月7日	在赣西南召开的"二七会议"上，对东固银行发行纸币问题进行了讨论。项英认为东固银行的票币太多了不好，而会议决定要多印。
1930年2月25日	中共中央指示鄂、豫两省委和六安中心县委，将各自所辖的鄂豫边、豫东南、皖西三块根据地连接起来，划为鄂豫皖边特别区，原有3个师的红军合编为红一军，军长为许继慎、副军长为徐向前、政委为曹大骏。
1930年3月15日	赣西南党的第一次代表大会在吉安富田召开。会议贯彻"二七会议"精神，通过了经济、军事、土地、农运、政权、妇女等问题决议案，选举刘士奇为中共赣西南新的特委书记。与此同时召开了赣西南第一次工农兵代表大会，成立了赣西南工农民主政府，曾山担任主席。
1930年3月18日	闽西第一届工农兵代表大会在龙岩召开，大会讨论了闽西的政治、军事、经济、文化等问题，并通过了决议，制定了有关的政策法令。大会组成闽西苏维埃政府，张鼎丞任主席。
1930年3月25日	《闽西第一次工农兵代表大会决议案——借贷条例》规定："典当债券取消，当物无价收回"。
1930年3月25日	闽西第一次工农兵代表大会通过的《取消纸币条例》规定：各地不得自由发行纸币；发行纸币机关，信用合作社才有资格；信用合作社要有5000元以上现金，才准发行纸币；纸币数量限1角、2角、5角三种，不得发到10角以上。

(续表)

时间	事件内容
1930年3月	随着革命斗争的胜利,根据地扩大,以及赣西南苏维埃政府的成立,东固平民银行扩大为东固银行,在兴国、永新县城设立分行,受赣西南苏维埃政府领导,发行东固银行铜元票,流通于赣西南根据地。
1930年5月	中旬,毛泽东就寻乌的行政区划、交通、商业、旧有土地关系以及土地斗争等问题,进行了详尽的社会经济调查,并写成了《寻乌调查》,还写了《反对本本主义》,提出了"没有调查,没有发言权"的论断。
1930年5月	中旬蒋、冯、阎军阀间中原大战爆发。同时桂系军阀张发奎北上反蒋。
1930年5月	阳新县苏维埃政府成立后,分别在金龙、福丰、大凤、龙燕、湖市、沿河六个区成立了区苏维埃政府。为了发展本地经济、流通金融,各自开办农民银行、发行纸币。与此同时,在大冶第五区也开设了农民银行。
1930年5月	阳新县苏维埃政府采用金银集中办法,向资本家、富农借来的款项以及各地收集上交来的金银物件,如黄金、金首饰、银元等要点清数目,按交款人成分分别记载清楚,统一送交本区的经济委员会转鄂东南工农兵银行保管。
1930年6月7日	《闽西工农兵政府下的群众生活》一文中指出闽西根据地"多数区政府开办了信用合作社(农民银行),苏维埃下的群众有正当需要(用在工业上或农业上)可向政府借贷,至多只取1分的利息,打破了高利贷的剥削。"
1930年6月	中旬,在汀州南阳召开了红四军前委和闽西特委联席会议,即南阳会议。会议讨论了革命根据地的政治、军事和经济等问题。会议规定了有关财政经济方面的政策、并决定建立闽西工农银行,发行钞票,以维持金融和发展手工业、农业生产,支持革命战争。

（续表）

时间	事件内容
1930年6月28日	闽西苏维埃政府发出《关于金融流通问题》的布告，指出："查近来岩城市只有时洋可以通行，其余如袁头毫、广东毫、福建官局毫以及各种杂版旧毫，俱不能行使，以致市面金融壅滞，本政府为流通金融起见，特规定袁头毫、广东毫、福建官局毫以及各种杂版旧毫，凡是银质的每元14角（14角即等于17角半），各商店应一律行使，因为这些杂洋的银色实在比较时洋要好点，我们正要乘这杂洋充斥的机会，把这些银色好的杂洋集中至赤色区域的市面上来。"
1930年6月	下旬，鄂豫皖边区第一次工农兵代表大会在河南省光山县王家大湾召开，正式成立鄂豫皖边特区苏维埃政府。
1930年6月	下旬，在长汀召开了红四军前委扩大会议，红四军、闽西的红十二军和江西的红三军合编组成中国工农红军第一军团，朱德任军团长，毛泽东任军团政治委员。与此同时，红五军、红十六军和湘赣红八军合编为红军第三军团，彭德怀任军团长，滕代远任军团政治委员。
1930年6月	修水县第一次工农兵代表大会在朱溪召开，成了修水县苏维埃政府。
1930年6月	为了进一步缩小剪刀差，解决谷贱伤农问题，闽西工农民主政府颁发了《关于组织粮食调剂局问题》的布告，对成立粮食调剂局的目的、任务、方法及其资金来源都作了规定。
1930年7月12日	万载县第一次工农兵代表大会在浙桥岭下杨家祠堂召开，宣布成立万载县苏维埃政府，随后建立银行、发行货币。
1930年7月15日	在长寿街召开了平江县第一次工农兵代表大会，正式成立平江县苏维埃政府，随后建立银行、发行货币。
1930年7月27日	红三军胜利攻克长沙，7月30日，湖南省苏维埃政府在长沙宣告成立。为了保存实力，红军在8月5日撤离长沙，湖南省苏维埃政府随军向浏阳、平江一带转移。

（续表）

时间	事件内容
1930年7月	鄂豫皖特区苏维埃政府迁到七里坪。为了冲破经济封锁，加紧经济建设，建立了鄂豫皖特区苏维埃银行，调剂金融，扶持生产。特区苏维埃银行由财政经济委员郑位三主持筹建，参加筹建的有王功国，郑行瑞、徐朋人、曹学秀、吴子清等。郑位三兼任银行负责人。
1930年7月	红十军攻克景德镇，没收缴获的黄金、银元、物资等共值100余万元。
1930年7月	方志敏领导的赣东北红军和1928年年底崇安起义后建立的闽北独立团合编为红军第十军，赣东北根据地扩大到闽北、浙西，形成闽浙赣根据地。
1930年8月23日	红一军团到达浏阳永和，同红三军团会合，组成了红一方面军，朱德任总司令、毛泽东任政治委员。彭德怀任副总司令，并成立总前委，毛泽东为书记。
1930年8月30日	《红色中华》第31期，发表了邓子恢《发展粮食合作社运动来巩固苏区经济发展》一文。文中说：国家银行有这些合作社做基础，也可以拿出一批款项借给合作社，这样便更增加合作社的活动。
1930年8月	湖南省苏维埃政府随军撤离长沙，在平江芦头建立造币厂，铸造银元。在银元上铸有"湖南省苏维埃政府"和"一九三一年制"字样。
1930年8月	《赣西南苏维埃政府土地法》中规定"工农穷人典当物件及房屋与豪绅地主及奸商者，无条件收回抵押品"。
1930年9月12日	红一方面军再次攻打长沙，敌人据城坚守，红军久攻不克、伤亡很大。毛泽东耐心地说服了中共中央代表周以栗，部队东进醴陵、萍乡，到江西袁水流域的新余、峡江、新干、清江一带进行休整。
1930年9月25日	闽西苏维埃政府对于闽西工农银行的资金运用，按规定比例进行掌握，库存不动的现金为30%，投入闽西政府及各级政府10%，投入各种合作社25%，市面流通13%，社会保险7%，投入苏维埃商店和土地生产15%。

(续表)

时间	事件内容
1930年9月28日	《中共赣西南特委工作报告》指出:"开办银行,在现在更宜迫切需要,使贫苦工农得有低利的经济活动,不致于使金融窘迫。在东固、纯化两处已经开办了银行,发行纸币,在群众中有深刻的信用。"
1930年9月	在慈化玉山书院召开了宜春县工农兵代表大会,正式成立宜春县苏维埃政府,随后建立银行、发行货币。
1930年9月	鄂东革命委员会在阳新太子庙成立后,为了统一鄂东地区金融工作的领导,创办了鄂东农民银行(亦称鄂东总行),行址设于阳新县金龙区大王店,后迁到龙港,主任曹信白。龙港是鄂东南苏区的政治、经济、文化中心。
1930年9月	《闽西第二次工农兵代表大会决议案——修正财政问题决议案》中指出:"目前为要调节金融,保存现金,发展社会经济,以争取社会主义胜利的前途,唯一的办法是设立闽西工农银行,各县设分行,总行随闽西政府所在地而定。"
1930年9月	为了筹设闽西工农银行,闽西工农民主政府发出第7号布告。布告中说:"现已推举阮山、张涌滨、曹菊如、邓子恢、蓝维仁、赖祖烈(长汀推举一人)7人为银行委员会委员,阮山为主任,成立筹备处,着手进行。银行资本定20万元,分20万股,股金以大洋为单位,收现金不收纸币,旧银器每两折大洋6角,金器照时价推算,限期9月内募足。"
1930年9月	为贯彻低利借贷原则,闽西工农银行规定:放款月利0.6%;定期存款半年以上者,月利0.45%;活期存款月利0.3%,每一周年复利一次。
1930年10月4日	红一方面军在地方武装和农民群众的密切配合下攻克吉安城,使赣南十多个县红色政权连成一片,形成赣南根据地。红军占领吉安的45天里,共筹款13万元,缝制了上万套军衣、军被,为以后粉碎敌人第一次"围剿"做了物资准备。

(续表)

时间	事件内容
1930年10月7日	在吉安市召开了10万军民参加的祝捷大会。大会宣告江西省工农民主政府成立。曾山任主席。
1930年10月7日	《赣西南特委给中央的综合报告》中指出，在赣西南地区，"合作社、协作社、贫民银行、借贷所，每县每区每乡都有"。
1930年10月16日	赣东北特区贫民银行在弋阳县方家墩成立，由赣东北革命委员会批准、以行长邵忠名义发布赣东北特区贫民银行成立的公告，并先后向工农群众集股1万元左右。
1930年10月	《赣西南特委政权工作报告》中指出："发展社会经济现已开始注意，赣西南总银行已有雏形的组织（指东固银行），各县区合作社贫民借贷所有相当的发展。"并提出"扩大东固银行及建立各路分行"。
1930年10月	全国苏维埃区域代表大会通过的政治决议案指出："由政府设立农民银行，供给农民资本，以消灭高利贷资本剥削，帮助合作社的组织，以消灭投机商人的欺诈和剥削。"
1930年10月	闽西工农兵政府发出关于《禁止私人收买金银首饰》的布告，指出："以后如有私人在赤色区域收买首饰，一经查出处以10倍以上之罚金，其将首饰运到白色区域贩卖或在赤色区域私铸银币则处以死刑。"
1930年10月	湘鄂西第二次工农兵贫民代表大会通过的《经济政策决议察》正式提出建立农民银行。
1930年10月	鄂豫皖特区苏维埃银行在黄安县七里坪成立，银行行长由郑位三担任。其资金来源，主要是红军战斗中缴获的金、银和土改中没收地主、豪绅的财产，并发动革命群众投资。
1930年11月2日	蒋介石任命鲁涤平为总司令、张辉瓒为前敌总指挥，纠集了10万兵力，对革命根据地发动第一次"围剿"。

(续表)

时间	事件内容
1930年11月7日	闽西工农银行在龙岩正式成立，阮山任行长。
1930年11月15日	平江县苏维埃政府"应民众之需要，利金融之流通，再进而发达工农资本"，正式建立平江县工农银行，银行行址设在谢江塔里墩，后迁至周坊白竹坑，经理黄庆怀。
1930年11月17日	江西省苏维埃政府发出"秘字第一号"的紧急通令，要求"省苏创办工农银行须迅速详细筹划进行"。
1930年11月21日	红军《总前委给江西省行委的一封信》中指出："红军的给养问题成了万分严重的问题，如果政府不能供给起码30万元的现洋和足够3个月的油盐菜。那么红军将无法执行他的任务……已到手的13万元，立即由陈宗保同志解送东固与红军总司令部经理处，没有到手的赶快筹备集中现洋之外，立即动手出票子铸铜币。"
1930年11月25日	闽西苏维埃政府发出第五号布告，通行闽西工农银行纸币，布告指出，闽西工农银行成立以来，"日常营业异常发达.目前为要使金融便利流通，特先印发暂行纸币3万张，每张1元与光洋同价，自布告之日起开始通行。……至于正式纸币银币正在印铸中，一俟制就暂行纸币即行换用正式纸币"。
1930年11月27日	江西省苏维埃政府发出"通令秘字第四号"：为筹措军费，由"本政府财政部以100万现金创设大规模的江西工农银行"，"发行钞票100万元"，"而工农银行的票子因材料缺乏尚未印好，因此特将吉安临时辅助纸币券1角价值的加盖我'江西省工农银行暂借发行券'与盖五角形赤区通用的图印，后面并加盖'江西省苏维埃政府财政部'方印以昭信用"，"该钞票并可随时持到本政府财政部兑换现洋"，"在赤区一律通用"，"俟江西工农银行的钞票一律印好后，即将该钞票收回"。

(续表)

时间	事件内容
1930年11月	鄂东南工农兵银行成立,它由金龙、福丰、大风、龙燕、湖市等5个区的银行合并而成,行址设在龙港,银行内部设有出纳、会计、造票、收发等4股。银行经理由鄂东南苏维埃政府财政部部长刘杰三兼任,1931年由陈迪光兼任。银行资金来自没收地主、资本家的财产和红军上交的战利品,其中有银元5万—6万元,金子270两,元宝、手镯、项圈等各种零碎银子共4万多两,铜元1万多串。
1930年11月	在永和古港召开的浏阳县第二届工农兵代表大会上,针对敌人对苏区的经济封锁和破坏生产,做出如下决定:发行工农兵票币,流通金融,抵制敌人经济封锁。
1930年12月	中旬,赣东北特委扩大为赣东北省委。同时成立赣东北省工农民主政府,方志敏任主席,随后建立银行、发行货币。
1930年12月27日	胜利地粉碎了敌人的第一次反革命"围剿"。
1930年12月	鄂西农民银行总行在石首调关成立,随后发行了货币。
1930年年初	鄂东南革命委员会在大冶县第五区农民银行发行铜元兑条。鄂南通山县成立大永区工农兵银行,各乡成立了借贷所。
1931年年初	鄂东革命委员会改为鄂东南革命委员会,同时设立鄂东南工农兵银行。银行行址设在龙港。银行经理先后由刘杰三、陈迪光兼任。鄂东南工农兵银行成立时,正值新年之际,银行门口有这样一副对联:"工农兵银行成立,目前经济集中,借的借,还的还,哪怕敌人封锁,依然挂灯结彩祝新岁;土痞劣财产没收,现无容身之地,冻的冻,饿的饿,且有部分生存,总是惊心胆碎度残年。"
1931年年初	平江县苏维埃政府在谢江黄家创建造币厂,铸造银元,在银元上铸有"平江县苏维埃政府"和"一九三一年制"字样。

(续表)

时间	事件内容
1931年年初	修水县苏维埃政府在上杉土地港设了造币厂,随后发行了货币。
1930年1月15日	中共苏区中央局在赣南宁都宣布成立。中央局成员有项英、毛泽东、朱德、曾山、湘赣边区一名代表等等,项英为书记。
1930年1月	铜鼓县第二次工农兵代表大会上做出举办消费合作社和生产合作社的决议。铜鼓县生产合作社成立后,为调剂苏区金融,发行了一种银洋角券,流通于市面。
1930年1月	万载县工农兵银行在潭埠区陂田乡大木山黄家湾成立,后曾迁移至枫岭头,银行行长是钟学槐(又名甘雨衣)。该行在成立后发行了货币。
1930年1月	《浏阳工农兵银行发行券币宣言》指出:"工农银行,是工农劳苦群众自己的钱庄。银行券币,是工农劳苦群众活泼金融的信用券。"
1930年1月	浏阳县工农兵银行成立。为成立银行、发行票币,浏阳县苏维埃政府颁发了布告,指出工农兵银行负有活泼金融、振兴实业之责。银行先后设在高坪、东门、小洞、严坪等地,银行行长先后由何声教、黄文等担任。
1931年春	万载县苏维埃政府在花去桥天平山创办了造币厂,随后发行了货币。
1931年春	第一次反"围剿"战争胜利结束,江西省苏维埃政府把印刷江西工农银行纸币的任务交给了东固山列宁书报社。每天可以印几百张纸。印好后,交给江西工农银行行长颜达编号。
1931年3月	铜鼓县苏维埃政府在排埠桐坊设立造币厂,随后发行了货币。

(续表)

时间	事件内容
1931年4月	上旬，国民党分四路发动了第二次反革命"围剿"。
1931年4月25日	闽西苏维埃政府召开经济扩大会议，对银行、金融和信用合作社做出重要决定。会议指出："工农银行是斗争上的武器，有健全巩固的工农银行，才能扩大合作社基金，能解决群众生活的困难，保存现金。"会议要求"扩大充实银行资本"，"各合作社及政府均须负责兑现及推销银行纸票工作"。会议决定取消合作社发行纸票的权力，规定："合作社已发出纸票的，应立即向经委会登记，以后合作社不得再发行纸票。"
1931年4月25日	闽西苏维埃政府经济委员会规定："信用合作社借款，须按群众的需要与用途，不好随便乱借（过去许多地方要借的不借，不必借的则借），借贷时一定订明还期，在春耕时候，群众无条件下种的，应集中股金借给他们买肥料，如在四五月时，应特别借钱给穷人买米谷。"
1931年4月27日	闽西苏维埃政府为了适应市场货币流通的需要，发布了《关于统一时洋价格问题》的布告。布告指出：时洋（即癸亥毛）这种毫币，在闽西苏区内通行价格不一样，给金融流通造成极大不便，为此，"决定这种毫价应统一起来，全闽西苏区内每大洋1元，换时洋18毫（即每个时洋值大洋7厘半）"。
1931年5月6日	中共中央关于鄂豫皖省的决议中指出："暂时可不必废除旧的货币，它与苏维埃银行或工农银行发行的货币可有同样的价值。"鄂豫皖苏维埃政府在执行中，从实际情况出发，采取灵活措施，折扣使用，即1元旧币币值为苏区币的0.96元。

(续表)

时间	事件内容
1931年5月9日	皖西北苏维埃代表大会在金家寨召开,正式组成皖西北特区苏维埃政府,吴保才任政府主席。
1931年5月15日	红军攻克新集(今河南新县),鄂豫皖特区苏维埃银行随苏维埃政府迁到新集,与皖西北特区苏维埃银行合并,改称鄂豫皖省苏维埃银行。郑义斋继郑位三分管银行工作。鄂豫皖苏维埃银行基金由苏维埃政府从战争缴获和没收财物中拨给,另有银行发行临时股票筹资。其主要任务是从革命战争和根据地经济建设需要出发,集中管理现金,发行货币,发放信贷,帮助政府开展合作社运动,扶持跨境贸易,以利于打破国民党政权的经济封锁。
1931年5月15日	皖西北特(道)区苏维埃银行成立,行址设在金家寨吴志和药店的后房里,由吴保才兼任银行主任。不久,随同皖西北特(道)区苏继埃政府迁到麻埠,驻北大街某茶行内。皖西北特(道)区苏维埃银行属道区级,受鄂豫皖特区(省)苏维埃银行领导。其资金来源,主要由红军战斗中缴获和苏维埃政府没收财物中拨给,银行本身也发行股票集资。其主要业务是:发行货币、代理金库、办理红军和军政机关拨款,支持经济公社和合作社的需求资金,吸收储蓄,在一定范围内发放农业和手工业贷款。
1931年5月16日	红军粉碎了第二次"围剿"。
1931年5月	修水县苏维埃政府第三次扩大会议,做出扩大银行、充实基金的决议,银行从赤色消费合作总社分离出来,因为在此之前,修水县苏维埃政府曾指示消费合作社总社发行过铜元纸票。负责银行工作的是甘卓吾(又名章文)。
1931年5月	为了恢复苏区经济,活跃市场,赣东北特区贫民银行从本月开始发行银元票,在票币上印有"本行钞票,现银一律,准备基金,十分充足,工农士兵,携带轻便,县苏区苏,都可兑换,买卖完税,毋许折扣"的字样。

(续表)

时间	事件内容
1931年6月	麻城工农兵代表大会通过的《政治任务决议案》规定："禁止商人私自发行纸币，把发行纸币权统一在苏维埃银行。"
1931年6月	红三军攻占房县县城，开辟以房县为中心的革命根据地。贺龙、邓中夏、柳直荀、李明铨等主持召开房县群众大会，宣布成立房县苏维埃政府。
1931年6月	浏阳县苏维埃政府在小洞兰冲设立造币厂，随后发行了货币。为便于在白区流通，铸有"大头""小头"银元。
1931年7月1日	鄂豫皖边区第二次工农兵代表大会在新集县召开，成立鄂豫皖边区工农民主政府，高敬亭任政府主席。
1931年7月	上旬，国民党发动了第三次反革命"围剿"。
1931年7月12日	滕代远在《巡视湘鄂赣苏区的报告》中指出："各县办有工农银行，平江出纸票已有13000元，又铸银元1000元，浏阳已出纸票10000元，万载出6000元，修水出的纸票约数千元……纸票银元出现时，非常受群众欢迎采用，红军士兵都争换苏维埃的银元作纪念，以致流通到白区岳州、汨罗等处。"
1931年7月	中旬。中共鄂西北临时分特委决定，在房县西街设立鄂北农民银行，发行货币。银行工作由县苏维埃政府经济委员会委员王守训负责。鄂北农民银行发行的货币，有银质的"维持块"，即把银子铸成长方形块块，每块含银7.2钱，银块上面有"维持"两字。在未铸出银元前，用"维持块"流通市面。后来，苏区铸出银元，就换成银元行使。同时发行纸币，面额有5角券、1元券两种。
1931年8月20日	马洛在《赣东北苏区的现状》的报告中指出："贫民银行在前数月已成立，发行了1万元纸票，信用颇好。"
1931年8月26日	鄂豫皖苏维埃政府发出布告第12号，宣传工农银行的作用、银行的章程和存款手续，引导广大群众帮助银行工作，奖励私人储蓄存款。

（续表）

时间	事件内容
1931年8月	由东固印刷厂和兴国印刷厂合并成立中央印刷厂，厂址在瑞金。
1931年8月	宜春县在慈化冷水召开第三次工农兵代表大会，会上决定设立宜春县工农兵银行。为此，县苏维埃政府颁发布告指出：宜春县工农兵银行是为发展生产和为群众谋利益而成立的，并发行票币，流通于苏区。银行行址先后设于慈化冷水、北塘、下彭、上阳、田子岗等地，银行经理是欧阳柏（又名杨玉兴）。
1931年9月	第三次反"围剿"战争胜利，中央红军发展到4万余人，中央革命根据地也扩大到包括赣南、闽西的21个县，面积达5万平方公里，人口250万。
1931年9月18日	"九一八"事变。
1931年9月22日	中共中央发表《反对日本帝国主义侵略中国的宣言》，发出"组织群众的反帝运动，发动群众斗争，反抗日本帝国主义""组织东北游击战争，直接给日本帝国主义以打击"的号召。
1931年9月23日	在平江长寿街召开了湘鄂赣省工农兵苏维埃第一次代表大会，遵照中央训令，撤销湖南省苏维埃政府，成立湘鄂赣省工农兵苏维埃政府。
1931年10月17日	湘赣省召开第一次工农兵代表大会，讨论和通过了《湘赣苏区各级苏维埃暂行组织法》。大会选举了省执行委员会，正式成立了湘赣省工农民主政府，袁德生任主席。
1931年10月31日	赣东北省委《关于苏维埃工作报告》中指出，"成立了苏维埃银行，已发行钞票3万余元，钞票在群众中的信仰还好"。
1931年10月	湘鄂赣省造币厂成立，湘鄂赣省造币厂是以浏阳、万载两个造币厂为基础扩大组成的。造币厂的厂长先后为胡中良、钟学槐。厂址设于浏阳严坪庙背王家大屋。

(续表)

时间	事件内容
1931年10月	为了解决购买所需资金,赣东北省苏维埃银行与闽北分行先后发行了票面50元和100元的兑换票,白区商人收到兑换票后,可以优先在对外贸易处购买苏区物资。
1931年10月	湘赣省党的第一次代表大会上提出建立"工农银行基金",基金构成为一方面从打土豪筹款和累进税中抽出一部分,另一方面向群众和团体集股。要求全党同志领导广大群众,以每一家为单位,出1角钱或1元钱作为银行基金。
1931年11月7日	第一次全国工农兵代表大会在瑞金叶坪召开,历时14天,到会代表600余人。大会通过了《宪法大纲》《土地法》《劳动法》等法令、条例和《经济政策决议案》,大会宣布了临时中央工农民主政府成立。
1931年11月7日	第一次全国工农代表大会通过了《关于经济政策的决议案》,宣布了银行、信贷、货币和金融管理等方面的政策。决议规定:"为着实行统一币制并帮助全体劳苦群众起见,苏维埃应开办工农银行,并在苏维埃区域内设立分行。这个银行有发行货币之特权。""应实行兑换货币。""苏维埃区域内的旧货币,在目前得在苏维埃区域内通行,并消灭行市的差别。""苏维埃应发行苏维埃货币。外来货币,须一律兑换苏维埃自己发行之货币。""对各土著及大私人银行与钱庄,苏维埃机关应派代表监督其行动。禁止这些银行发行任何货币,苏维埃应严禁银行家利用本地银行,实行反革命活动一切企图。"
1931年11月	《中华苏维埃共和国经济政策》中规定:"城市与乡村贫民被典当的物品,完全无代价的归还原主,当铺应交给苏维埃。"
1931年11月	曹菊如发表文章《闽西工农银行一周年》,总结了闽西工农银行的作用。

(续表)

时间	事件内容
1931年11月	中央造币厂成立。该厂起始于1929年兴国东村的东村乡造币厂，1930年上半年改为兴国县造币厂，1931年7月归省苏维埃领导，11月造币厂搬到瑞金洋溪，改为中央造币厂。
1931年11月	湘鄂赣省工农银行成立。省苏维埃政府为银行成立颁发布告，说明工农银行是为了发展社会经济，冲破敌人的经济封锁而创办的。明确它的主要职责是：加强金融管理，统一票币发行，积极聚集资金，开展低利借贷等。要求工农群众拥护工农银行的创办。银行行址设在修水上衫。银行行长先后由李国华（真名张育贤）、涂正坤、刘文初、成功担任。湘鄂赣省工农银行成立之后，各县原设银行均改建为分行。
1931年11月	成立赣东北苏维埃政府。随着省建制的组成，赣东北特区贫民银行退还群众股金，改建为赣东北省苏维埃银行。
1931年12月13日	湘鄂赣省鄂东南办事处在《经济问题决议案》中规定："银行设立储蓄部，办理储蓄事宜，存款周年利息，短期定为6厘，长期定为8厘。"
1931年12月27日	中央工农民主政府召开了第三次常委会，通过统一财政条例和训令，决定颁发合作社条例、投资条例、借贷条例，交财政委员会起草。为计划发展苏区经济起见，决定将财委扩大改为财政经济委员会。
1931年12月	成立赣东北省苏维埃银行闽北分行，银行行长由分区财政部部长徐福元兼任，行址设在大安。由于闽北苏区与赣东北苏区分处两地，各自相对独立，赣东北省苏维埃银行对闽北分区银行仅在业务上有指导关系，闽北分区银行实际上是独立开展金融活动。
1931年12月	《中华苏维埃共和国湘赣省工农银行暂行简章》由工农银行筹备委员会提请省苏维埃政府批准颁布施行。简章要求工农银行的首要职责是："实行阶级经济政策，发展农村经济，帮助工农贫民，兴办公共生产及各种合作社，统一货币制度。防止金融外溢，冲破敌人经济封锁，巩固并发动苏区群众经济，帮助苏维埃政府创办一切建设事业，以促进革命的巩固与发展。"

(续表)

时间	事件内容
1931年12月	年底，为了平衡财政收支，赣东北省苏维埃银行的基金大部分支援了财政，至年底银行的基金只有银元3000多元，而发行纸币则达6万余元。
1931年	鄂南的蒲圻县成立了县苏维埃银行。
1932年1月11日	赣东北省委在《财政问题报告》中指出："省苏维埃银行前后共发钞票及兑换券6万余元，但该行基金现只有3000余元，该行的纸币被省苏财委会借来发各项费用，省苏财委会只存金1010余两，银行的基金及购办军需品、西药及其他各种必需品，都完全靠这金子。"
1932年1月15日	中华苏维埃共和国湘赣省工农银行在永新县城正式成立。银行基金2万元，并准备将基金扩充到10万元以上，暂发出各种票币2万元。
1932年1月20日	苏区中央局在《致湘鄂赣省委信》中指出："现金出境应有限制，唯不能拿现金、禁止现金在市场流通。同时工农银行的纸币不可滥发，以致将来失去信仰。"
1932年1月27日	中央工农民主政府颁布《借贷暂行条例》。
1932年1月30日	苏区中央局指示湘赣省委：湘赣苏区的工农银行应依照中央的指示成立，但须成为苏维埃国家银行的湘赣边分行。
1932年1月	赣东北省苏维埃银行闽北分行于本月开始印发纸币，票面额有银元1角、2角、5角、1元四种。
1932年2月1日	实施第一次全国工农代表大会通过的《借贷暂行条例的决议》，宣布"取消和废止一切高利贷形式的借贷。过去高利贷的契约，完全宣布无效"。为适应经济的发展，规定："凡国家银行、信用合作社或私人借贷之非高利贷性质的周转"，苏维埃政府不加以干涉；"苏区中借贷利率，高者短期每月不得超过1分2厘，长期周年不过1分。短期利率于期终付给，长期利率每周年付给一次或分季付给，一切利息都不能利上加利"。

(续表)

时间	事件内容
1932年2月1日	中华苏维埃共和国国家银行正式成立，第一任行长为毛泽民，行址设在瑞金叶坪，后迁到沙洲坝和下陂子。国家银行成立后，"为统一组织起见，决定将江西工农银行取消，闽西工农银行因系工农群众投资，故仍许其存在，仅停止其发行纸币权"。
1932年2月15日	红军总政治部发给三军团一封信，批评他们攻克长沙后，破坏城市政策的错误行为。信中说："大商店一概实行没收，银行大部扰毁，当铺的典物没有无偿的分还给贫农……整个城市落入非常混乱的状态中。"重申："我们要坚决反对没收一切工厂、银行、钱庄、大商店的企图。"
1932年2月17日	中央工农民主政府通令各级政府，务须立即实行节俭运动，各地工农银行、信用合作社要设立储蓄部。
1932年2月20日	湘鄂赣省苏维埃政府鄂东办事处召开各县财政、经济部部长联席会议，作出决议：为维护银行票币信誉，决定暂发行10串文一张的票币，早日将旧票收回；各行的票子限4月半一律收回，过期作废。鄂东道委常委扩大会议认为鄂东银行纸币要立即准备兑现，以提高纸币信用，挽回纸币不能兑现所产生的一切影响，要用很大力量进行这一工作；决定宣传发动群众存款，银行发行20万元存款券；并要求银行要有一定的独立性，各机关不得到银行随便支款。
1932年2月	商城（当时改称赤城县）原属皖西北特（道）区的一个县，红军攻占商城后，成立赤城县苏维埃政府。当时皖西北道区苏维埃银行已通知发行货币，而鄂豫皖省苏维埃银行发行的货币，因交通运输困难又供应不上，为了适应经济发展和市场流通的迫切需要，即在城关组建成立赤城县苏维埃银行，主要办理信贷业务和货币兑换工作，并曾铸造发行鄂豫皖省苏维埃工农银行的银币和铜辅币。
1932年3月18日	福建省第一次工农兵代表大会在汀州召开，正式成立福建省工农民主政府，选举张鼎丞为主席。大会通过了土地、劳动、军事、经济、财政和苏维埃建设等方面的决议。

(续表)

时间	事件内容
1932年3月20日	为统一票币，鄂东工农银行发行10串文票币。为此，发出通知："工农银行是为工农谋利益而设的，是防止现金流出，活泼苏区的金融，发展苏区生产事业，冲破敌人经济封锁的好办法……现在为要统一票币起见，暂发行10串文一张的票币，以便早日将过去各分行票币收回。凡持有大冶、通山、武宁、瑞昌、福丰、龙燕、大凤、湖市、沿河各分行的票币者，统限于4月半以前送来兑换。"
1932年3月21日	湘鄂西中央分局在《给湘鄂赣省委的信》中指出："现金只能限制出口，在苏区内还须流通。"
1932年3月	中华苏维埃钨矿公司成立，毛泽民兼任总经理。公司设于铁山陇，下属3个国营矿场以及盘古山矿场（集体合作生产制）、上坪矿场（集体合作生产制）。1933年4月，小陇钨砂投产。钨砂出口业务由国家直接经营。钨砂的生产和出口对换取大批军需物资和工业品，粉碎敌人经济封锁，支援革命战争，起了重大作用。
1932年3月	湘鄂西中央分局写信给湘鄂赣省委，提到银行票币已经低至7折，必须停发，充裕基金，使币值回升到与现金相等，然后再按市场需要发行，并且保证准备基金能够兑现。
1932年3月	湘鄂西中央分局要求加储基金，开辟财源，节省开支，以恢复纸票币值。在给鄂东道委的信中说："湘鄂西因滥发纸币，结果完全不用，是一绝大的错误，你们现在必须停发纸币，加储基金，准备金要达到70%，至少50%，使纸币能够恢复到现金同等。"
1932年4月1日	湘鄂赣省苏维埃政府扩大会议改组了省苏执委会，王显德任主席。会后为了执行苏区中央局提出向东南发展的方针，省苏机关由修水上衫迁驻万载小源。从此，小源成为湘鄂赣省政治、经济、文化的中心。
1932年4月4日	湘鄂赣省苏维埃政府决定建立中华苏维埃共和国国家银行湘鄂赣省分行。

（续表）

时间	事件内容
1932年4月8日	湘鄂赣省苏维埃政府执委扩大会决定收回票币，并分配各县担负兑现基金。决议中指出："湘鄂赣省工农银行的票币不得再发，并限定在3个月内一律收回，在4月份内收回1/6，5月份收回2/6，6月份内收回3/6。决定各县苏负责找现金作银行收回票币基金，并决定由万载县苏担负现洋16000元、宜萍县苏11000元、宜丰县苏6000元、铜鼓县苏6000元、浏阳县苏7000元、平江县苏7000元、修水县苏11000元、鄂南县苏16000元、红十六军担负50000元。"
1932年4月8日	湘鄂赣省苏维埃政府决定，在收回原发行的纸票之后，即取消湘鄂赣省工农银行的名义，再由群众集股，各级苏维埃政府拨款帮助，在3个月后成立国家银行湘鄂赣省分行。
1932年4月12日	中央政府制定了合作社暂行组织条例，提出信用合作社一定要发挥"为便利工农群众经济周转和信贷以抵制私人的高利剥削"的作用。
1932年4月15日	鄂东道委常委扩大会决议发行20万元存款券，吸收现金准备纸币兑现。决议案说："要立即准备兑现，提高票币信用，挽救目前纸币不能兑现所产生的一切恐慌和影响。"这一项工作从红五月起实行，并在短期内吸收大批现金，作为银行基金，准备于8月兑现。
1932年4月18日	鄂东道委会在《党对银行举行存款运动的宣传与领导》一文中指出："现在银行正在准备兑现，已筹划到40万元了，在四五两月中再向外面打土豪筹款8万元拨给银行兑现。再把苏维埃商店及转运局拨给银行，大约银行有基金50万元，但是银行票钱有70万元，尚差20万元没有钱兑现，所以要群众向银行存款20万元。"
1932年4月18日	鄂东道委在《红五月工作计划》中指出："各县在红色五月中要用大的力量向外筹款，准备8月开始银行兑现，兹规定各县应打击土豪落款的数目如下：大冶1万元，咸宁1万元，通山1万元，武宁1万元，瑞昌1万元，鄂城1万元。"

(续表)

时间	事件内容
1932年4月18日	鄂东道委会在《红五月工作计划》中指出:"目前苏区现金困难","银行纸票低价,1串钱只当500元钱用",为此,要"领导群众起来存款,并决定阳新存款8万元,大冶存款6万元,通山存款5万元,鄂城、武宁存款1万元"。
1932年4月	中旬,红军主力向闽南发展,在龙岩、南靖一带打败了军阀张贞,20日乘胜攻占漳州城,缴获了大批军需装备等作战物资。打下漳州后,进行了筹款工作,一共筹了数百万款子,还解决了军鞋和服装、西药等问题。
1932年4月26日	中央工农民主政府发表了《对日宣战通电》,正式宣布对日作战,号召以民族革命战争驱逐日本帝国主义出中国。
1932年4月	中华苏维埃共和国国家银行福建省分行成立,李六如任行长。
1932年4月	鄂东南地区各县、区自设银行,各自发行货币,并可互相通用,由于没有控制,结果发行量超过了市场流通需要量,造成货币贬值。据统计,总共多发了70万元。因发行过多,引起了通货膨胀,币值下降。原1串的纸币可以当1000文用,后来只能当100文用了。为了摆脱这一困境,鄂东南苏维埃政府采取了两个措施:一是统一发行和使用鄂东南工农兵银行的纸币,限期收回原由各地发行的纸币;二是增加银行基金50万元。其筹集基金办法:首先从各机关、团体、企业抽回资金42万元;其次打土豪筹款8万元,合计50万元。尚差20万元,由银行发放"存款券",用它来收回多发出的纸币,定期一年,到期还本付息。
1932年4月	当湘鄂赣省工农银行发纸票10余万元时,省苏维埃政府即提出,湘鄂赣省工农银行的纸票不得再发,并限定在3个月内收回。进度要求:4月份内收回1/6,5月份内收回2/6,6月份内收回3/6。

(续表)

时间	事件内容
1932年5月15日	红军攻克新集,奠定了鄂豫皖苏区首府,银行随同军政首脑机关迁往,于当日在新集恢复营业。随后,鄂豫皖省委组建成立,银行乃改称鄂豫皖省苏维埃银行,亦称鄂豫皖省苏维埃工农银行。银行行长改由郑义斋担任。银行的主要业务:(1)收兑与管理金银;(2)印发根据地货币;(3)拨付红军和机关经费;(4)支持经济公社开发对外贸易;(5)发放贷款,支持生产;(6)办理存款和储蓄业务。银行未设分支机构,其业务委托各级经济公社办理。经济公社即公营商店,其主要任务是:开展区外贸易,保障物资供给,控制市场物价,承办银行业务。各经济公社均设专职人员办理银行业务,如代理收兑金银,代理现金收付,兑换纸币;还发行辅币券,用于交易中找零,以调剂市场。
1932年6月7日	湘鄂赣省苏维埃政府对各县发出财字第一号训令,催缴收回票币基金。训令中指出:"只有以大的努力收清货币,结束旧的银行,由群众集资组织国家银行,准备大批基金,发行有现兑的票币,才是正确运用经济政策,才能使苏区经济活跃与充裕起来。"
1932年6月19日	蒋介石在庐山开军事会议,提出了"攘外必先安内"的卖国政策。随即调集50万兵力,自任总司令,坐镇武汉,发动进犯我根据地的第四次反革命"围剿"。第一阶段,敌人集中兵力进攻鄂豫皖、洪湖、湘鄂赣三个根据地,以期解脱红军包围武汉之势。
1932年6月21日	国家银行纸币开始发行,中央政府人民委员会发布第十四号命令,宣布兑换办法。办法中规定:"在国家银行各地兑换处未普遍设立以前,各级政府各部队的经理机关要代理兑换国家银行发行之各种钞票,并须挂起'国家银行钞票代兑处'的招牌,指定专人负责。对持票要求兑换者,须尽量兑付现洋,不得拒绝。"
1932年6月25日	为准备充分的战争经费与红军给养,中央工农民主政府决定发行短期的革命战争公债60万元,其中10万元在湘赣省、湘鄂省发行,在中央苏区发行50万元,同时发布了《革命战争短期公债条例》。

（续表）

时间	事件内容
1932年6月27日	中共苏区中央局通过《关于争取和完成江西及其邻近省区革命首先胜利的决议》，错误地取消红军筹款和做地方工作两大任务，把红军三大任务缩小为单纯打仗一项。
1932年6月28日	中央工农民主政府机关工作人员及中央印刷局工人，热烈购买革命战争公债，决定每日抽出伙食费1分购买公债票。中央印刷局工人提议每个工人至少拿出半月工资购买公债票。
1932年6月	赣东北省苏维埃银行开始发行为数不多的1角、5角和1元券的银元票。第四次反"围剿"取得胜利后，银行纸币流通范围扩大，需要量增加，即增发了1角、1元两种票币。
1932年6月	鄂东南工农银行正式成立。为了解决军政费用开支，发行银行纸票50余万元，在鄂东南苏维埃政府成立前的两个月内增发纸票20万元左右。
1932年6月	鄂东南苏维埃第一次代表大会决议组织国家银行湘鄂赣省鄂东南分行。
1932年7月7日	中央工农民主政府第十八次常会决议，为了便利指挥关于革命战争中的一切军事上、经济上、劳动上的动员，组织劳动与战争委员会，并选举周恩来、项英、朱德、邓发、邓子恢5人为委员，周恩来为主席。
1932年7月13日	中央工农民主政府执行委员会发布第七号命令，更改1931年12月1日所颁布的暂行税则的税章，规定征收商业税的办法从1932年7月起由每年征收两次改为每月征收一次，季节生意也改为按次征收；肩挑商的资本在100元以上者，也同样要收税；农业税也须按照新的税则征收。
1932年7月14日	中央工农民主政府颁布了修改过的《暂行税则》，其中对商业税的起征点及税率做了重大的修改。起征点从200元下降到100元，并大幅度提高了税率，这加重了中小商人的负担，尤其是小商人的负担。

（续表）

时间	事件内容
1932年7月17日	湘赣苏区省委在《三个月工作竞赛条约给中央局的总结报告》中指出，湘赣省工农银行在群众中的信仰是比较好的，已发行了1万—2万元纸币。
1932年7月	国家银行开始发行纸币的时候，中华苏维埃共和国中央执行委员会发布《关于战争动员与后方工作》的训令，训令中指出："为使苏区境内金融流通，便于商业汇兑与国家税收，特于本月起开始发行相当数量而有充分基金的国家纸币。各级苏维埃政府应广大的动员群众……在经济上担负起保障红军给养与战争经费的充裕……在推销公债与使用纸票上，应该以极大的热诚与积极性来尽先缴税，尽先购买债券，尽先使用纸币……使纸票的发行，在群众的极度信任中流畅通用。"
1932年7月	湘鄂西中央分局在给鄂东道委的信中指出：现在发行的纸币已达40万元；湘鄂西因滥发纸币致使纸币无法流通，是一绝大错误；"你们必须停发纸币，加储基金，要达到70%，至少50%，并且要能兑现。首先要求财政有一个开源节流的转变。如果靠发行纸币，因币值低落不能流通，势必造成不良影响"。
1932年8月24日	中央工农民主政府第二十三次常会，修正并通过国家银行的银行章程。
1932年8月	党中央在宁都召开会议（即宁都会议），会上，王明"左"倾机会主义者继赣南会议之后又指责毛泽东犯有"极严重的一贯的右倾机会主义错误"。这次会议改变了红军的正确领导。
1932年9月6日	龙岩群众踊跃购买公债，完成13000多元，比原定额8000元超过5000元。
1932年9月13日	财政人民委员部发出第六号训令，强调通过打土豪筹款的途径取得现金，训令指出："大量现金流出，影响市面交易极大，在这种经济状况之下，我们必须组织游击队向外发展新苏区，吸收大批现款。"
1932年9月	闽北根据地苏维埃政府在崇安大南坑筹建造币厂，于1933年1月开始铸造可以在白区流通的银元。

（续表）

时间	事件内容
1932年9月	为了加强现金出口管理，莲花县苏维埃政府规定：如必需银元到白区购货者，10元以上要经过乡苏、50元以上要经过区苏、100元以上要经过县苏的审查和允许，给以银元出口证才能出境。与此同时，省苏维埃政府还鼓励以银元输入苏区，其措施：一是要求合作社、商人及农民将苏区的木材、煤铁、豆类、棉花、茶油等输去白区，换取银元进来；二是提高银元价格，控制铜元输入。
1932年10月21日	为保障反"围剿"战争的胜利准备战争经费，中央执行委员会发布第十七号训令，发行第二期革命战争短期公债120万元，债款分配：商户15万元，各县98.6万元，红军6万元，党政团体6000元。同日，中央工农民主政府颁布《发行第二期公债条例》。
1932年10月	湘赣省苏维埃政府开办了造币厂，以银器银饰为原料铸造银元，到年底已具有月产万枚银元的生产规模，造币厂起初设在永新县龙门的黄冈，并先后迁驻于猫鹰庵、下田、象形的天龙山、石桥的梅田等处。造币厂是内部的名称，为了保密起见，对外则叫湘赣省弹药厂。
1932年10月	红四方面军转移至川陕后，鄂豫皖省委重组红二十五军，坚持游击战争。当时由于斗争环境恶劣，行军携带纸币易于磨损和被雨浸湿，加上敌人经济封锁，纸张缺乏，造币困难。为了融通金融，适应战时经济需要，由苏维埃经济公社于1933年发行一种油布票。
1932年11月7日	《红色中华》刊登的《财政人民委员部一年来工作报告》提出："苏区财政工作路线大转变后，取消了红军的筹款，自1932年7月以后，前后方红军给养已经是中央财政部负责支付了。"
1932年11月14日	第二期公债发行工作超额完成，原定发行120万元，实际发行128万余元。
1932年11月20日	赣东北来沪代表（涂振农）在工作报告中指出："设立了苏维埃银行，有基金18万，发行纸币7万元，银行票子在群众中的信用非常好，随时可以兑换。"

(续表)

时间	事件内容
1932年11月22日	中央工农民主政府第二十八次常会,为了加强财政收支管理,通过了《国库暂行条例》。
1932年11月26日	中央工农民主政府财政人民委员部发布第十号训令,对公债除商人、富农可以指令摊派外,其余中农、贫农以及小商人等,须任人自由购买,不准再有摊配勒迫行为。
1932年冬	湘鄂赣省造币厂由浏阳严坪迁驻万载南江村,为了纸票兑现,加紧了银元的铸造工作,全厂职工80多人,日产1200块银元。
1932年12月13日	为了有组织、有步骤地开展银行集股工作,由省印刷"中华苏维埃共和国国家银行湘鄂赣省分行股票",经统一编号后分发省区各县,由集股经办单位填发给入股人收执。此种股票每大洋1元为1大股,大洋5角为1小股,至年底发给各县10万份。
1932年12月14日	湘鄂赣省苏《给鄂东南苏指示信》中说:"票币低至三四折,在群众中没有多大信用,特别是在政治上的影响更有不好,望你们计划怎样才收回票币,最好立即停止再发。"
1932年12月15日	由于全国人民要求抗日浪潮的冲击和国民党统治集团内部的激烈分化,蒋介石被迫宣告下野。
1932年12月16日	中央财政人民委员部发布了第十二号训令——统一会计制度和建立国库制度。训令强调指出健全的、科学的会计制度和金库制度是统一财政的前提条件。"为确定会计制度、彻底统一财政起见,本部特规定暂行国库条例,会计规则,会计科目表,预决算规则",自1933年1月1日起实行。
1932年12月25日	红四方面军撤离鄂豫皖根据地后,由陕南入川北,解放通江县城,开始在川北、陕南创建川陕革命根据地。根据地人口有600多万,红军扩大到8万多人。川陕革命根据地成为土地革命战争时期重要的革命根据地之一。
1932年12月27日	为了统一财政收支管理,中央工农民主政府决定于1933年1月1日起建立国库,实行金库制度,将一切财政收入一律交到国库,由中央支配。

（续表）

时间	事件内容
1932年12月	湘鄂赣省苏维埃政府发行"短期公债"5万元。这期公债面额小（分5角、1元两种）、期限短（1年期）、利率高（周年1分）、作用广（可纳国家租税，准许买卖、抵押和作现款担保品），深为工农群众所拥护。
1932年12月	赣东北省改为闽浙赣省，方志敏任政府主席。
1932年12月	随着革命战争的胜利与根据地的扩大，赣东北省改建为闽浙赣省，赣东北省苏维埃银行也随之改为闽浙赣省苏维埃银行。
1932年12月	为了维护工农银行纸币的信誉，湘赣省苏维埃政府执委会决定，对于国家一切租税，要完全征收中央国家银行及本省工农银行的票币，不收银元及铜元。
1932年下半年	为了保证财政统一，中央政府人民委员会开始建立金库，责成国家银行代理总金库，分支行代理分支金库。
1932年	中央政府人民委员会核准颁布了《中华苏维埃共和国国家银行暂行章程》。章程中规定，国家银行直接隶属于财政人民委员部，设于中央政府所在地，资本定为国币100万元，管理之权属于管理委员会。
1932年	中央政府人民委员会颁布《国库暂行条例》，条例规定：国库掌管国家一切款项之收入、保管与支出事宜，由财政人民委员部国库管理局管理之，其金库则委托国家银行代理之。
1932年	鄂豫皖苏维埃银行发行的纸币，在1932年前是稳定的，本年由于国民党军队围攻苏区，纸币信誉受到冲击，一度发生挤兑。
1932年	湘赣省工农银行全年收进的银器、银饰有4万多两，金饰也有四五百两。
1933年1月5日	湘赣省工农银行经理委员会在《营业报告书》中指出：本行基金，有群众股金、团体股金、省苏维埃政府基金3种，共计大洋6万元，但在当时所收股款，多半是金银品，以致在营业上，不能很灵活地周转。"至今发行的票币，不过3万元。"

（续表）

时间	事件内容
1933年1月11日	红军总政治部向全军发出《开展节约运动和加紧筹款以进一步充足战争经费》的训令，恢复了主力红军的筹款任务，以补政府财政供给之不足。
1933年1月15日	湘赣省工农银行于成立一周年之际，分别在各县召开股员代表会议，由工农银行经理委员会向全体股员报告一年来的营业状况和工作情况，征求股员意见和确定今后银行工作的方针，同时，向全体股员分红付息。
1933年1月15日	湘赣省工农银行分红发息之后，将湘赣省工农银行改为"中华苏维埃共和国国家银行湘赣省分行"，决定将私人股份退出，建成一个完全由苏维埃政府开办的金融机构。
1933年1月	湘赣省苏维埃政府发行"革命战争"短期公债（即第一期）8万元，这期公债是1932年11月在湘赣省党的大会上，为红军第四次反"围剿"准备战费决定发行的，发行工作在年内开始，由于公债期限短，半年还本付息，利息优厚，利率周年1分，而且可以完纳国家各项税款，深受群众欢迎。
1933年1月	在王明"左"倾机会主义路线统治下，白区工作遭受严重破坏，中共临时中央被迫从上海迁入中央革命根据地。
1933年2月8日	中共苏区中央局颁布《关于在粉碎敌人四次"围剿"的决战前面党的紧急任务决议》，要求：最大限度地扩大与巩固主力红军，在全中国各苏区创建100万铁的红军。
1933年2月10日	国家银行江西分行在博生（现宁都）宣布成立。在分行开业的前几天，工农群众热烈庆祝，"在博生城内充满着'拥护苏维埃中央政府''拥护国家银行江西分行成立'的口号声"。
1933年2月16日	为了革命战争的需要，中央工农民主政府发出向苏区群众借20万担谷子给红军的号召，要求在2个月内完成。

（续表）

时间	事件内容
1933年2月	中旬，川陕省第一次工农兵代表大会在通江召开，成立川陕省工农民主政府，熊国炳任主席。大会通过了《川陕省苏维埃组织法》，规定设立工农银行，属财政委员会领导；并规定工农银行的任务是："制造苏维埃货币，统一币制，流通苏区金融，实行对工农的低利和无息借贷，帮助合作社的发展。"
1933年2月26日	为发展苏区的国民经济以适应革命发展的需要，中央工农民主政府召开第三十六次常会，决议设立各级国民经济部，并委任邓子恢（财政部部长）兼任中央国民经济人民委员部部长。经济部下设对外贸易局、粮食调剂局和合作社指导委员会。
1933年2月26日	中央工农民主政府为打破敌人对苏区的经济封锁发表告群众书。
1933年2月	湘赣省苏党团在回顾前一段工作时曾评价"工农银行在低利借贷发展合作社运动上做到了相当成绩"。
1933年2月	红军胜利地粉碎了敌人的第四次"围剿"。
1933年2月	红四方面军总部在通江苦草坝设立纺织厂，纺织土布、洋布，洋布专供印票之用。
1933年3月1日	西北军委发布《财政经济政策的决议案》。决议案中规定：设立工农银行，并在各地苏维埃区域设立分行。工农银行有发行货币的特权，取消高利贷，典当物品退还原主，当铺交苏维埃。
1933年3月1日	中央工农民主政府发出《为革命群众借谷供给红军》训令，借谷20万担。
1933年3月21日	《红色中华》号召苏区广大群众退还80万元公债，节省30万元。
1933年3月27日	《红色中华》登载了一篇题为《向富农募捐30万，发动群众停止挤兑》的报道，文中指出："各地银行发生挤兑现象，为着巩固苏维埃的金融基础，充裕国家银行的金库，我们要发动群众停止挤兑。"

（续表）

时间	事件内容
1933年3月	闽浙赣省第二次工农兵代表大会在《财政与经济问题决议案》中指出："苏维埃银行，在发展苏区生产，调节金融，帮助政府解决某些时期的财政困难是起了极大的作用的。"
1933年3月	闽浙赣省第二次工农兵代表大会提出，要鼓励群众向银行入股与储蓄，扩充银行基金，以保障和提高银行的信用。
1933年4月9日	财政人民委员部发出紧急通令，要求"各级政府机关及群众团体一切费用须一律使用国票"，"不准自由动用现款以妨碍银行兑现，致无现款送往前方"。
1933年4月13日	国民经济委员会成立，内设设计局、粮食调剂局、信用社指导委员会、国营企业局、对外贸易处。成立时的工作重点是调剂粮食、指导合作社运动和发展对外贸易。
1933年4月	邓小平、毛泽覃、谢唯俊、古柏在中央革命根据地反对王明路线的所谓"进攻路线"，而被"左"倾机会主义者污蔑为"机会主义错误"，是"江西罗明路线"。在中央革命根据地开展了反对所谓"江西罗明路线"的斗争。
1933年4月	建立了国民经济部，设立了对外贸易局，加强了对赤白贸易的领导。中央人民政府特别强调："苏维埃政府应该用极大的力量将苏区内部的生产品，如纸，钨砂、木材、烟叶、樟脑油等输出，以换取日常必需品。粮食与生产品这样的大输出，更可以输入一部分现洋，以解决我们在金融上的困难。"
1933年4月28日	中央政府财政人民委员部为保证苏区经济发展，便利市场交易，控制现金盲目外流，发布第十九号训令——建立现金出口登记制度。
1933年5月11日	《红色中华》第78期登载财政人民委员部颁布的《现金出口登记条例》，条例规定：凡苏区群众往白区办货，或白区商人运货来苏区贩卖，须带现洋。出口在20元以上者，须向当地区政府或市政府登记。取得现金出口证才准通过出口检查机关。

（续表）

时间	事件内容
1933年5月16日	川陕省苏维埃政府翻印《中央土地法令》，法令宣布"一切高利贷的债务无效"。
1933年5月	为了防止伪造纸币流入苏区，加强纸币管理工作，崇安县苏维埃政府曾通知各区苏维埃政府用一个月的时间，宣传发动各乡群众将银行发行使用的各种面额的纸币，到区苏维埃政府统一加盖小印，以辨析真伪。
1933年6月22日	《斗争》第20期登载亮平的《目前苏区的现金问题》一文，文中指出苏区现金缺乏的原因，提出发展对外贸易、增产工业品、开矿并收集银产品等办法，以解决现金困难。
1933年6月24日	《川北穷人》第25期登载中共川陕省第二次党员代表大会讨论的斗争纲领规定："集中大批食盐、布匹、油与现金，扩大银行的威信。"
1933年7月1日	在财政匮乏的情况下，湘赣省苏维埃政府报经临时中央政府批准，发行为期一年还本付息的第二期革命战争公债15万元。
1933年7月11日	中央工农民主政府第四十五次常会，决定在8月内中央苏区召开两个经济建设大会，一个是南部17县的大会，一个是北部11县的大会，并决定发行经济建设公债300万元。
1933年7月23日	湘鄂赣省委对中央局的报告中指出："现在苏区工作日见紧张而有秩序，对于财政困难尽量克服，并在收回纸币，主要的发动党内外群众来进行，已收了不少的效果，只就省委委员来说，已经收到了5000多元，总计收到了5万元。"
1933年8月1日	共产国际东方部针对废除旧货币问题提出新的政策，在《苏维埃政权的经济政策》一文中说："宣布旧金钱无效，这是不适当的。开始可以采取盖印的办法，或者在旧金钱上作各种可以分别的标记。假使技术条件允许的话，可以制造苏维埃的金钱如纸币，收取旧的货币，换用苏维埃的货币。"

（续表）

时间	事件内容
1933年8月12日	江西南部17个县经济建设工作会议在叶坪召开。
1933年8月15日	中共川陕省委、川陕省苏维埃政府发布《秋收斗争决议》，决议指出：反对预征钱粮，反对收租、收稷、收款、收捐、收债，提高与扩大银行苏票的行使信用，开辟向外购买物资的路线。
1933年8月15日	江西南部17个县经济建设工作会议通过决议，决定在各重要出口地设立10个采办处。从此，中央苏区建立了对外贸易网，有力地促进了对外贸易的开展。
1933年8月20日	在江西南部17个县经济工作会议上，毛泽东作了《关于粉碎敌人五次"围剿"与苏维埃经济建设任务》的报告，阐明了革命战争与经济建设的辩证关系，批评了把革命战争与经济建设对立起来的错误观点。
1933年8月20日	江西北部11县经济建设大会召开。大会对于粉碎敌人五次"围剿"与苏维埃经济建设任务、发行经济建设公债以及发展合作社运动、收集粮食等问题进行了讨论。
1933年8月31日	《红色中华》登载一篇题为《开展拥护国币的群众运动》的报道。文中指出："近来有一部分地方，发生不信用国家纸票、银毫，或者减低纸票价格的现象。"其原因是"内外反革命破坏"。为此，"号召群众做一个拥护国币的大运动"。
1933年9月15日	为了稳定金融，严格掌握货币发行政策，人民委员会在第49次会议讨论通过的新的财政计划中指出："国家银行应于9月起，在财政部监督之下实行独立，执行银行本身职务。"
1933年9月17日	中央工农民主政府执行委员会颁发《农业税暂行税则》，规定提高税率，降低起征点。原来起征点4担，税率为1%，改为从2担起征，税率为1.5%。对于富农，在与贫农、中农的同样情况下，税率为5.9%。

(续表)

时间	事件内容
1933年9月	闽浙赣省全省支部书记联席会议及全省第一次贫农团代表大会决定,要求省苏维埃政府财政部添招银行股票10万元,以扩大银行基金,发展苏区经济。省苏维埃政府接受了这一要求,向广大群众发出了在9、10、11三个月,积极向银行入股的号召。
1933年10月18日	中央工农民主政府为粉碎五次"围剿"发布《紧急动员令》,提出每一件经济建设工作应与战争密切联系起来,必须动员广大群众,在12月底完成推销经济建设公债、在11月开征土地税的任务,加紧筹款工作。
1933年10月22日	红军攻下达县,缴获很多,随即组织军队和民工5000人,历经艰苦,将军阀刘存厚的造币机器设备和铸币印钞原料运往通江县,供川陕省造币厂铸币印钞之用。
1933年10月31日	中共川陕省委通过《关于白区工作决议案》,对白区经济金融形势进行分析,指出:四川白区钱票跌价,经济破产,失业增多,群众更加痛苦。为此号召白区农民,开展抗捐、抗租、抗债,反对高利贷的斗争。
1933年10月	蒋介石在第四次"围剿"失败后,又开始向各根据地发动第五次"围剿"。敌人以50万兵力,重点进攻中央革命根据地,采取步步为营、碉堡推进的办法,并实行残酷的经济封锁,企图消耗红军有生力量和物质资源,最后达到消灭红军的目的。
1933年10月	中央工农民主政府颁布了毛泽东起草的《怎样分析农村阶级》和《关于土地斗争中一些问题的决定》。
1933年10月	湘鄂赣苏区第五次反"围剿"开始,为了筹措战争经费,湘鄂赣省苏维埃政府在省区发行"第二期革命战争公债券"8万元,票额5角、1元两种,期限1年,利率周年6厘。
1933年11月1日	湘赣省苏维埃政府决定补发20万元第二期革命战争公债。此项公债完全用于经济建设,其中以8万元发展对外贸易、8万元作为粮食调剂、4万元帮助合作社。

(续表)

时间	事件内容
1933年11月4日	川陕省苏维埃政府召开省、县苏维埃政府主席联席会议，决定各级苏维埃没收的银钱货物，一律要上缴；并要宣传用苏维埃的票子；各地自办盐井、纸厂、铁厂等，银行要实行低利借贷。
1933年11月18日	川陕省造币厂在通江城郊西寺正式成立。后迁苦草坝的城坡，铸造1元银币和200文、500文面额的铜币。
1933年11月20日	国民党第十九路军将领蒋光鼐、蔡廷锴等人，在全国人民要求抗日的影响下，联合国民党内李济深等一部分势力反对蒋介石，发动"福建事变"，在福州成立"中华共和国人民革命政府"，并与红军订立抗日反蒋协定。
1933年11月	中旬，川陕省石印局正式成立，印制纸币、布币，面额为：1串、2串、3串、5串、10串和1元。
1933年12月4日	川陕省工农银行（即中华苏维埃共和国川陕省工农银行）在通江正式开业，郑义斋任行长，银行内部设财经、保管等科。在成立开业大会上，举办了陈列金银珠宝的展览会，宣传金融政策与银行业务。
1933年12月5日	中央工农民主政府为粉碎敌人第五次"围剿"，颁发了为节省经费与开展反浪费斗争的训令，号召各级政府、各级军事机关，为每月节省20万—30万元经费而斗争。
1933年12月8日	根据兴国、胜利、赣县、公略、万太、永丰、博生、石城、乐安、瑞金、上杭、新泉、长汀、汀东、宁化、武平、兆征等县的统计，各县在经济建设大会前共有消费、粮食、生产、信用合作社949个，股金21.5824万元；经济建设大会后发展到1424个，股金发展到31.53万元。
1933年12月15日	中央执行委员会发布《关于惩治贪污浪费行为训令》，规定贪污公款在500元以上者，处以死刑，贪污公款在100元以下者，处以半年以下的强迫劳动。

（续表）

时间	事件内容
1933年12月27日	川陕省巴中道苏维埃主席联席会议决议集中现金，支持革命战争需要。
1933年12月28日	《江西省第二次工农兵代表大会经济建设决议案》规定："任何奸商富农以及反革命派，对于破坏国币、抑低国币价格、拒用国币或埋藏现金和私运现金出口、运进假票和银毫来混淆国币信用的，必须以最严格的手段镇压之。"
1933年12月	川陕省石印局印发中华苏维埃共和国川陕省工农银行1元斯大林头像纸币。
1933年12月	湘赣根据地发行了"中华苏维埃共和国国家银行湘赣省分行"银币券。
1934年1月19日	《红色中华》第145期登载的《闽浙赣省经济建设》一文中指出："自开展对外贸易后，解决了许多问题，现有38300元现洋，1933年进口货物为124266元，出口为198755元，出超为74489元，这是在国民党经济封锁下发展对外贸易的胜利。"
1934年1月21日	为准备战争经费，湘赣省苏维埃政府决定即日起，开展为期一个月的以推销公债、加紧筹款、收集现金为中心的经济动员突击运动。
1934年1月21日至2月1日	第二次全国苏维埃代表大会在瑞金沙洲坝召开。毛泽东代表中央执行委员会与人民委员会做工作报告，朱德做红军建设的报告，林伯渠做经济建设的报告，吴亮平做关于苏维埃建设的报告。
1934年1月22日	在第二次全国苏维埃代表大会上，毛泽东全面地总结了根据地经济建设的经验，指出："国家银行发行纸票的原则，应该根据于国民经济发展的需要，财政的需要只能放在次要的地方，这一方面的充分注意是绝对必需的。"
1934年1月30日	西北军委军区政治部布告，宣布刘湘等整穷人、债主逼债、大量存款在外国银行等10大罪状，号召工农群众团结起来彻底消灭刘湘反动统治。

（续表）

时间	事件内容
1934年1月	毛泽东在第二次全国苏维埃代表大会上代表中央执行委员会与人民委员会所作的报告中指出："应该尽量发挥苏维埃银行的作用，按照市场需要的原则，发行适当数目的纸币吸收群众的存款，贷款给有利的生产事业，有计划地调剂整个苏区金融，领导群众的合作社与投机商人作斗争，这些都是银行的任务。"
1934年1月	第二次全国苏维埃代表大会通过的《关于苏维埃经济建设的决议》中指出："苏维埃政府必须更注意于对外对内贸易的发展，尽量输入现金与限制现金的输出，使苏维埃金融在经济建设的发展中极大地活跃起来，是增加市场吸收纸币的容纳量与保持纸币信用的重要办法。"
1934年1月	毛泽东在第二次全国苏维埃代表大会的报告中指出："经过经济建设公债及银行招股存款等方式，把群众资本吸收到建设国家企业，发展对外贸易，与帮助合作社事业等方面"，"主要是吸收群众资本，把他们组织在生产的、消费的与信用的合作社之内，应该注意信用合作社的发展，使在打倒高利贷资本之后能够成为它的代替物。"
1934年1月	第二次全国苏维埃代表大会责成湘鄂赣省苏维埃政府收回滥发的纸币。大会决议指出："为了免去苏维埃纸币跌价的危险……大会责成湘鄂赣省苏维埃用一切方法收回他们过去滥发的纸币，以维持苏维埃纸币的信用……只有湘鄂赣国家银行省分行才有发行纸币的权力。"
1934年春	湘鄂赣省工农银行随省苏财政部向平江黄金洞转移，省工农银行除保管一些金银财物外，其他工作被迫停止。此时，在白水罗桥的湘鄂赣省造币厂也停止生产，解散人员。国家银行湘鄂赣省分行也未能正式组成。
1934年2月3日	中央执行委员会召集第一次会议。

（续表）

时间	事件内容
1934年2月15日	粤赣省的于都、会昌、门岭、西江、寻乌、安远、信康等县在突击运动中推销公债 37.6901 万元，集中公债现金 9.2579 万元，集中公债谷 4.6803 万担，集中土地税现金 5.0599 万元，集中税谷 1.0087 万担。
1934年2月	国家银行湘赣省分行随省党政领导机关撤离永新县城，向石灰桥转移。在石灰桥照常办理全省财政金库和纸币发行业务。
1934年3月4日	江西省苏维埃扩大的第二次全体执委会议指出："合作社按股本1/3可向银行借钱，必要时可将二期公债向银行抵押借款。"
1934年3月13日	《红色中华》发表《一切节省给予战争》的社论，号召在经济困难的条件下，节省每一粒米、每一个铜板去为着战争，帮助红军，并提出在4月至7月的4个月中节省80万元的经费，充裕红军的给养。
1934年3月13日	中央人民委员会提出"节省三成行政费用"的号召。中央总务厅每月行政经费从1800元减到1000元以下。瑞金各国营企业工作人员要求中央政府免发工资。
1934年3月20日	为巩固苏维埃金融，国家银行开办活期的零存整取与零存零取以及定期的整存整取三种储蓄。
1934年3月27日	中央审计委员会审查中央印刷厂、造币厂、邮政总局、贸易总局、粮食调剂总局等国家企业的会计工作，并做了初步总结。
1934年3月	川陕省财委召集会议，讨论解决币值问题，为保证群众生活，决定银元牌价不变，但只换进，不换出。市场自由贸易，盐用土特产换进。
1934年4月19日	中央工农民主政府发出《节约运动的指示信》，号召在群众中开展每人每月节省3升米捐助红军的群众运动；号召干部开辟苏维埃菜园，多种杂粮、蔬菜，多养猪、鹅、鸡等。
1934年4月20日	为了保障红军和机关人员的粮食供给，湘赣省苏维埃政府决定即日起，开展收集3万担粮食的突击运动。

(续表)

时间	事件内容
1934年4月	为便于收集粮食工作，湘赣省苏维埃政府财政部发行一种购谷期票。这种期票专门用于收购谷子，共4万元，每张期票定额1元，要求每个选民或每家以谷子购买1张。此项期票不计利息，规定自8月1日起，4个月到期后，可以向国家银行湘赣省分行兑取银元或用以缴纳国家税收。
1934年5月1日	为了支援信用合作社股金，并收回部分公债票，中央工农民主政府国民经济人民委员部、财政人民委员部颁发了《为发展信用合作社彻底消灭高利贷而斗争》的布告，规定群众可用公债票向信用合作社入股，允许各地信用合作社吸收此项债票向各地银行抵押借款。
1934年5月15日	《苏区工人》第16期，发表国家银行总行行长毛泽民给全总执行局刘委员长信，请求广大工人群众"发展与参加储蓄运动"。
1934年5月	下旬，敌人向石灰桥进犯，国家银行湘赣省分行随省级机关转移到牛田，这时，因苏区范围日益缩小，金融业务无从开展，随之停办了各项工作。
1934年6月15日	至6月上半月，全中央苏区扩红总数达到4.1万多人。
1934年6月	红军为集中兵力打击敌人，将川陕根据地缩小到通江以北、万源以南一线，各地银行和造币机构也随军转移。
1934年7月15日	中央工农民主政府和中央革命军事委员会发布《为中国工农红军北上抗日宣言》，提出："苏维埃政府与工农红军不辞一切困难，以最大决心派遣抗日先遣队，北上抗日。"
1934年7月22日	中共中央、中央工农民主政府发出《关于在今年秋收中借谷60万担及征收土地税的决定》，要求随着武装保护秋收的运动，迅速完成供给红军部队的需要。
1934年7月23日	中央书记处和中革军委发出命令，决定红六军团撤离湘赣根据地突围西征，湘赣省委、省政府和省军区继续留在根据地领导人民坚持革命斗争。

（续表）

时间	事件内容
1934年7月	中央工农民主政府国民经济人民委员部颁布《为紧急发动群众广泛开展熬盐运动》指示，要求各级政府加强对群众性熬盐运动的组织和领导。
1934年7月	中共中央和中央革命军事委员会决定北上抗日，寻淮洲、粟裕奉命率领红七军团从瑞金出发，到闽浙皖赣边区和方志敏率领的红十军会合，组成中国工农红军北上抗日先遣队，以方志敏、寻淮洲为正副司令，转战于浙皖边界。
1934年7月	中央命令以寻淮洲为军团长、以老红十军为主体的红七军团组成北上抗日先遣队，10月与闽浙赣的新红十军组成红十军团（方志敏任随军军政委员会主席），向皖南行动。
1934年7月	闽浙赣省苏维埃政府发行"粉碎敌人五次围攻决战公债"，由省财政部部长（兼任省苏维埃银行行长）张其德署名颁发《发行公债条例》，条例规定：决战公债发行总额为10万元，债款收入以80%为决战经费，10%作为开展苏区经济建设之用，10%用于救济革命群众。
1934年8月	在第五次反"围剿"中，由于财政困难和市场流通银元紧缺，国家银行湘赣省分行适当增发了票币，除增发元、角银币券外，还新印发了10枚的铜元券和5分的银币券。
1934年8月5日	中共中央和军委决定红六军团开始实行反攻战略，在任弼时、王震、甘泗淇等领导下，转战3个多月，于10月24日，在贵州松桃之石良场，与贺龙、关向应等领导的红二军团胜利会合，随后创建了以永顺为中心的湘鄂川黔根据地。
1934年8月	共青团川陕省委发出传单，号召穷苦青年捐献破铜烂铁，送给造币厂、兵工厂支持铸币造枪，每斤给钱700文。
1934年9月	川陕省造币厂大量生产镰刀锤头图案的1元银币、小200文和500文铜币，在川陕苏区流通；同时，大批仿铸袁世凯头像银元、孙中山头像银元和川版"汉"字银元，以满足对外贸易的需要，开展对敌货币斗争。

（续表）

时间	事件内容
1934年秋	陕甘边苏维埃政府在华池县南梁寨子湾成立。陕甘边区位于陕西、甘肃边界，是陕甘根据地的组成部分。
1934年10月18日	闽浙赣省首府葛源沦陷。在敌人进占葛源之前，省苏维埃银行即撤离驻地枫树坞，后转移至焦坑，而后又转移到横港施家，此时苏区银行已无存在的条件，因而结束。
1934年10月	中旬，中央红军被迫离开了中央革命根据地，主力8万多人从江西的瑞金、于都和福建的长汀、宁化出发，向西突围转移。由项英、陈毅、谭振林、邓子恢、张鼎丞等率领部分红军约3万人留在中央革命根据地坚持游击战争。
1934年10月	中共川陕省第四次党员代表大会通过《财政经济问题决议草案》，要求动员群众，镇压破坏银行信用、阻碍苏维埃洋票流通的反革命和敌探；拥护工农银行；拥护苏洋苏票；群众自动拿钱向银行入股；并为发展苏区特产和手工业，向穷人办理低利或无息贷款。
1934年10月	在第五次反"围剿"战争的后期，为了解决红军部队的银元需求，闽浙赣省苏维埃政府曾指示闽北造币厂扩大银元的铸造。
1934年10月	中华苏维埃国家银行，在长征队伍中被编为十五大队，有100多个运输员、14个干部和1个连的警卫部队，毛泽民任政治委员，袁福清任大队长，曹菊如任支部书记。国家银行在撤离瑞金时，共有100多个担子。其中有黄金、现洋和苏维埃银行发行的钞票，还有银毫子和5分钱的铜板。此外随带一批油墨、纸张和石印机、印刷机等十分笨重的东西。过湘江时，毛泽东主张轻装，就把石印机、印刷机扔到湘江里去了。国家银行在长征路上的任务：一是沿途筹款，供给全军经费；二是负责保管和分配工作。除携带金银货币以供应红军的需要外，每到一个休整的地方还要组织货币发行与货币回笼。
1934年11月	红二十五军在徐海东率领下退出鄂豫皖根据地，西进陕西。

(续表)

时间	事件内容
1934年11月27日至12月1日	中央主力红军在广西的桂林、界首至咸水沿湘江一线突破敌人第四道封锁线渡过了湘江,人员损失过半。中央红军在不到3个月的战斗中,就由出发的8万多人,减少到3万多人。广大党员、干部和红军战士增长了对王明路线的怀疑和不满情绪。
1934年12月	神府特区苏维埃政府成立。神府特区位于陕西省北部的神木、府谷地区,是一个小块根据地。
1934年年底	川陕根据地红军收缩阵地,川陕省工农银行奉命随军长征。银行所有金银实物、布币纸币、账册单据、文书档案,分别由银行警卫连的马队驮运,或由妇女独立团背起行军。
1935年1月	川陕省造币厂由通江永安乡迁到旺苍坝,继续铸币印钞。
1935年1月5日至8日	红军占领遵义城。中共中央在遵义召开了中央政治局扩大会议。会议集中全力纠正了当时最迫切需要解决的军事上和组织上的"左"倾机会主义路线的错误,形成了《中央关于反对敌人五次"围剿"的总结的决议》。会议最后改组了中央领导机构,成立由毛泽东、周恩来、王稼祥参加的三人小组,负责军事指挥,推选张闻天主持党中央的日常工作。
1935年1月	红军到达遵义后,在遵义县城发行流通了国家银行的纸币。遵义是黔北重镇,商业发达,遵义的食盐来自遥远的四川自流井,因被军阀官僚地主奸商所垄断,所以价钱很贵,贫苦群众吃不起,患粗脖症的人相当普遍。红军进城后,没收了很多食盐,并将这些食盐公开出售。出售时,只收国家银行的纸币。这样一来,红军个人和集体购买物品时,就需要支付和发行一些国家银行的纸币;红军出售食盐时,又可回笼一些国家银行的纸币。为此,保证了国家银行的纸币随时兑现,为群众、商人所欢迎。市场上争要"红军票",使遵义全城的经济得到了一时的繁荣。遵义会议后,部队进行了整顿,精减了机关和后勤部队,实行了轻装,十五大队也进行了缩编。1月下旬,红军重占桐梓时,国家银行为了轻装,将现洋和纸币分配给红军战士背;苏维埃银毫和铜板,因不能在白区流通使用,便倒入井里扔掉了;油墨和一部分纸币也烧了。

（续表）

时间	事件内容
1935年3月	为严格纪律、坚持公平买卖，川陕省委、红军军部连续发出布告，规定"各地经济公社、合作社，买、雇一律付钱，运输队要给钱，路上食宿出钱""各机关和个人所需要的物资，必须用金钱或物资购换"。
1935年3月	红军在旺苍坝过嘉陵江时，埋了一部分造币机器。此前，在通江苦草坝也埋过一些，都是为了转移后不留给敌人。
1935年3月	原十五大队（国家银行）支部书记曹菊如，在这一时期因身体不好，住了短时期"医院"（即不担任工作，编入病员队伍，跟着医院行军）。不久出院，就带了两担金子，跟着供给部走。
1935年4月	下旬，红军一小部分佯攻贵阳，大部队乘虚直插云南，每天以120里的速度急行军，直逼昆明，在昆明虚晃一枪，即向西北方向挺进。
1935年4月	为了维护信用，川陕省工农银行在中坝分行用银元大量兑现，收回本行发行的布币、纸币，连续兑换了40天。
1935年4月	陕甘边区苏维埃政府财经委员会印制与发行了陕甘边区农民合作银行兑换券，流通于陕甘边区根据地。
1935年5月	上旬，红军全部渡过了金沙江，摆脱了敌军的围追堵截，实现了北渡长江的目的，取得了战略转移中具有决定意义的胜利。渡江以后，红军经会理沿安宁河谷继续北上，翻越了终年积雪、海拔4000多米的夹金山。
1935年6月16日	红一方面军到达懋功与红四方面军会合。
1935年6月	陕甘省苏维埃财政部印制与发行了陕甘省苏维埃银行银币券与铜币券，流通于陕甘边根据地。
1935年7月	跟随供给部行军的曹菊如和由他带领的两担金子，以及随同林伯渠领导的总供给部行军的曹根全和由他带领的十五大队到达了陕西。

(续表)

时间	事件内容
1935年8月29日	张国焘反对北上,要右路军也全部南下,且企图以武力截击中央。在这紧急形势下,党中央把红一方面军和军委直属纵队8000人编为北上抗日先遣队,先遣队连夜行军、继续北上。为了适应这一紧急情况,准备迎接更艰苦斗争,国家银行把行军用不着的东西,以及材料、文件和最后一张国家银行的票子都烧了。
1935年9月12日	红军沿白龙江前进,经天险腊子口,越过岷山,进入甘南地区,随后突破敌人的渭河封锁线,翻越六盘山。
1935年10月19日	红军到达陕北保安县吴起镇,与刘志丹等领导的陕北红军胜利会师。
1935年10月	川陕省工农银行停止业务活动。银行从长征开始到停止业务活动,都是和省机关一起,进藏区后,布币、纸币不能行使,银行业务随之停止。
1935年11月25日	为了纠正过去那种过左的工商业政策,团结一切私人工商业者,发挥他们的积极作用,中华苏维埃中央政府西北办事处颁发了一个关于发展工商业的布告。布告规定:在商业方面,实行贸易自由的政策;在工业方面,实行投资开放的政策;在财政方面,实行奖励政策,取消一切苛捐杂税,关税、营业税等一概免收。
1935年11月	曹菊如和两个运输员带着两担金子平安地到达瓦窑堡。到达陕北时,国家银行干部参加长征的14人中,在路上牺牲了6人,只剩下毛泽民、曹菊如、郭金水、钱希钧、曹根全、任远志、黄亚光和莫钧涛8人。
1935年11月	下旬,中华苏维埃共和国国家银行奉命将名称改为"中华苏维埃共和国国家银行西北分行",陕北省苏维埃政府则决定撤销陕甘晋苏维埃银行,将资财和人员并入国家银行西北分行。中央财政部部长林伯渠兼任国家银行西北分行行长,曹菊如任副行长。
1935年11月	中华苏维埃共和国国家银行西北分行印制发行国家银行西北分行币券后,陕甘省苏维埃银行的银币券和铜币券便停止发行使用。

（续表）

时间	事件内容
1935年11月	国民党统治区实行币制改革，金融市场上物价飞涨。中华苏维埃国家银行西北分行为了稳定金融，防止白银流出，收回了银币，发行苏维埃纸票，简称苏票。
1935年12月1日	为鼓励商人进行赤白区贸易，中华苏维埃中央政府西北办事处颁发的布告中规定：在现金管理和银行贷款方面给予支持。商人到白区办货需用白票（指白区通用之国民党钞票），可拿苏票（指苏区发行之纸币）或现金到银行换取。如需要携带现金出境的，"当可照数兑换"。还规定："为着发动商人输出苏区农产品与运输食盐出口，银行可给予低利贷款。"
1935年12月25日	为制定抗日民族统一战线的策略，中共中央政治局在陕北瓦窑堡会议上，提出了把"工农共和国"改为"人民共和国"。为适应这一策略的转变，中华苏维埃共和国国家银行西北分行改称"中华苏维埃人民共和国国家银行西北分行"。
1936年5月	红军渡河东征，经两个多月的时间，军事上获得了辉煌战果，政治上扩大了共产党和红军的影响，5月初撤回河西，将战争中缴获的元宝、银元、银饰和山西省银行的纸币，送交西北分行验收。
1936年7月3日	中华苏维埃中央政府西北办事处决定在志丹市"恢复从前逢五逢十的市集，并由苏维埃政府帮助设立消费合作社"，"国家银行西北分行设立营业部，批发食盐、布匹等大宗货物，以供给各个合作社"。
1936年7月	红军西征甘肃、宁夏边境，国民党军队乘虚进攻瓦窑堡，国家银行西北分行随中央党政机关转移到保安（今志丹县）。
1936年12月	西安事变。
1936年12月	神府特区苏维埃政府财政部印制与发行了神府特区抗日人民革命委员会银行流通纸券（苏维埃纸票），流通于神府根据地。

（续表）

时间	事件内容
1937年1月1日	国家银行西北分行随中央党政机关迁至延安。
1937年1月	中华苏维埃中央政府西北办事处发布了金融问题布告，其主要内容有三点：（1）与土改政策的改变相适应，在借款方面，实行减息政策，既照顾农民的利益，也照顾了地主的利益；（2）向私人工商业发放低利贷款，支持他们的发展；（3）在货币流通方面做些调整，在苏票未能在当地流通的时候，一般须使用友军的资源和现洋。
1937年2月10日	中国共产党发出《中共中央给中国国民党三中全会电》，提出停止没收地主土地的政策。
1937年3月13日	川陕省工农银行行长兼川陕省造币厂厂长郑义斋，在随军长征途中，奉命押送黄金，在康龙寺南石窝与白军马队相遇，在战斗中壮烈牺牲。
1937年3月	川陕省工农银行和川陕省造币厂、石印局（印钞厂）自长征开始，一直随红四方面军行动，由通江出发，经巴中、旺苍、剑阁到中坝，然后进入藏区，带有简易印刷机一部，于1935年7、8月间到达杂谷脑，最后在甘孜与红二方面军会师。红军经过的上述地区以及南下时经过的原西康境内各县，所到之处都有苏洋、苏票流通，部分银币随军一直运到西北。
1937年4月	"中华苏维埃人民共和国国家银行西北分行"改称"陕甘宁边区银行"，在陕甘宁地区统一币制，统一行使法币，停止苏票的发行，并开始了回收苏票的工作。回收工作，不是用法币兑换，而是由国家银行西北分行设立一营业部，按照6苏票等于1法币的比价，用商品收回西北分行发行的纸币。

附　录

苏区银行业相关实物图录

图1　耒阳县苏维埃政府发行的劳动券

图2　井冈山工字银元正、背面

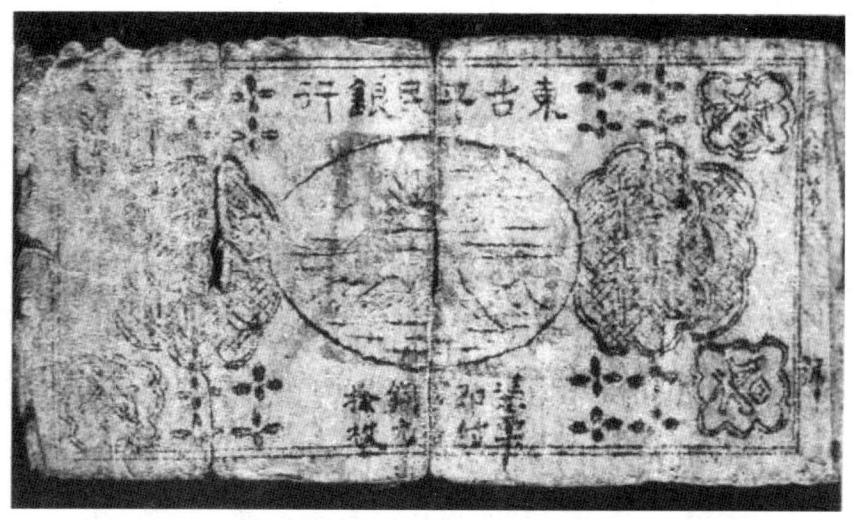

图3 东固平民银行拾枚正面

图4 闽西工农银行壹圆正、背面

 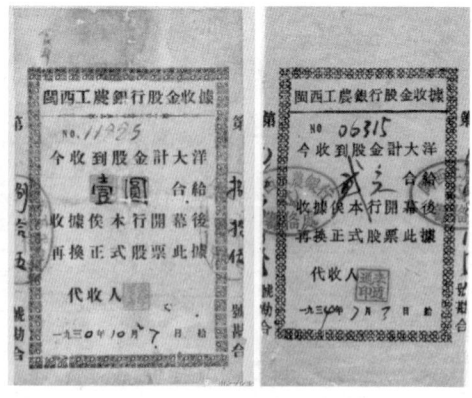

图5 闽西工农银行股票壹圆正面　　图6 闽西工农银行股金收据

附 录

图7 闽西工农银行辅币券正面

图8 闽西工农银行伍角铜印版

图9 永定湖雷信用合作社壹毫纸币

图10 闽西工农银行伍角正面

图11 黄冈县农民协会信用合作社流通券壹串正、背面

图12 浏东平民银行信用券贰角正、背面

图13 浏阳金刚公有财产保管处贰角正、背面

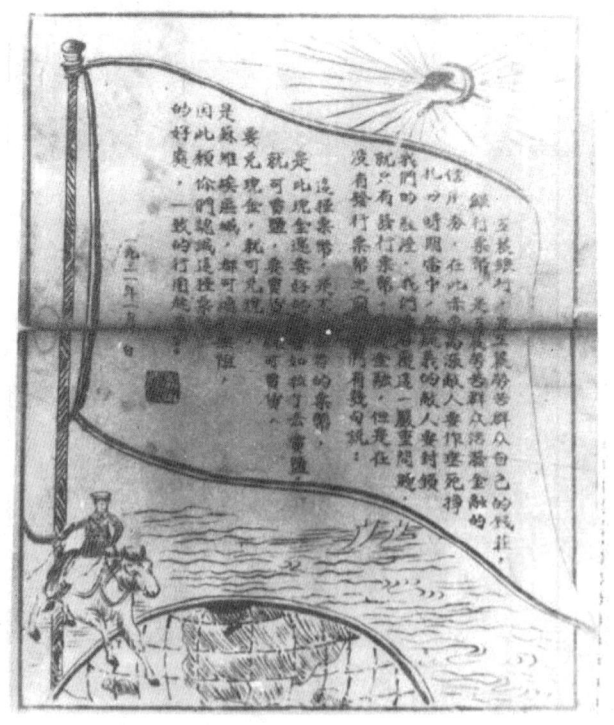

图14 浏阳工农兵银行发行票币宣言

附 录

图 15 浏阳工农兵银行洋银伍角正面

图 16 浏阳工农兵银行洋银 50 分正面

图 17 浏阳工农兵银行洋银壹角正、背面

图 18 浏阳工农兵银行洋银贰角正、背面

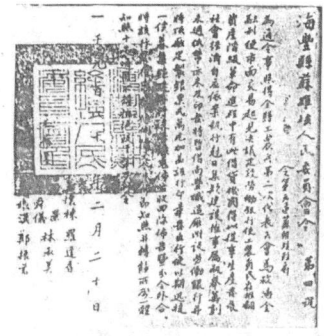

图 19 海丰县苏维埃人民委员会令第四号

图 20 赣东北省苏维埃银行壹角正面

207

图 21　赣东北省苏维埃银行壹圆正、背面

图 22　赣东北特区贫民银行壹圆正、背面

图 23　赣东北省苏维埃银行闽北分行贰角正、背面

图 24　赣东北省苏维埃银行闽北分行伍角正、背面

图 25　赣东北省苏维埃银行闽北分行银元票壹圆

图 26　江西工农银行壹圆正、背面

图 27　江西工农银行贰拾元正、背面

图 28　万载县工农兵银行贰角银洋正、背面

图 29 万载县工农兵银行伍角银洋正、背面

图 30 万载县工农兵银行壹圆银洋正、背面

图 31 平江县工农银行壹角正、背面

图 32 平江县工农银行壹圆正、背面

图 33 宜春县工农兵银行贰角银洋正、背面

图 34 宜春县工农兵银行叁角银洋正、背面

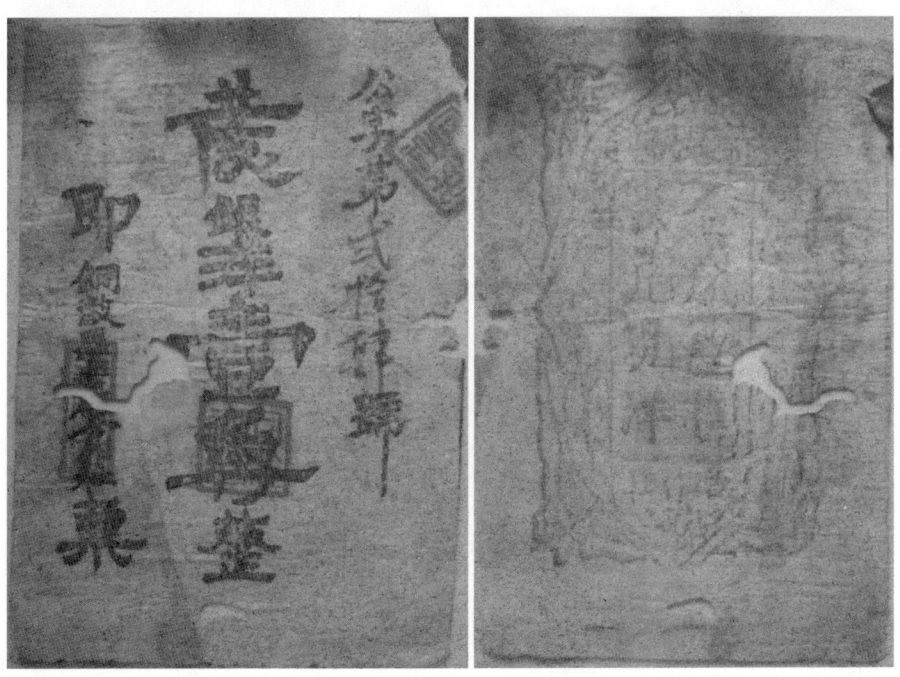

图 35 铜鼓县生产合作社银洋壹角正、背面

图 36 铜鼓县生产合作社银洋贰角正、背面

图 37 中华苏维埃共和国国家银行铜币一分、五分、贰角、壹圆的正、背面

图 38 中华苏维埃共和国国家银行壹角正、背面

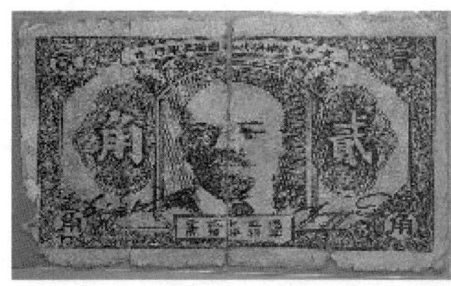 

图 39　中华苏维埃共和国国家银行贰角正、背面

图 40　中华苏维埃共和国国家银行伍分正、背面

图 41　中华苏维埃共和国国家银行伍角正、背面

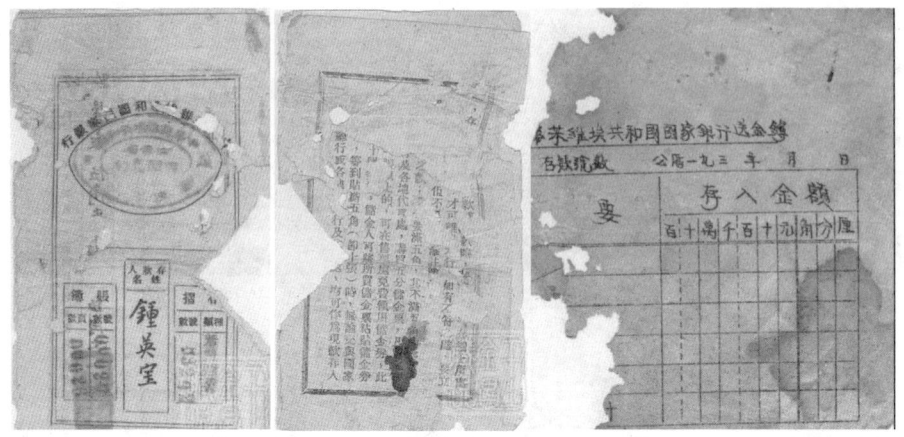

图42　中华苏维埃共和国国家银行存折的封面和封底、送金簿

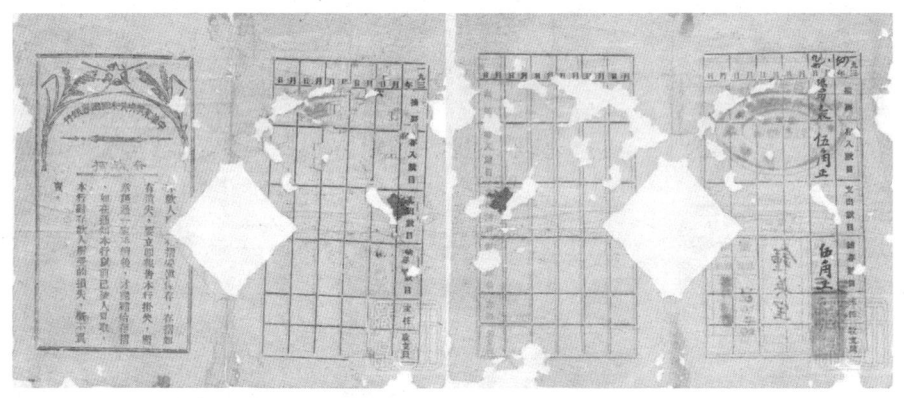

图43　中华苏维埃共和国国家银行存款折内页

图44　石首农业银行壹圆正、背面

附 录

图 45　石首农业银行贰圆正、背面

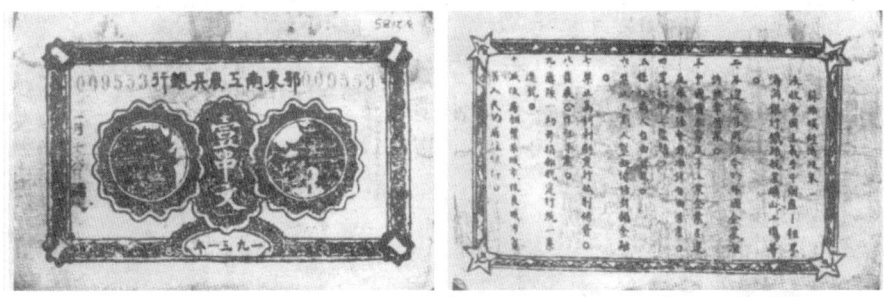

图 46　鄂东南工农兵银行铜币券壹串文正、背面

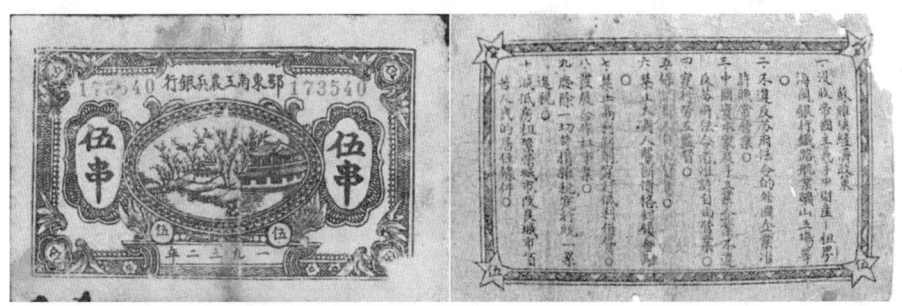

图 47　鄂东南工农兵银行伍串文正、背面

图 48　鄂东南工农银行伍佰文正、背面

215

图 49　鄂东工农银行壹串文正、背面

图 50　鄂东南工农兵银行贰串文正、背面

图 51　鄂东工农银行拾串文正、背面

图 52　鄂东南工农银行贰佰文正、背面

附 录

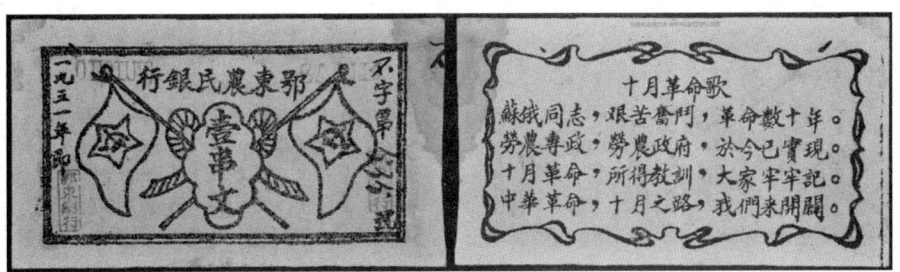

图53 鄂东农民银行壹串文正、背面

图54 中华苏维埃共和国国家银行湘赣省分行银币券拾枚正、背面

图55 中华苏维埃共和国国家银行湘赣省分行银币券伍元正、背面

图56 中华苏维埃共和国国家银行湘赣省分行银币券伍分正、背面

217

图57 中华苏维埃共和国国家银行湘赣省分行银币券壹角正、背面

图58 中华苏维埃共和国国家银行湘赣省分行银币券贰角正、背面

图59 中华苏维埃共和国湘赣省革命战争公债券改作的银币券壹圆正、背面

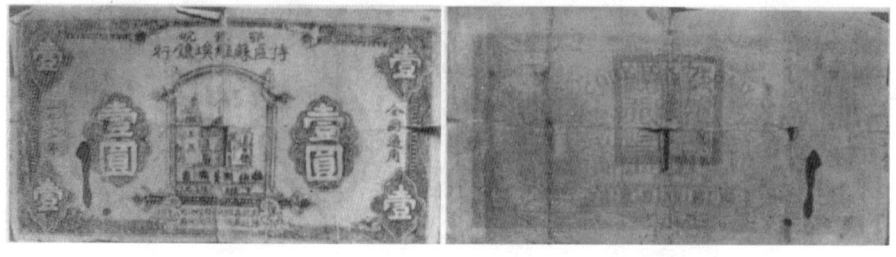

图60 鄂豫皖特区苏维埃银行银币券壹圆正、背面

附 录

图61 鄂豫皖区苏维埃银行银币券伍角正、背面

图62 鄂豫皖区苏维埃银行银币券壹圆正、背面

图63 鄂东总行贰串文正、背面

图64 鄂西农民银行壹圆正、背面

219

图 65　鄂西农民银行贰圆正面

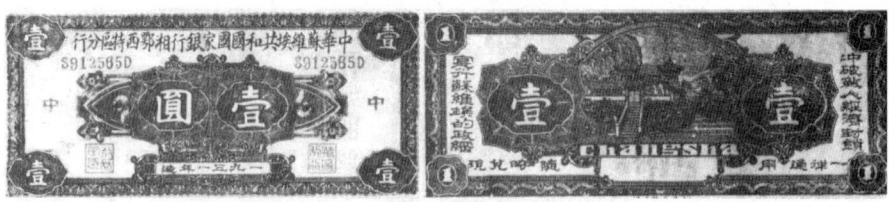

图 66　中华苏维埃共和国国家银行湘鄂西特区分行壹圆正、背面

图 67　中华苏维埃共和国国家银行湘鄂西特区分行壹角正、背面

图 68　中华苏维埃共和国国家银行湘鄂西特区分行壹角正、背面

图69 鄂北农民银行壹圆正面

图70 中华苏维埃共和国湘赣省革命战争公债券伍角、壹圆和伍圆正面

图71 湘鄂赣省工农银行银洋壹角正、背面

图72 湘鄂赣省工农银行银洋贰角正面

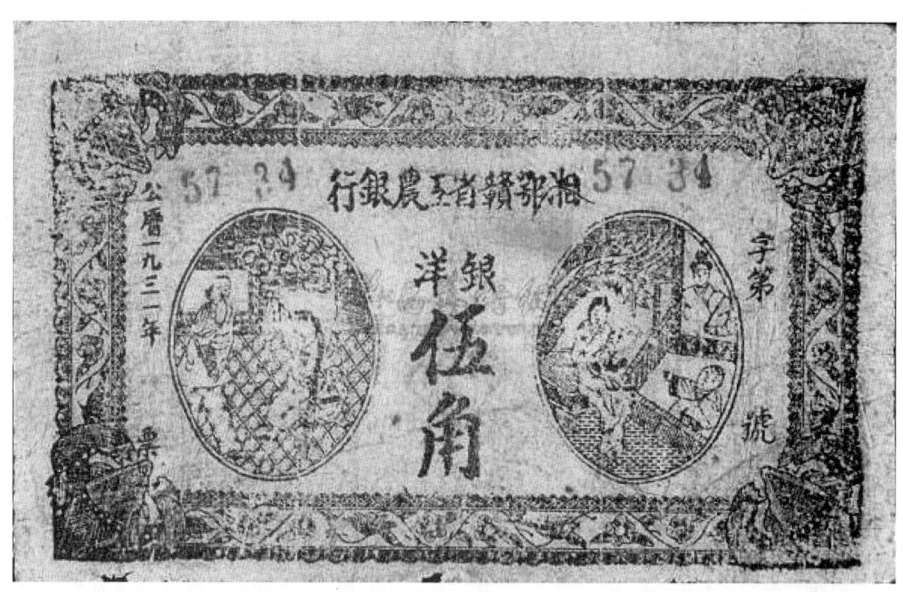

图73 湘鄂赣省工农银行银洋伍角正面

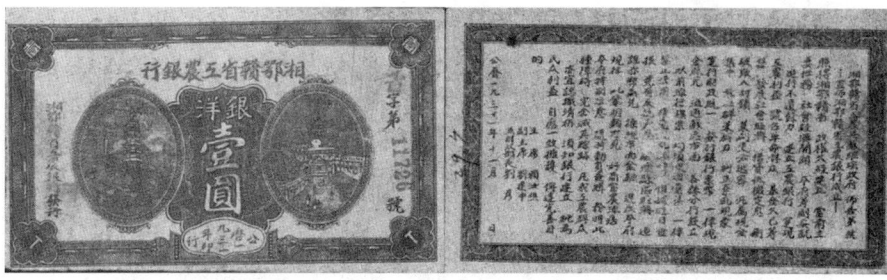

图 74 湘鄂赣省工农银行银洋壹圆正、背面

图 75 湘鄂赣省工农银行银洋叁角正面

图 76 湘鄂赣省仙源工农兵银行壹佰文正面

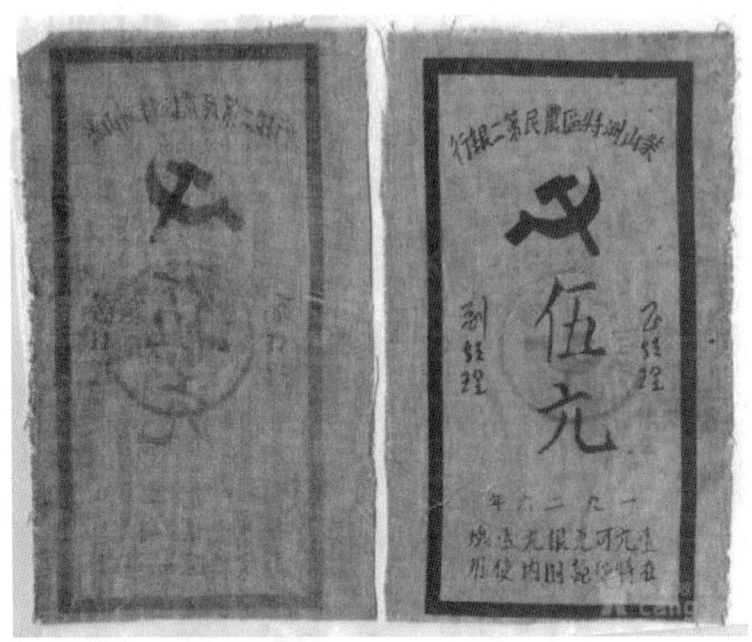

图 77 柴山洲特区农民第二银行布币伍元正、背面

图 78 柴山洲特区农民第二银行布币拾元正、背面

图79 柴山洲特区农民第二银行贰元正面　　图80 柴山洲特区农民第二银行壹元正、背面

图81 柴山洲特区农民第二银行贰元正、背面

图 82　川陕省苏维埃政府工农银行壹串正面

图 83　川陕省苏维埃政府工农银行壹圆正面

图 84　川陕省苏维埃政府工农银行壹圆背、正面

图 85 川陕省苏维埃政府工农银行布币贰串正、背面

图 86 川陕省苏维埃政府工农银行布币叁串正、背面

图87 川陕省苏维埃政府工农银行布币伍串正、背面　　图88 川陕省苏维埃政府工农银行布币拾串正、背面

图89 中华苏维埃共和国川陕省工农银行三串正、背面　　图90 川陕省苏维埃政府工农银行布币壹圆正、背面

图91 陕北省苏维埃银行伍角、伍分正面

附 录

图 92　陕北省苏维埃银行壹角、贰角正面

图 93　陕甘晋苏维埃银行贰分正面

图 94　陕甘晋苏维埃银行壹圆纸币正、背面

图 95　川陕省苏维埃五百文铜币正面

图 96　平江县苏维埃政府银币正、背面

图 97　湖南省苏维埃政府银币正、背面

 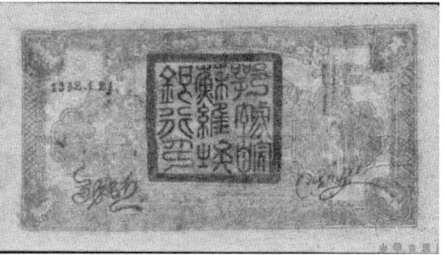

图 98　鄂豫皖省苏维埃银行壹圆正、背面

图 99　苏维埃鄂豫皖边区银行伍圆正面

图 100　鄂豫皖省苏维埃工农银行贰角正、背面

图 101　鄂豫皖省苏维埃政府工农银行壹圆银币正、背面

图102　鄂豫皖省苏维埃工农银行伍角正面

图103　鄂豫皖省苏维埃工农银行伍角背面

图104　鄂豫皖苏维埃经济公社贰串文正面

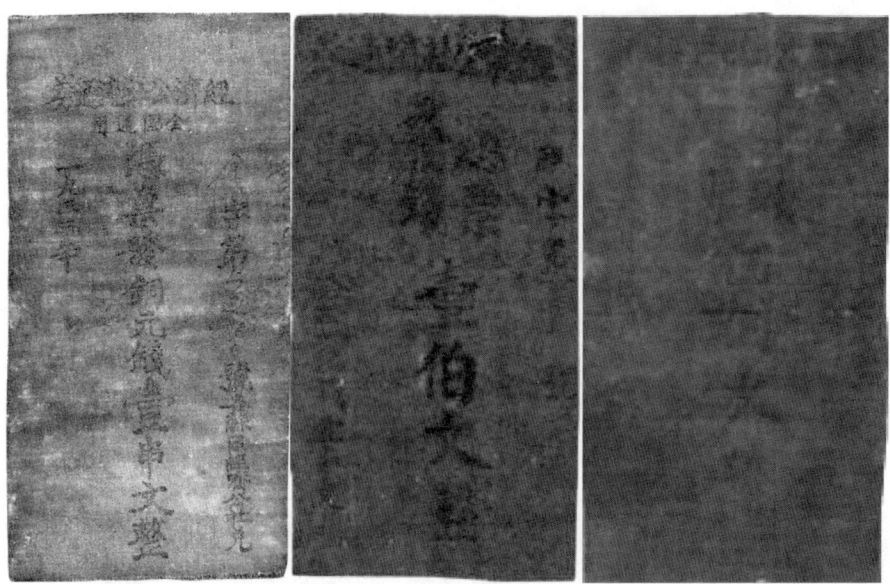

图105 鄂豫皖经济公社流通券铜元钱一串、壹佰文、伍佰文正面

图106 皖西北特区土货兑换券银元贰角正面

图107 皖西北特区土货兑换券银元20分正面

图108 皖西北特区苏维埃银行壹圆正面

图109 皖西北特区苏维埃银行伍圆正、背面

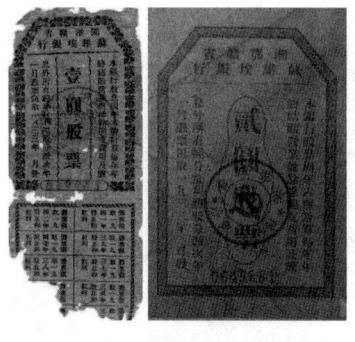 

图110 闽浙赣省苏维埃银行壹圆股票和湘鄂赣省苏维埃银行贰圆股票正面

图111 粤赣湘边人民流通券贰角正面

  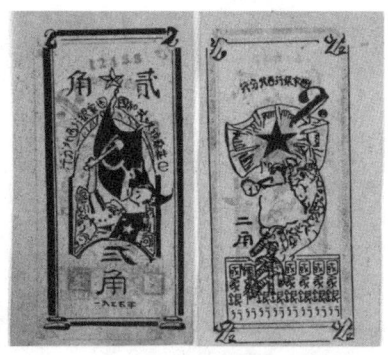

图112 中华苏维埃共和国国家银行西北分行布币壹角正、背面

图113 中华苏维埃共和国国家银行西北分行布币贰角正、背面

图114 中华苏维埃共和国国家银行西北分行布币叁角正、背面

图115 中华苏维埃共和国国家银行西北分行布币壹圆正面

附　录

图116　中华苏维埃共和国国家银行西北分行布币伍角正、背面

图117　中华苏维埃人民共和国国家银行西北分行壹圆正面

图118　国家银行西北分行伍分正面

图119　国家银行西北分行壹分正面

图120　中华苏维埃共和国湘赣省革命战争公债券伍角正面

图121　湘鄂赣省二期革命战争公债券伍角正面

图122　中华苏维埃共和国湘赣省革命战争公债券壹圆正面

235

图 123　中华苏维埃共和国革命战争公债券壹圆正面

图 124　中华苏维埃共和国湘赣省革命战争公债券壹圆正面

图 125　中华苏维埃共和国湘赣省革命战争公债券（第二期）壹圆正面

图 126　中华苏维埃共和国革命战争公债券（第二期）伍圆正面

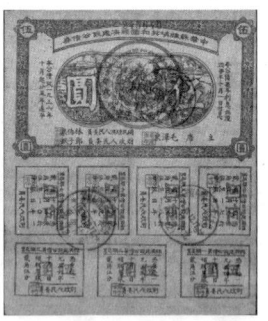

图 127　中华苏维埃共和国湘赣省革命战争公债券（第二期）伍圆正面

图 128　中华苏维埃共和国经济建设公债券伍圆

附 录

图 129　中华苏维埃共和国经济建设公债券伍角

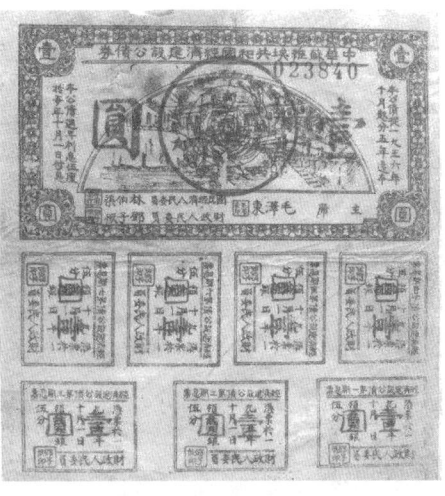

图 130　中华苏维埃共和国经济建设公债券壹圆

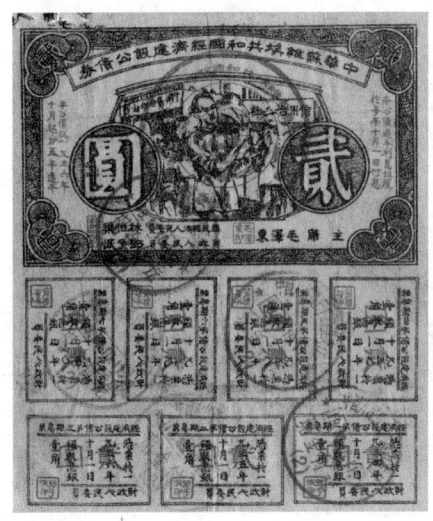

图 131　中华苏维埃共和国经济建设公债券贰圆

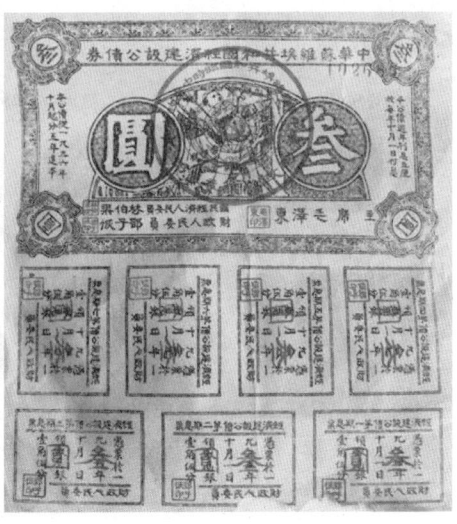

图 132　中华苏维埃共和国经济建设公债券叁圆

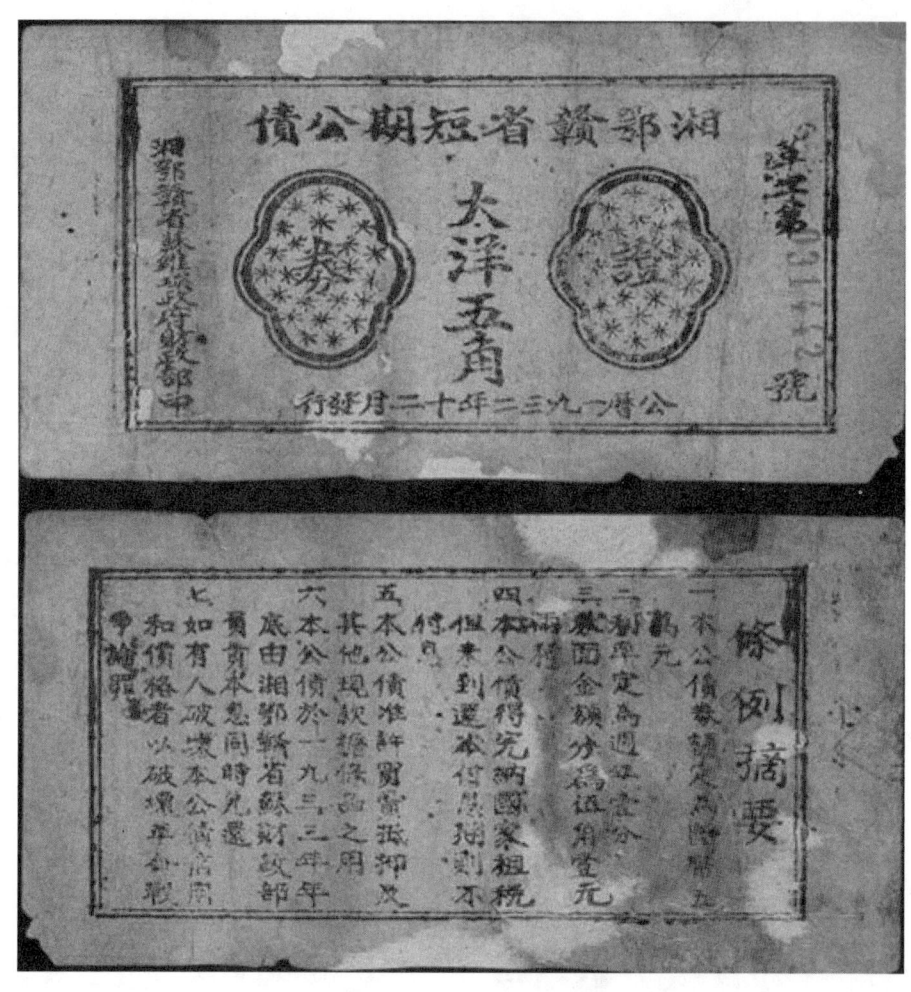

图 133　湘鄂赣省短期公债大洋五角正、背面

参考文献

一、史料汇编

① 中共瑞金县委党史编纂委员会编. 瑞金人民革命斗争史（初稿）[G]. 南昌：江西人民出版社，1959.
② 中国人民银行总行参事室金融史料组编. 中国近代货币史资料 [G]. 北京. 中华书局，1964.
③ 中央档案馆等编. 湘鄂西苏区革命历史文件汇集 [G]. 武汉：湖北人民出版社，1987.
④ 中央档案馆编. 中共中央文件选集 [G]. 北京：中央党校出版社，1989.
⑤ 中共中央文献研究室，中央档案馆编. 建党以来重要文献选编（1921—1949）[G]. 北京：中央文献出版社，2011.

二、著作

① [德] 马尔西. 马格斯资本论入门 [M]. 李汉俊，译. 上海：社会主义研究社，1921.
② [英] 班思德编. 最近百年中国对外贸易史 [M]. 上海：海关总税务司统计科，1931.
③ 吴承明编. 帝国主义在旧中国的投资 [M]. 北京：人民出版社，1955.
④ 张郁兰编著. 中国银行业发展史 [M]. 上海：上海人民出版社，1957.
⑤ 邓子恢. 龙岩人民革命斗争回忆录 [M]. 福州：福建人民出版社，1961.
⑥ 曹伯一. 江西苏维埃之建立及其崩溃 [M]. 台北：政治大学东亚研究所，1969.
⑦ 中共中央马克思恩格斯列宁斯大林著作编译局译. 马克思恩格斯全集

（第25卷）[M].北京：人民出版社，1974.

⑧ 皖西革命斗争编写组.皖西革命回忆录（第二次国内革命战争时期）[M].合肥：安徽人民出版社，1980.

⑨ 柯华主编.中央苏区财政金融史料选编[G].北京：中国发展出版社，2016.

⑩ 孔永松，邱松庆.闽西革命根据地的经济建设[M].福州：福建人民出版社，1981.

⑪ 江西省档案馆，中共江西省委党校党史教研室选编.中央革命根据地史料选编（中册）[G].南昌：江西人民出版社，1982.

⑫ 中国人民银行金融研究所，财政部财政科学研究所编.中国革命根据地货币（上、下册）[M].北京：文物出版社，1982.

⑬ 许毅主编.中央革命根据地财政经济史长编（上、下册）[G].北京：人民出版社，1982.

⑭ 中共商城县委会编.大别山烽火[M].郑州：河南人民出版社，1981.

⑮ 中共中央马克思恩格斯列宁斯大林著作编译局马恩室编.马克思恩格斯著作在中国的传播[M].北京：人民出版社，1983.

⑯ 赵效民主编.中国革命根据地经济史[M].广州：广东人民出版社，1983.

⑰ 安徽省财政厅，安徽省档案馆编.安徽革命根据地财经史料选（共三册）[M].合肥：安徽人民出版社，1983.

⑱ 陈岩松编著.中华合作事业发展史（上）[M].台北：台湾商务印书馆，1983.

⑲ 石毓符.中国货币金融史略[M].天津人民出版社，1984.

⑳ 中共中央马克思恩格斯列宁斯大林著作编译局编译.列宁全集（第二十七卷）[M].北京：人民出版社，1990.

㉑ 财政科学研究所编.革命根据地的财政经济[M].北京：中国财政经济出版社，1985.

㉒ 江西省税务局，福建省税务局，江西省档案馆，福建省档案馆编.中央革命根据地工商税收史料选编[G].福州：福建人民出版社，1985.

㉓ 侯外庐.韧的追求[M].北京：生活·读书·新知三联书店，1985.

㉔ 李春涛.海丰农民运动及其指导者彭湃[M]//《彭湃研究史料》编辑组编.彭湃研究史料.广州：广东人民出版社，1981.

㉕ 魏建猷.中国近代货币史[M].合肥：黄山书社，1986.

㉖ 中国社会科学院经济研究所中国现代经济史组.革命根据地经济史料选编[G].南昌：江西人民出版社，1986.

㉗ 唐滔默编著. 中国革命根据地财政史 [M]. 北京：中国财政经济出版社，1987.

㉘ 赵增延，赵刚编. 中国革命根据地经济大事记 [M]. 北京：中国社会科学出版社，1988.

㉙ 谭克绳等主编. 鄂豫皖革命根据地财政经济史 [M]. 武汉：华中师范大学出版社，1989.

㉚ 财政部税务总局编. 中国革命根据地工商税收史长编 [G]. 北京：中国财政经济出版社，1989.

㉛ 张侃，徐长春. 中央苏区财政经济史 [M]. 厦门：厦门大学出版社，1990.

㉜ 毛泽东选集 [M]. 北京：人民出版社，1991.

㉝ 姜宏业编著. 金融图集与史料 [M]. 长沙：湖南出版社，1991.

㉞ 张奇秀主编. 中国人民解放军后勤史资料选编（土地革命战争时期）[G]. 北京：金盾出版社，1993.

㉟ 蒋九如主编. 福建革命根据地货币史 [M]. 北京：中国金融出版社，1994.

㊱ 新疆维吾尔自治区财政厅，中国人民银行金融研究所，新疆金融研究所编. 革命理财家毛泽民 [M]. 乌鲁木齐：新疆人民出版社，1994.

㊲ 中共中央马克思恩格斯列宁斯大林著作编译局编. 列宁选集（第二卷）[M]. 北京：人民出版社，1995.

㊳ 刘崇明，祝迪润主编. 湘鄂西革命根据地货币史 [M]. 北京：中国金融出版社，1996.

㊴ 张书成，许炳南主编. 闽浙赣革命根据地货币史 [M]. 北京：中国金融出版社，1996.

㊵ 宋镜明. 李达 [M]. 石家庄：河北人民出版社，1997.

㊶ 胡菊莲主编. 鄂豫皖革命根据地货币史 [M]. 北京：中国金融出版社，1998.

㊷ 戴建兵. 中国钱票 [M]. 北京：中华书局，2001.

㊸ 周骏编著. 马克思的货币金融理论 [M]. 北京：中国财政经济出版社，2001.

㊹ 中共中央马克思恩格斯列宁斯大林著作编译局编译. 马克思恩格斯全集（第四十六卷）[M]. 北京：人民出版社，2003.

㊺ 中共中央马克思恩格斯列宁斯大林著作编译局译. 资本论（第三卷）[M]. 北京：人民出版社，2004.

㊻ 罗荣桓等．亲历井冈山革命根据地创建[M]. 南昌：江西人民出版社，2007.
㊼ 许树信．中国革命根据地货币史纲[M]. 北京：中国金融出版社，2008.
㊽ 范立新主编．红色税收的足迹——鄂豫皖革命根据地税收纪事[M]. 北京：中国税务出版社，2008.
㊾ 姜宏业．中国金融通史（第五卷）[M]. 北京：中国金融出版社，2008.
㊿ 曾耀辉．中华苏维埃共和国税收史[M]. 南昌：江西人民出版社，2010.
(51) 中共中央文献研究室，中央档案馆编．建党以来重要文献选编（1921—1949）（第十一册）[G]. 北京：中央文献出版社，2011.
(52) 中国人民银行编著．中国共产党领导下的金融发展简史[M]. 北京：中国金融出版社，2012.
(53) 王旭宽．中央苏区苏维埃政府研究[M]. 五家渠：新疆生产建设兵团出版社，2014.
(54) 中国人民银行编．《红色中华》金融史料摘编[G]. 北京：中国金融出版社，2016.
(55)《中央苏区文艺丛书》编委会编．中央苏区标语集[M]. 武汉：长江文艺出版社，2017.
(56) 李元健．苏维埃血脉：中共中央至中央苏区秘密交通线纪实[M]. 北京：金城出版社，2017.
(57)《中央苏区文艺丛书》编委会编．中央苏区歌谣集[M]. 武汉：长江文艺出版社，2017.
(58) 中国井冈山干部学院编．斗争（苏区版第 2 辑）[M]. 北京：中国发展出版社 2017.
(59) 刘师博．红色银行[M]. 太原：山西经济出版社，2018.
(60) 李小平，张侃主编．20 世纪上半叶闽西苏区的革命进程与社会形态[M]. 厦门：厦门大学出版社，2020.
(61) 曾本清编著．红色印鉴——中央苏区印章收藏集锦[M]. 北京：解放军出版社，2018.
(62) 石磊主编．中国红色金融简史[M]. 北京：中国旅游出版社，2020.
(63) 中国工商银行编．红色印鉴——中国工商银行红色金融文化故事集[M]. 北京：人民出版社，2022.
(64) 周艳红．苏区精神[M]. 北京：人民日报出版社，2020.
(65) 周景春主编．刘少奇与中央苏区[M]. 北京：中共党史出版社，2020.
(66) 凌绍崇主编．全国原苏区振兴理论与实践（第三辑）[M]. 北京：经济日报出版社，2020.

㊻ 中共龙岩市委宣传部，中央苏区（闽西）历史博物馆编.中央苏区（闽西）红军标语图志（上、下册）[M].福州：福建人民出版社，2019.

㊽ 吉水县史志档案馆编著.中央苏区公略县革命史[M].南昌：江西人民出版社，2020.

㊾ 刘洪.江西苏区大事记（1927—1937）[M].南昌：江西人民出版社，2021.

㊿ 杨帆.中央苏区时期中国共产党革命话语体系建构及应用[M].北京：人民出版社，2021.

○71 黄惠运.中央苏区粮食工作研究[M].南昌：江西人民出版社，2021.

○72 张红力，徐焰.红色金融[M].北京：五洲传播出版社，2021.

○73 罗平汉.党史现场（1）：中央苏区时期[M].福州：福建人民出版社，2013.

○74 邓美英.中央苏区政治动员研究（1927—1937）[M].北京：中国社会科学出版社，2021.

○75 杨会清.中央苏区时期党的纪律建设[M].南昌：江西人民出版社，2021.

○76 谭琪红.中央苏区红色文化传播载体研究[M].北京：人民出版社，2021.

○77 中共江西省委宣传部，中共江西省委党史研究室.永恒的力量：苏区精神[M].南昌：江西教育出版社，2021.

○78 郭若平，刘大可，魏少辉主编.中央苏区研究学术史略[M].福州：福建人民出版社，2021.

○79 修水县文物保护管理局编.修水苏区风云录[M].南昌：江西高校出版社，2022.

○80 共青团江西省委，共青团赣州市委，中共赣州市委党史研究室编.中央苏区青年运动史[M].北京：中共党史出版社，2009.

○81 马春玲.苏区时期中国共产党理想信念的培育与当代启示研究[M].北京：人民出版社，2022.

○82 张雪英.中央苏区经济社会及妇女问题研究[M].北京：当代中国出版社，2022.

○83 张雪英，陈启钟.中央苏区红色村落变迁研究：以永定区为例[M].北京：当代中国出版社，2023.

○84 徐嘉编著.苏区的纪律故事[M].北京：中国方正出版社，2019.

○85 杨玉凤.苏区时期党的群众路线形成与践行机制研究[M].北京：人民出版社，2023.

三、期刊论文

① 树勋.冯玉祥统治下的豫省东南部[J].红旗,1929(14).
② 孔永松,邱松庆.土地革命时期闽西革命根据地的经济斗争(续)[J].中国经济问题,1980(03).
③ 孔永松,邱松庆.第二次国内革命战争时期闽西革命根据地的商业战线[J].党史研究参考资料,1980(03).
④ 姜宏业.我国革命根据地早期银行事业概述[J].近代史研究,1982(04).
⑤ 星光,冯田夫.中央革命根据地财政的创建和发展[C].中国现代史论丛,1983(06).
⑥ 徐爱华.鄂豫皖苏区的银行与货币[J].江淮论坛,1984(03).
⑦ 洪葭管.上海中国银行反对停兑事件试析[J].档案与历史,1985(01).
⑧ 李祥瑞.抗日战争时期的陕甘宁边区银行[J].西北大学学报,1985(03).
⑨ 蔡予新.明崇祯末年的行钞计划[J].中国钱币,1988(01).
⑩ 陈学明.试论闽浙赣革命根据地的经济建设[J].南昌大学学报,1988(01).
⑪ 陈刚.论湘赣革命根据地经济监督的特点[J].湖南党史月刊,1989(08).
⑫ 魏盛鸿.对马克思货币学说中若干问题的思考[J].金融科学,1990(04).
⑬ 孙瑞新.三十年代初期中央苏区财税工作的整顿[J].社会科学研究,1991(01).
⑭ 尹进.李达《货币学概论》的写作前后及出版的伟大意义[J].经济评论,1991(05).
⑮ 湘赣革命根据地兴衰的经济原因辨析[J].湘潮,1994(S1).
⑯ 杨枫,谢启才.论湘鄂西革命根据地纸币[J].中国钱币,1995(04).
⑰ 黄少坚.社会主义金融的先声——湘赣革命根据地金融建设刍论[J].柳州师专学报,1995(04).
⑱ 巴家云.川陕苏区货币两个问题的研究[J].四川文物,1995(06).
⑲ 冯都.中央苏区后期通货膨胀是怎样出现的[J].福建党史月刊,1995(10).
⑳ 孙焕臻.中央革命根据地时期毛泽东财政金融思想探析[J].九江师专学报,1996(01).
㉑ 项定才.对川陕苏区货币几个问题的研考[J].西南金融,1996(03).
㉒ 左进亮,张金根.闽浙赣苏区货币的历史价值之我见[J].党史文苑,1996(03).
㉓ 唐文.川陕苏区的货币发行与反伪币斗争[J].四川党史,1997(06).
㉔ 张雪英.略论中央革命根据地的财政建设——中央革命根据地史研究之

二[J]. 龙岩师专学报，1998（02）.
㉕ 刘敏. 川陕苏区银币铸行的有关问题探讨[J]. 四川文物，1998（02）.
㉖ 刘国昆. 摇篮：中华苏维埃共和国国家银行[J]. 金融与经济，1998（09）.
㉗ 陈安丽. 浅谈中央革命根据地货币[J]. 金融与经济，2000（12）.
㉘ 缪明扬. 川陕革命根据地货币政策初探[J]. 南京金融高等专科学校学报，2001（01）.
㉙ 孔路原. 试论川陕苏维埃的金融货币[J]. 中共成都市委党校学报，2001（03）.
㉚ 欧大军. 东江革命根据地的财政金融业[J]. 华南师范大学学报.2001（06）.
㉛ 李小平. 土地改革与闽西苏区社会结构的变化[J]. 中国社会经济史研究，2002（04）.
㉜ 连琳. 中央革命根据地的金融建设[J]. 呼伦贝尔学院学报，2002（02）.
㉝ 梁洁. 苏维埃国家银行的建立及其历史作用[J]. 中国钱币，2005（04）.
㉞ 王跃飞. 湘鄂西革命根据地货币的革命属性[J]. 理论界，2006（02）.
㉟ 李秀祥. 中华苏维埃国家银行建立及其发行的货币[J]. 江苏钱币，2006（04）.
㊱ 马洪范. 中国近现代史上的金融政策（从明末到1949年）[J]. 中国金融，2006（04）.
㊲ 刘华实，薛毅. 略论鄂豫皖革命根据地的金融事业[J]. 中州学刊，2008（02）.
㊳ 严海波，江涌. 党领导金融的历史经验[J]. 瞭望，2009（33）.
㊴ 孙卫芳. 中国苏维埃区域劳资政策评析[J]. 广西社会科学，2009（10）.
㊵ 王明前. "剪刀差"问题与中央革命根据地的合作社经济[J]. 阿坝师范高等专科学校学报，2010（01）.
㊶ 张海丽. 论"方志敏式"革命根据地建设的独特性[J]. 黄河科技大学学报，2010（04）.
㊷ 王卫斌. 回忆苏区当年货币保卫战[J]. 金融经济，2011（03）.
㊸ 冯学荣，陈洪. 革命根据地金融促经济发展的历史经验——从陕甘宁边区银行谈起[J]. 西部金融，2011（06）.
㊹ 汪信砚，周可. 李达与毛泽东哲学思想的形成和发展[J]. 毛泽东研究，2011（12）.
㊺ 陈峥. 土地革命战争时期党对军队绝对领导的实践经验[J]. 党史文苑，2011（14）.
㊻ 王士花. 北海银行与山东抗日根据地的货币政策[J]. 史学月刊，2012（01）.

㊼ 涂健．红色摇篮货币开元——来自井冈山革命时期金融发展实录 [J]. 金融与经济，2012（09）.
㊽ 单冬克．中央苏区红色金融史话 [J]. 党史文苑，2012（13）.
㊾ 王明前．闽浙赣革命根据地财政体系的正规化建设 [J]. 景德镇高专学报，2013（01）.
㊿ 王卫斌．中央苏区金融风云录 [J]. 中国老区建设，2013（01）.
(51) 王卫斌．中华苏维埃的"货币战争"[J]. 党史文苑，2013（05）.
(52) 王静文．抗战时期革命根据地的金融政策 [J]. 兰台世界，2013（07）.
(53) 孟建华．中华苏维埃共和国货币发行思想研究 [J]. 江苏钱币，2013（01）.
(54) 刘佩芝．略论闽浙皖赣革命根据地的经济政策 [J]. 上饶师范学院学报，2013（02）.
(55) 冯馨郴．江西苏区流通的中华苏维埃共和国红色货币 [J]. 东方收藏，2013（07）.
(56) 阚景阳，崔霞．革命战争时期红色金融制度研究——兼论毛泽东的战时金融思想 [J]. 中共南昌市委党校学报，2014（02）.
(57) 罗楠怡．以经济管理为视角论民主革命时期的财经思想 [J]. 管理观察，2014（04）.
(58) 邱曙辉，金世辉，王新平，解武军．闽浙赣省苏维埃银行及发行的银行券 [J]. 中国钱币，2014（05）.
(59) 刘居照，杨晖，杨庆明，谢月华．战时金融管制模式下的中央苏区金融发展问题研究——基于货币供需机制的视角 [J]. 党史文苑，2014（22）.
(60) 陶诗媛．试论川陕革命根据地货币政策及其影响 [J]. 经济研究导刊，2015（01）.
(61) 万磊．东固革命根据地政权货币——东古银行纸币初探 [J]. 金融与经济，2015（02）.
(62) 魏振军．土地革命时期革命根据地发行的公债券 [J]. 理财（收藏），2015（09）.
(63) 万立明．革命根据地的票据市场 [J]. 中国金融，2015（18）.
(64) 陈始发，张勇．闽浙赣革命根据地研究综述 [J]. 苏区研究，2016（01）.
(65) 孟建华．红色政权货币的历史贡献 [J]. 江苏钱币，2016（02）.
(66) 曹春荣．苏区金融文化简论 [J]. 红广角，2016（02）.
(67) 黄广洲．土地革命战争时期苏区货币的特点和作用 [J]. 江苏钱币，2016（02）.
(68) 童舜尧．论浙东抗日根据地的货币战争 [J]. 浙江理工大学学报（社会科学版），2016（03）.

⑩ 牛长立. 大别山革命根据地的"印钞之路"[J]. 中国钱币，2016（04）.

⑩ 乔晋声. 中国共产党在革命时期的红色金融实践——以井冈山革命根据地和中央苏区为例[J]. 中国井冈山干部学院学报，2016（04）.

⑪ 赵丹. 川陕革命根据地货币政策初探[J]. 中国市场，2016（51）.

⑫ 陈礼茂，张静. 土地革命时期中共在根据地的金融政策[J]. 现代经济信息，2016（21）.

⑬ 冯都. 毛泽东金融思想的雏形[J]. 中国金融家，2016（12）.

⑭ 杜吟滔. 论苏区银行的曲折发展与历史贡献[J]. 辽宁经济职业技术学院学报，2017（01）.

⑮ 陈永宝. 中央苏区金融问题研究[J]. 三明学院学报，2017（01）.

⑯ 尹振涛. 土地革命战争时期的红色货币思想研究——基于马克思主义传播史的视角[J]. 金融评论，2017（01）.

⑰ 沈飞. 闽浙赣省苏维埃银行及其发行的纸币[J]. 收藏，2017（03）.

⑱ 冷冲. 中共红色金融实践及经验启示[J]. 党史文苑，2017（24）.

⑲ 万立明. 土地革命时期中国共产党对股票发行的探索[J]. 苏区研究，2018（02）.

⑳ 马德伦. 红色政权与红色金融的发展[J]. 金融博览（财富），2018（03）.

㉑ 魏俊. 赣东北革命根据地闽北分区货币工作研究[J]. 山西档案，2019（01）.

㉒ 魏俊. 革命根据地货币工作理论研究（1927—1937）[J]. 经济师，2019（06）.

㉓ 孙超. 米谷与革命：中央苏区后期的资源动员[J]. 中国农业大学学报（社会科学版），2020（04）.

㉔ 朱东北. 闽浙赣苏区赤色工会再研究[J]. 党史研究与教学，2021（02）.

㉕ 游海华. 战时环境、人性、长时段：苏区史研究应有的维度[J]. 中共党史研究，2021（06）.

㉖ 钟庆作. 土地革命时期农村革命根据地金融星火燎原[J]. 中国银行业，2021（07）.

㉗ 张瑞怀. 中央苏区的红色金融精神[J]. 中国金融，2021（09）.

㉘ 刘毅. 中央苏区国营企业外部监督述论（1931—1934）[J]. 苏区研究，2022（01）.

㉙ 耿磊. 苏区时期中国共产党关于农业劳动互助的探索[J]. 党的文献，2022（01）.

㉚ 吕强，陶奕冰. 中央苏区红色报刊出版及其当代价值（1927—1937）[J]. 中国出版，2022（04）.

㉑ 肖小华，蒋玉芳.中央苏区经济建设宣传动员的内容及模式启示[J].江西科技师范大学学报，2022（04）.

㉒ 游海华.苏区模范：《红色中华》中的才溪形象塑造研究[J].苏区研究，2022（04）.

㉓ 钟金芳.中央苏区经济动员方式探析[J].淮南师范学院学报，2022（06）.

㉔ 苏豪东.长汀对中央苏区经济建设的重要贡献[J].发展改革理论与实践，2022（12）.

㉕ 卜实，余森乐.1931—1934年中央苏区经济斗争对当前中美贸易战的启示[J].农场经济管理，2022（12）.

㉖ 王永华，杨世雪.契合与认同：意识形态视域下的苏区红色标语[J].学术探索，2023（01）.

㉗ 刘杰，曾倍倍.革命之财政金融：中央苏区财政金融史研究的省思[J].赣南师范大学学报，2023（01）.

㉘ 肜新春.中央苏区的金融监管[J].中国金融，2023（01）.

㉙ 张喜亮，张释嘉.中央苏区国企职工：真正的生产主人[J].工友，2023（02）.

⑩⓪ 陈俊文.土地革命战争时期实事求是思想路线践行——井冈山根据地、中央苏区经济政策探索刍议[J].才智，2023（03）.

⑩① 魏俊.福建漳州高捷成对红色金融的重要贡献[J].齐齐哈尔大学学报，2023（04）.

⑩② 殷晓章，殷孜涵."苏区经济卫士"阮啸仙[J].党史纵横，2023（04）.

⑩③ 朱红建，冯留建.中央苏区时期净化党内政治生态实践[J].江西社会科学，2023（05）.

⑩④ 王久高，樊宸余.中央苏区时期党组织在公营工厂中的功能建构[J].山东社会科学，2023（07）.

四、学位论文

① 李玉敏.民主革命时期国共两党合作社经济政策比较研究[D].东北师范大学，2007.

② 董楠楠.毛泽东税收思想简论[D].中央民族大学，2007.

③ 胡娟.1927—1949年中共的金融思想和金融工作实践研究[D].河南大学，2008.

④ 王双进.中共革命下的乡村金融研究[D].南开大学，2010.

⑤ 温美平.中国共产党金融思想研究[D].华东师范大学，2011.

⑥ 高淑玲．马克思、恩格斯著作翻译在推进马克思主义中国化进程中的作用研究——以《共产党宣言》的翻译出版为例 [D]．西北大学，2012．

⑦ 周围．中国共产党的金融政策对苏区经济变迁影响论析 [D]．东北师范大学，2013．

⑧ 刘会闯．李达经济思想研究 [D]．武汉大学，2014．

⑨ 何伟．晋冀鲁豫根据地金融建设研究——以抗币为观察视角 [D]．太原理工大学，2015．

⑩ 冯梦雨．延安时期中国共产党金融实践与思想研究 [D]．延安大学，2015．

⑪ 韩大学．马克思主义税收思想中国化研究 [D]．山东财经大学，2016．

⑫ 廉涛．抗战时期陕甘宁边区的货币金融政策研究 [D]．西北大学，2016．

⑬ 白玥．陕甘宁边区政府金融工作实践探究 [D]．延安大学，2017．

⑭ 苗春燕．山东革命根据地的金融建设研究：以北海银行为例 [D]．曲阜师范大学，2017．

⑮ 卫婷．太岳革命根据地的财政经济工作论析 [D]．太原理工大学，2018．

⑯ 郭艳艳．中央苏区金融工作研究（1931—1934）[D]．上海师范大学，2018．

⑰ 吴美霖．川陕苏区货币政策研究 [D]．四川师范大学，2018．

⑱ 赵梓彤．《红色中华》与中央苏区经济动员 [D]．江西财经大学，2018．

⑲ 应晓燕．封锁与反封锁——中央苏区的经济困境与对外贸易 [D]．南昌大学，2019．

⑳ 孙云．土地革命时期农村革命根据地金融制度建设研究——以闽浙赣革命根据地为例 [D]．浙江理工大学，2019．

㉑ 李琦．中央苏区民生建设研究 [D]．吉林大学，2021．

㉒ 张丁月．中国共产党中央苏区经济民生建设研究 [D]．南京师范大学，2021．

㉓ 李智燕．中央苏区时期的红军教育研究 [D]．江西师范大学，2022．

㉔ 肖平生．中央苏区干部队伍建设研究 [D]．广西师范大学，2022．

㉕ 宁婷．中央苏区干部培育工作研究 [D]．江西理工大学，2022．

㉖ 应波涛．中央苏区审计法制研究 [D]．江西师范大学，2022．

㉗ 宋丹杰．中央苏区金融治理机制研究 [D]．郑州大学，2022．

㉘ 何晴．中央苏区妇女扫盲与历史经验研究 [D]．贵州师范大学，2023．

后 记

本书是在我的博士后出站报告的基础上著成，研究对象是苏区的银行。本书采用历史文献分析法，在史料中总结出一些关于苏区银行建设的历史经验。

20世纪二三十年代，中国的社会经济是落后的，高利贷、滥发的纸币、混乱的交易市场等，使老百姓的经济状况处于毫无生存感的严峻危机中。毛泽东、毛泽民和曹菊如等无产阶级革命家，紧扣根据地农村经济社会问题，开展早期的红色金融实践活动。从1922年年底毛泽民在江西安源路矿筹办工人消费合作总社解决工人的经济上的难题开始，红色银行的信用中介作用、储蓄作用、担保与销售作用开始体现。1929年，赣西南和闽西革命根据地为了解决工农业产品价格的剪刀差问题，开办农民银行、设立借贷所，就近组办信用合作社，整合所有的社会资源来为群众服务。1931年11月，中华苏维埃共和国临时中央政府在通过的《关于经济政策的决议案》中提出要开办工农银行、统一币制、设立分行。1932年2月，中华苏维埃共和国临时中央政府创立国家银行，由毛泽民担任行长。

国家银行通过一系列的探索与实践，积累了宝贵的经验，并带动了其他苏区的银行事业的构建与发展。

基于对根据地充分又详尽的社会调查，国家银行制定了《国家银行暂行章程》《国库暂行条例》等具有创造性的法规，为银行业务的建设提供规范性的指导。这些规章制度是在不断的摸索与实践中逐步形成的，这是因为当时的红色金融处于初创阶段，既缺少专业人员又没有经验作为参考，只能在法规指导之下逐步地探索具体的实践方法。比如国库业务，属于创新性的金融行为，国家银行虽然有此创意，但是并不知道如何去实现它。后来，国家银行工作人员在前线缴获现洋的包封纸中发现了反动势力税务机关的四联单,这无疑是宝贵的灵感,工作人员从这张四联单中得到启发,经过几个月的摸索与修改,制定出国家银行的金库条例。自此,国家银行工作人员积极地搜寻各种涉及银行、账簿、单据、会计报表等的实物,从中寻找制度设计的方法。又如1933年春,国家银行为了应对反动势力制造的假币对苏区市场造成的冲击,进行了多方调研,发现了假苏维埃贰角银币上文字的特征,就是"角"字头的"撇"长了一点,"公"字的"撇"也长了一点且有点弯。于是国家银行的工作人员及时地告知群众识别假币的方法,把维护群众利益放在第一位。中华苏维埃共和国国家银行以强烈的历史主动精神,积极投入银行事业的建设,取得了基础制度建设上的成功,其成功经验辐射到其他苏区,形成了遍地开花式的银行事业建设成果。

中华苏维埃共和国国家银行于1934年10月以扁担银行的形式跟随着中央红军进行长征,历经波折后在陕北改称为国家银行西北分行,继续为革命战争和群众服务。其他苏区所建的银行随着革命形势的变化而停业、解散,但部分地区群众仍然冒着生命危险保存了苏维埃政府发行的纸币。这是苏区银行与群众血肉相连的证明,是苏区银行事业成绩最生动的体现。

当今国际金融局势动荡,世界面临着百年未有之大变局,中国正处在迈向新征程的重要时期,关乎国计民生的中国银行事业要做好对社会经济状况的调查工作,坚持实事求是的辩证思维,始终以人民为中心,牢记人民银行为人民的宗旨,直面银行工作中的各种难题,不畏艰难、披荆斩棘,将苏区银行的历史经验传承下去,并在实际工作中结合具体情况进行新的创新,切实提高新时代银行事业整体工作水平,扎扎实实地为人民群众提供更为优质的服务。